Ortswechsel

Grenz-Gänge

Evangelisches
Religionsbuch
für Gymnasien
7

Autoren:
Julia Berwig, Monika Christoph, Sebastian Eisele, Tanja Gojny,
unter Mitarbeit von Roland Spliesgart

Herausgeber:
Ingrid Grill-Ahollinger, Sebastian Görnitz-Rückert,
Peter Samhammer, Andrea Rückert

Birkerstraße 22, 80636 München
www.claudius.de

Rechtschreibreformiert, sofern nicht urheberrechtliche
Einwände bestehen.

Gestaltung und Typografie:
Bertram und Simon Schmidt, Baierbrunn

Druck und Bindung:
Kösel, Krugzell

ISBN 978-3-532-70012-9

Inhalt

VORWORT

Liebe Schülerinnen, liebe Schüler!

Grenzen –

– können schützen, aber auch einengen. Grenz-Gänge können spannend und herausfordernd sein, aber auch schwierig und gefährlich. Solche Erfahrungen macht ihr tagtäglich in der Schule, etwa wenn ihr austestet, wie weit ihr bei Lehrkräften gehen könnt. Dabei werdet ihr merken, dass eure Lehrerinnen und Lehrer euch – wie eure Eltern auch – Grenzen setzen, manchmal engere, manchmal weitere. In einigen Fächern meint ihr »am Limit zu sein«, aber es ist auch eine tolle Erfahrung, wenn sich solche Grenzen verschieben lassen. Auch in eurer Klasse können unsichtbare Barrieren bestehen; manche wollt und könnt ihr überwinden, selbst wenn es schwierig ist, manche scheinen unüberbrückbar. Wenn man traurig oder einsam ist, fühlt man sich manchmal wie eingemauert.

Religion hat immer auch mit Grenzen zu tun. Religionen richten den Blick über die Grenzen der Welt und des Menschseins hinaus. Der christliche Glaube macht Mut, eigene Beschränkungen und Hindernisse zwischen Menschen zu überwinden. Er kann aber auch helfen, Grenzen zu akzeptieren und damit zu leben.

In diesem Jahr wird es darum gehen,

- was Grenzen für unser Leben bedeuten und wie Gottes Geist Grenzen überwinden kann (Kap 1, »Grenz-Gänge«, LP 7.1)
- wie sich das Christentum über die ganze Welt verbreitet hat (Kap 2, »Das Christentum öffnet Räume«, LP 7.1)
- wie Angst einengt und welche grenzüberschreitende Kraft Lebensträume entwickeln können (Kap 3, »Beflügelt«, LP 7.4)
- wie Menschen in der Geschichte des Christentums als Weichensteller gewirkt haben (Kap 4, »Weichensteller«, LP 7.2)
- was man entdecken kann, wenn man einen Blick über den Zaun wagt und eine Religion näher betrachtet, der wahrscheinlich einige eurer Mitschüler/innen angehören: den Islam (Kap 5, »Begegnung mit dem Islam«, LP 7.3)
- wie die Not Mauern zwischen Menschen baut und wie man diese Mauern überwinden helfen kann. (Kap 6, »Über sich hinauswachsen«, LP 7.5)

Auch in der 7. Jahrgangsstufe bietet es sich bei einigen Themengebieten an, mit anderen Fächern zusammenzuarbeiten.

Mit euren katholischen Mitschülerinnen und Mitschülern könnt ihr vor allem in den Kapiteln 4 und 5 zusammenarbeiten. Denkbar wäre auch zusammen mit den Ethikschülern und -schülerinnen eine Exkursion in eine Moschee durchzuführen. Anregungen findet ihr in dem entsprechenden Kapitel.

Für die kirchengeschichtlichen Themen des 2. Kapitels ist eine Zusammenarbeit mit dem Geschichts- und/oder ggf. Lateinunterricht hilfreich. Für das Thema »Kirchenbau« (Kapitel 2, S. 36 ff) wäre es darüber hinaus sinnvoll, mit dem Kunstunterricht zu kooperieren.

Auch in diesem Buch gibt es wieder eine Fülle von Aufgaben und Anregungen. Hier muss man auswählen!

Methoden und Grundwissen der bisherigen Jahre könnt ihr unter der folgenden Adresse nachschlagen: www.claudius.de/ortswechsel. (vgl. S. 158)

Eine Übersicht über das bisherige Grundwissen findet ihr zur Wiederholung direkt nach diesem Vorwort.

Es grüßt herzlich
das Autorenteam

Buchelemente der »Ortswechsel«-Reihe

Ein Mini-Rucksack erinnert euch an Grundwissen vergangener Jahre, das ihr an dieser Stelle braucht.

⑤ Eine so umrahmte Zahl verweist auf einen Inhalt, der in einem anderen Schuljahr behandelt wurde.

Große Fragen Jedes Kapitel beginnt mit einigen ***schwierigen Fragen,*** die uns selbst, unser Leben oder Gott betreffen. Einige dieser Fragen kann niemand endgültig beantworten. Der Religionsunterricht will dazu beitragen, dass ihr das Fragen nicht verlernt – ein Leben lang!

Doppelseiten Danach führt euch eine Doppelseite mit besonderen ***Bildern oder Texten*** mitten in das jeweilige Thema hinein. Wenn ihr umblättert, findet ihr Erklärungen und Aufgaben dazu. Es folgen Doppelseiten mit Geschichten, Szenen, Bildern und Bibelstellen, dazwischen immer wieder Äußerungen von Schülerinnen und Schülern.

Eine Glühbirne bedeutet, dass es hier etwas zu entdecken und zu tun gibt: ***Ideen, Aufgaben, Anregungen, Spiel- und Projektvorschläge,*** manchmal auch einfach nur Sätze zum Nachdenken oder Diskutieren. Vielleicht mögt ihr auch die eine oder andere Anregung allein für euch weiterverfolgen.

info

Was ihr wissen müsst, um die Aufgaben zu bearbeiten und euch in Religion immer besser auszukennen, steht in den ***Info***-Kästchen. Weitere Informationen enthält das Lexikon am Ende des Buches. Begriffe, die dort erklärt werden, sind im Text mit einem ***Sternchen**** versehen.

MERK

Früher gab es in Schulbüchern »Merksätze« zum Auswendiglernen und Behalten. Wenn man über Gott nachdenkt, ist das mit der »Lehre« allerdings nicht so einfach, und das ist gut so. In diesem Buch findet ihr ***»Merkes«*** dort, wo es etwas zu »bemerken« oder auch anzumerken gibt, dort, wo man sich wundert, wo man sich festbeißt, wo einem ein Licht aufgeht.

im Zusammenhang

Am Ende eines jeden Kapitels könnt ihr ausprobieren, ob ihr das Gelernte im ***Zusammenhang*** verstanden habt und anwenden könnt. Dabei werden auch Verbindungen zu anderen Kapiteln hergestellt.

Auf dieser letzten Kapitelseite findet ihr den ***Grundwissensrucksack.*** Er enthält das, was ihr aus diesem Kapitel behalten sollt und was auch in den kommenden Jahren vorausgesetzt wird.

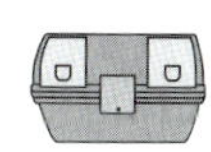

Wie in allen Fächern benötigt ihr auch im Religionsunterricht ***Methoden und Arbeitstechniken,*** um Inhalte zu erschließen und miteinander ins Gespräch zu kommen. Einige Methoden, die für den Religionsunterricht wichtig sind, werden im Buch durch einen kleinen Werkzeugkoffer gekennzeichnet und auf den S. 130–141 erläutert.

Wenn auf einen biblischen Text angespielt wird oder wenn dieser nacherzählt wird, findet ihr einen Bibelstein. Er erinnert an das Bibeltor aus Ortswechsel 5 und zeigt an, wo ihr die betreffende Stelle nachlesen könnt.

GRUNDWISSEN

Erinnerst du dich?

Inzwischen ist dein Grundwissensrucksack gut gefüllt mit Wissen aus zwei Jahrgangsstufen. Bevor du weitergehst, überprüfe doch einmal, was dein Rucksack alles enthält.

- Kannst du noch
  - den Psalm 23
  - das Doppelgebot der Liebe
  - die Zehn Gebote
  - den ersten und zweiten Glaubensartikel auswendig?
- Kannst du inzwischen sicher mit der Bibel umgehen?
- Erinnerst du dich daran, was die Geschichte vom Auszug aus Ägypten über Gott erzählt und was es heißt, an Gott als Schöpfer zu glauben (1. Mose 1 oder 2)?
- Kennst du noch eine Geschichte von König David? Kannst du erklären, was sie bedeutet?
- Kennst du ein christliches Symbol und seine Bedeutung?
- Kannst du den Begriff Messias übersetzen und beschreiben, welche Hoffnungen sich damit verbinden?
- Erinnerst du dich daran, wie Jesus den Menschen das Reich Gottes nahebrachte? Kannst du erklären, wie Jesu Leiden, sein Tod und seine Auferstehung mit dieser Botschaft vom Reich Gottes zusammenhängen?
- Erinnerst du dich noch an einen Menschen, der Jesus nachgefolgt ist, und kannst beschreiben, wie sich sein Leben durch die Begegnung mit Jesus verändert hat?
- Kennst du noch den Verlauf des Kirchenjahres und die Bedeutung der wichtigsten christlichen Feste?
- Kannst du an einem Beispiel beschreiben, wie man einen Konflikt lösen könnte?

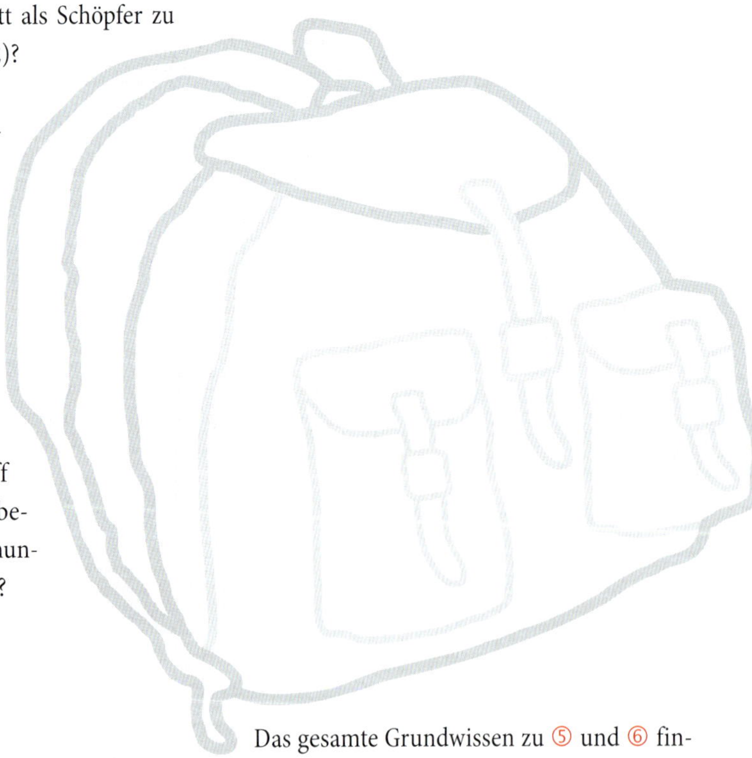

Das gesamte Grundwissen zu ⑤ und ⑥ findest du unter www.claudius.de/ortswechsel; zu Band 7 vgl. auch S. 142

GRENZ-GÄNGE

Wo sind meine Grenzen?

An Grenzen geraten – wie fühlt sich das an?

Setzt Gott Grenzen?

Grenzen überwinden – wie schafft man das? Und will ich das überhaupt?

Ist der Heilige Geist ein Gespenst?

Kapitel 1

Grenzen ziehen

Grenzen überwinden

Grenzen wahrnehmen

Was ist eine Grenze?

- Beschreibe das Bild auf S. 10 (links)! Achte auf die Kameraeinstellung! Ändere die Kameraeinstellung und berichte von dem Bild, das dann in deiner Phantasie entsteht!
- Übertrage die Mindmap auf S. 139 in dein Heft; ergänze und ändere sie, wo du es für nötig hältst! Suche Beispiele für die gefundenen Begriffe und Unterscheidungen und beziehe dich dabei auch auf die Zitate und Bilder auf dieser Seite!
- Lies die »Lebensweisheiten« auf Seite 13! Welche kommen dir bekannt vor? Ordne und bewerte sie nach ihrer Brauchbarkeit für dein Leben (du könntest z. B. Schulnoten vergeben)!

Grenzen in der Klasse

- Entdecke Grenzen in deiner Klasse zwischen Banknachbarn, zwischen Mädchen und Jungen, zwischen Schülern und Lehrern etc.! Beschreibe die Erkennungszeichen der Grenzen!
  Vergleicht eure Ergebnisse miteinander!
- Suche Grenzen in deinem Schulhaus!
- Du kannst auch außerhalb deines Schulhauses auf die Suche nach Grenzen gehen! Notiere alle deine Beobachtungen, die du zum Thema Grenzen machst!

»Ich trau mich nicht, ihn anzusprechen.«

»Ich kann nicht mehr.«

»Wer in mein Zimmer will, muss vorher anklopfen.«

»Deutschland war doch mal geteilt.«

»In manche Filme darf ich noch nicht.«

»Ich hätte sie so gerne in den Arm genommen.«

»Im Lehrerzimmer war ich noch nie.«

»Das geht zu weit!«

Sich an Grenzen wagen

- Stelle die Gefühle und Empfindungen der Mädchen auf S. 11 mit unterschiedlichen Farben dar!
- Erinnere dich an Situationen, in denen du dich so gefühlt hast (denke dabei nicht nur ans Bergsteigen)! Untersuche, was diese Lebenssituationen mit Grenzen zu tun haben!

Mit Grenzen umgehen

- Grenzen kann man ziehen, setzen … Ergänze, was man mit Grenzen sonst noch alles machen kann!
- Gibt es deiner Ansicht nach Situationen, in denen man Grenzen überschreiten muss? Überlege dir Beispiele!
- »Respekt« – versuche eine Definition! Überlege dir, vor welchen Menschen, Dingen, Situationen du Respekt hast!
- »Respektiere deine Grenzen« – diesen Satz kann man unterschiedlich verstehen!
- Entwirf eine Postkarte: »Respektiere meine Grenzen!«

Mit Grenzen spielen

- Bringt in eurem Klassenzimmer eine Grenze an, indem ihr Kreppband auf dem Boden befestigt! Nehmt wahr, was sich dadurch alles verändert!
- Verschiebt die Grenzen in verschiedene Richtungen und beobachtet genau, was passiert!
- Gestaltet die Grenze: Öffnet die Grenze an einer Stelle oder verstärkt sie an einer anderen! Stellt fest, ob eure Grenze eher biegsam oder starr ist!
- Macht ihr im Alltag ähnliche Erfahrungen mit Grenzen? Erzählt Erlebnisse, die zu eurem Experiment mit der Grenze passen!
- Erinnere dich ⑥, wie Jesus mit Grenzen umgegangen ist!

Das ganze Leben – ein Balanceakt – MERKwürdige Vorstellung!

»Lebensweisheiten«

Ohne Grenzen wäre die Welt besser.

Grenzen sind notwendig.

Grenzen schränken ein.

Grenzen wirken zerstörerisch.

Grenzen geben Orientierung.

Ohne Grenzen gäbe es Chaos.

Grenzen schützen.

Grenzen tun weh.

Hoch hinaus

Pieter Brueghel d. Ä., Turmbau zu Babel, 1563

»Er erkennt einfach nicht, was ich meine.«

»I don't understand you.«

»Ich habe es dir doch schon hundertmal erklärt.«

»Ich komme mir vor, als würde ich gegen eine Wand reden.«

»Ich versteh mich selbst nicht mehr.«

Der Turmbau zu Babel

- Gestaltet ein pantomimisches Spiel oder ein Standbild zu den obigen Zitaten!
- Sprecht darüber, wann ihr euch nicht verstanden fühlt!
- In der Geschichte vom Turmbau zu Babel stecken »große Fragen« der Menschheit!
- Vergleiche das Bild mit der Geschichte! Untersuche, welche Rolle Gott darin spielt!
- Wenn ihr Zeit habt, könnt ihr mit Hilfe einer Kopie des Bildes Collagen zum Thema »hoch hinaus« anfertigen.

info

Die Geschichte vom Turmbau zu Babel

1. Mose 11,1–9 ist wie die Vertreibung aus dem Paradies  eine Erklärungsgeschichte: In der Form einer Erzählung denkt sie über die Frage nach, warum die Welt so ist, wie sie ist. Warum sprechen Menschen verschiedene Sprachen, warum herrscht zwischen ihnen Konkurrenz und Unfrieden? Warum verstehen sie einander – in einem übertragenen Sinne – oft nicht einmal dann, wenn sie dieselbe Sprache sprechen? Schuld daran ist – so erklärt es die biblische Geschichte – der Größenwahn der Menschen, die »sein wollen wie Gott« (vgl. 1. Mose 3).

MERKwürdig:
Trotz Pfingsten gibt es immer noch Babel.

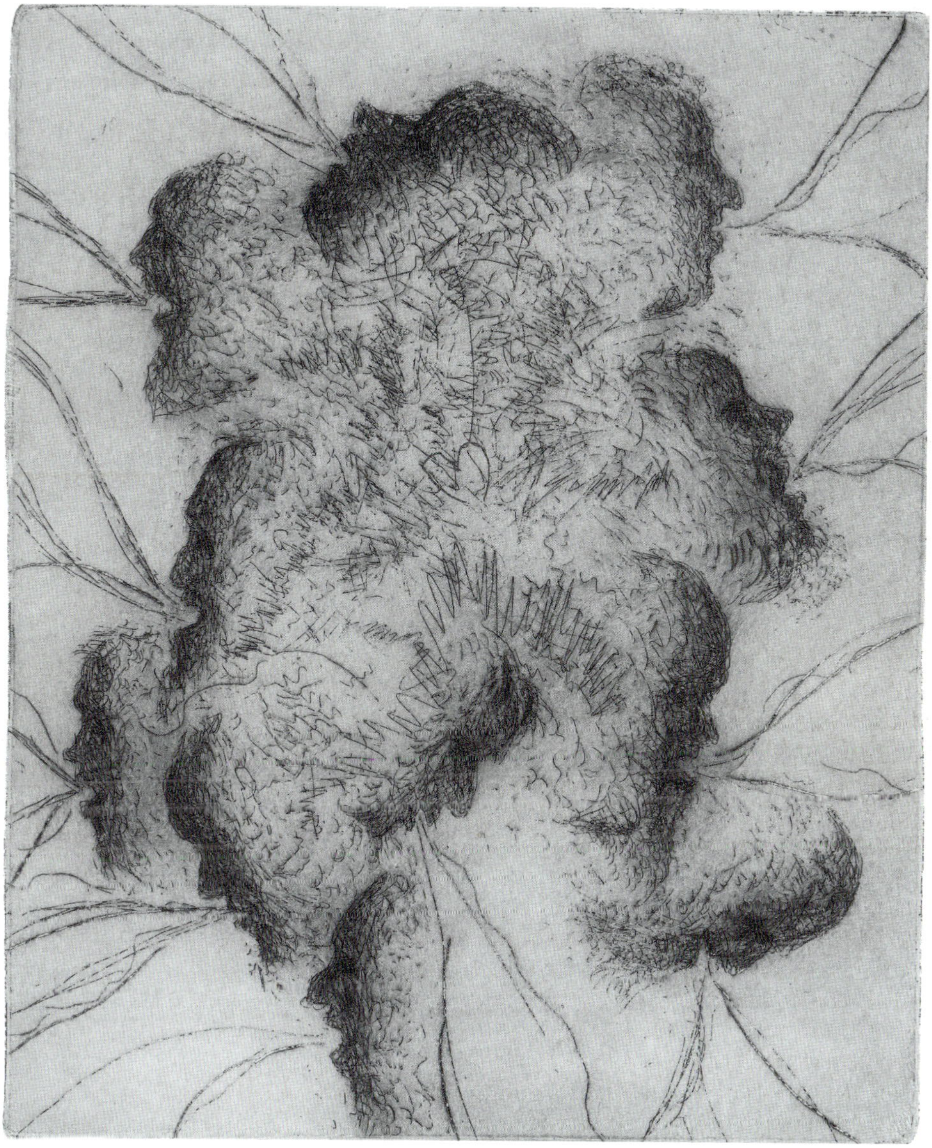

Thomas Zacharias, Radierung zu Apg 2,4

Pfingsten

- Schließe deine Augen eine Weile und beschreibe genau, was du wahrnimmst, wenn du sie wieder öffnest!
- Lies Apg 2,1–13! Kläre, in welchem Zusammenhang die Geschichte steht! Erinnere dich dabei an das, was du über die Situation der Jünger nach Jesu Tod weißt, ⑥ und schlage im Lexikon das jüdische »Pfingstfest« (Schawuot*) nach!
- Verfasse eine kurze Zeitungsnachricht zu der Geschichte!

- Vieles ist sehr merkwürdig in diesem Text: Wenn man einen Film drehen wollte, bräuchte man einige »special effects«!
- Entdecke Elemente der Geschichte auf dem Bild!
- Pause das Bild in dein Heft ab; ergänze Sprechblasen und trage passende Sätze hinein! Skizziere auch die Zuhörenden!
- Vergleiche die Pfingstgeschichte mit der Geschichte vom Turmbau zu Babel!

Heiliger Geist: glühender Backofen –

Veni creator spiritus sanctus

(Pfingsthymnus* aus dem 9. Jahrhundert, übersetzt von Friedrich Dörr 1969)

Komm, Heiliger Geist, der Leben schafft,
erfülle uns mit deiner Kraft.
Dein Schöpferwort rief uns zum Sein:
Nun hauch uns Gottes Atem ein.

Komm, Tröster, der die Herzen lenkt,
du Beistand, den der Vater schenkt;
aus dir strömt Leben, Licht und Glut,
du gibst uns Schwachen Kraft und Mut.

Dich sendet Gottes Allmacht aus
im Feuer und in Sturmes Braus;
du öffnest uns den stummen Mund
und machst der Welt die Wahrheit kund.

Entflamme Sinn und Gemüt,
dass Liebe unser Herz durchglüht
und unser schwaches Fleisch und Blut
in deiner Kraft das Gute tut.

- Suche Redewendungen zum Feuer! Ordne sie nach passenden Gesichtspunkten!
- In vielen der obigen Zitate wird Gott mit Feuer in Verbindung gebracht.
- Entdecke und deute in dem Pfingsthymnus das Motiv des Feuers!
- Das alte Pfingstlied beschreibt, was der Heilige Geist alles bewirkt. Notiere seine Aufgaben!

»Als meine Mutter an meine Tür klopfte, war das wie ein Geschenk.«

»Endlich fasste ich den Mut, ihn wieder anzurufen.«

Ein anderer Wind
- Solche Situationen sind nicht selbstverständlich!
- Erzähle von einem (erfundenen) Tag, an dem »ein anderer Wind weht«!

»Ich hatte es nicht mehr für möglich gehalten, dass wir uns wieder versöhnten.«

Ich glaube an den Heiligen Geist, die heilige christliche Kirche, Gemeinschaft der Heiligen, Vergebung der Sünden, Auferstehung der Toten und das ewige Leben. Amen

Was ist das?

Ich glaube, dass ich nicht aus eigener Vernunft noch Kraft an Jesus Christus, meinen Herrn, glauben oder zu ihm kommen kann; sondern der Heilige Geist hat mich durch das Evangelium berufen, mit seinen Gaben erleuchtet, im rechten Glauben geheiligt und erhalten; gleichwie er die ganze Christenheit auf Erden beruft, sammelt, erleuchtet, heiligt und bei Jesus Christus erhält im rechten, einigen Glauben, in welcher Christenheit er mir und allen Gläubigen täglich alle Sünden reichlich vergibt und am Jüngsten Tage mich und alle Toten auferwecken wird und mir samt allen Gläubigen in Christus ein ewiges Leben geben wird. Das ist gewisslich wahr.

Martin Luther, Kleiner Katechismus

Ich glaube an den geist
der mit jesus in die welt gekommen ist
und an die gemeinschaft aller völker
und unsere verantwortung für das
was aus unserer Erde wird
ein tal voll jammer hunger und gewalt
oder die stadt gottes
ich glaube an den gerechten frieden
der herstellbar ist
eine möglichkeit sinnvollen lebens
fur alle menschen
an die zukunft dieser welt gottes

Dorothee Sölle

Ich glaube an den Heiligen Geist
- Führt ein Schreibgespräch zum Dritten Glaubensartikel, in dem ihr eure Fragen und Schwierigkeiten formuliert!
- Martin Luther hat den Dritten Glaubensartikel in seinem Kleinen Katechismus erklärt. Dorothee Sölle hat ihn in moderne Sprache übersetzt. Lies beide Texte nacheinander und entdecke darin die Elemente des Glaubensartikels! Geben diese Texte Antwort auf deine Fragen und Schwierigkeiten? Stellen sie vielleicht neue Fragen?
- Entdecke in den Texten das Motiv der Grenze!
- Vergleiche die Texte mit dem Pfingsthymnus! Du kannst auch andere Lieder heranziehen (z. B. Komm, Heilger Geist, EG 564 ⑥)!
- Mache eigene Übersetzungsversuche zum Dritten Glaubensartikel!
- Lerne den Dritten Glaubensartikel auswendig! Wiederhole auch die anderen beiden Teile des Glaubensbekenntnisses!

»... nicht aus eigener Vernunft noch Kraft« – wie MERKwürdig!

im Zusammenhang

- Da hat wohl jemand den Heiligen Geist »falsch« verstanden! Entwirf ein Gegenbild (du kannst es in dein Heft skizzieren oder – wie im Brick Testament – mit Legofiguren gestalten und fotografieren)! Fasse zur Vorbereitung noch einmal alle sprachlichen Bilder für den Heiligen Geist zusammen, die du in dem Kapitel kennengelernt hast!

- Du kennst jetzt das gesamte Glaubensbekenntnis. Lasse es dir langsam Satz für Satz durch den Kopf gehen und notiere die Stellen, an denen Grenzen vorkommen!

- Gestalte ein Symbol zum Thema Grenze (z. B. einen Grenzpfosten) auf einer Doppelseite, auf der du im Laufe des Jahres wichtige Einsichten zur Grenze einträgst. Wenn du mit deiner Religionsgruppe eine Grenze mit Kreppband gestaltet hast, könntest du auch ein Stück Kreppband in die Mitte deiner Doppelseite kleben.

Dein Grundwissens-Rucksack füllt sich:

Du kennst den Dritten Glaubensartikel und kannst erklären, was der Heilige Geist im christlichen Glauben bedeuten kann.

Das Vaterunser

Eine Gestalt der mittelalterlichen Kirchengeschichte

Die fünf Säulen im Islam

Ein Arbeitsfeld der Diakonie

DAS CHRISTENTUM ÖFFNET RÄUME

Wer war der erste Christ?

Merkt man, wenn man berufen wird?

Passt der christliche Glaube überall hin?

Waren die Menschen damals bessere Christen als heute?

Was kann man so wichtig nehmen, dass man dafür leidet?

Sind manche Räume heiliger als andere?

Sind alle in der Kirche gleichberechtigt?

Kapitel 2

Ein anderer Blick ...

Thomas Zacharias, Radierung zu Apg 9,8

... bringt Bewegung in die Welt

Grenzen ...

Zur Radierung von Thomas Zacharias

- Beschreibe das Bild! Es gibt einiges zu entdecken. Achte auf Licht und Schatten, auf Bewegungen, Gesten und Gesichter!
- Vom Dunklen zum Hellen ist es manchmal ein langer Weg. Finde die Stelle auf dem Bild, wo sich etwas verändert! Kopiere das Bild und teile es an dieser Stelle, gestalte dann diesen Übergang (Ist er z. B. hart oder weich, fließend oder abrupt?)!
- Am Boden zerstört – ein Häuflein Elend – etwas in neuem Licht sehen. Überlege dir weitere Redewendungen, die zu dem Bild passen, und formuliere Beispiele dazu!
- Lies Apg 9,1–19 und Gal 1,11–24 und vergleiche die Texte mit der Radierung von Thomas Zacharias oder mit deiner Bearbeitung!
- Paulus hat seine Krise nicht alleine überwunden!
- Nach seinem Erlebnis vor Damaskus sieht Paulus vieles anders – auch seine Beziehung zu Gott. Lies dazu Röm 8,15!
- Auch Jesus hat Gott »Abba*« genannt (vgl. Mk 14,36 ⑥).
- »Kindlicher Geist« – Erinnere dich an die Bedeutung des Gebots der Gottesliebe. Erkläre, was Paulus mit »kindlicher Geist« meint!

MERKwürdig: Paulus musste erst blind werden ...

Denn ihr habt nicht einen knechtischen Geist empfangen, dass ihr euch abermals fürchten müsstet; sondern ihr habt einen kindlichen Geist empfangen, durch den wir rufen: »Abba, lieber Vater.«

RÖM 8,15

info

Paulus

Paulus wurde in Tarsus in der heutigen Türkei geboren. Ursprünglich Zeltmacher, studierte er später die jüdische Überlieferung bei seinem Lehrer Gamaliel in Jerusalem*. Er rechnete sich zu den Pharisäern*. Im aufkommenden Christentum sah er eine Bedrohung für die alte Ordnung und verfolgte deshalb die Christen. Auf dem Weg nach Damaskus, wo er ebenfalls gegen die Christen vorgehen wollte, hatte er um 33 n. Chr. ein Berufungserlebnis, das sein Leben von Grund auf änderte. Er begann als Apostel* auf Missionsreisen* zu gehen, um die christliche Botschaft zu verkünden, und gründete dabei zahlreiche Gemeinden, denen er Briefe schrieb, die im Neuen Testament überliefert sind. Auf einer Reise nach Jerusalem wurde er inhaftiert und nach Rom überführt, wo er wahrscheinlich zwischen 60 und 64 n. Chr. den Märtyrertod* starb.

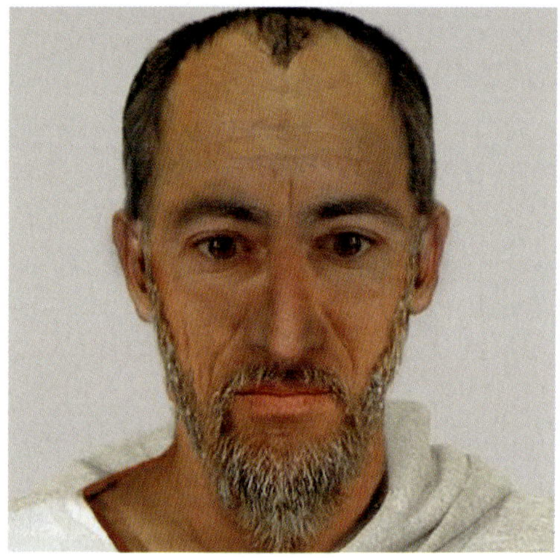

Ein nach historischen Quellen erstelltes polizeiliches Phantombild von Paulus aus dem Jahre 2008

Paulus in einer Darstellung aus dem Jahr 314

Muss man Jude sein, um Christ werden zu können?

In der Jerusalemer* Gemeinde ist eine wichtige Versammlung der Apostel* angekündigt. Alle Gemeindemitglieder diskutieren seit Wochen über die Frage, ob auch Nichtjuden – sogenannte Heiden* – Christen werden dürfen.

Hannah: Da täuschst du dich aber! Ich bin auf der Seite von Jakobus. Er ist der Bruder unseres Herrn. Er muss doch wissen, was Jesus will: Nur Juden können getauft werden. Wenn Heiden wirklich Christen werden wollen, müssen sie erst Juden werden und sich an Gottes Weisungen halten, die er uns in der Tora* geschenkt hat!

Samuel: Ich kann doch an Jesus Christus glauben, ohne dass ich alle 613 Gebote der Tora kenne und einhalte. Seine Botschaft war und ist für alle Menschen da.

Hannah: Aber Jesus war Jude; ihm war die Tora wichtig. Ohne die jüdischen Überlieferungen kann man gar nicht verstehen, was er wollte – zum Beispiel wenn er von der Freiheit der Kinder Gottes sprach oder von Nächstenliebe!

Samuel: Hat Jesus nicht vor allem gesagt, dass wir den Sinn der Gebote und Gesetze verstehen müssen? Und dass wir alle Kinder Gottes sind, unabhängig davon, ob wir alles richtig machen? Juden und Heiden haben unterschiedliche Erinnerungen und Traditionen. Zum Beispiel die Beschneidung oder die Speisegebote: Für Juden ist es wichtig, diese Gesetze zu befolgen, für Heiden ist es eine unnötige Last. Hauptsache, sie glauben daran, dass Jesus der Christus* ist.

Hannah: Für mich hört sich das so an, als ob jeder sich das Christentum so zurechtbasteln kann, wie er möchte. Nein, ich bin anderer Meinung!

info

Urgemeinde und Apostelversammlung

Kurz nach den Ereignissen von Karfreitag und Ostern entstand in Jerusalem die erste christliche Gemeinde. Ihre Mitglieder waren Judenchristen, also Juden, die nach ihrem Selbstverständnis auch als Christen Juden blieben. Sie pflegten ein geregeltes Gemeindeleben mit gemeinsamen Mahlzeiten in den Häusern der Gemeindemitglieder, Lehrtätigkeit der Apostel, Brotbrechen und dem Gebet. Der Gottesdienst, der in der Synagoge stattfand, bestand aus Gebet, Schriftlesung und Lehre. Vor allem durch die griechisch sprechenden Juden und später dann durch die Missionstätigkeit des Paulus wurde die Frage brisant, unter welchen Bedingungen Nichtjuden (»Heiden«*) Christen werden können. Auf der Apostelversammlung in Jerusalem (ca. 48 n. Chr.) wurde die Frage schließlich entschieden: Die alttestamentlichen Überlieferungen sollten – wie schon für Jesus – weiterhin Wurzel des Glaubens bleiben, aber die Beschneidung und die Einhaltung der einzelnen Gebote des Judentums sollten keine Bedingung sein, um Christ zu werden. Paulus, der jüdische Gelehrte und Pharisäer*, setzte sich auch als Christ zeitlebens mit seiner jüdischen Tradition auseinander und formulierte gegen Ende seines Lebens: »Nicht du trägst die Wurzel, sondern die Wurzel trägt dich.« (Röm 11,18)

- Samuel und Hannah haben beide gute Argumente!
- »Ohne die jüdischen Überlieferungen kann man gar nicht verstehen, was Jesus wollte« – finde Beispiele! ⑤ ⑥
- Stelle einen Zusammenhang zwischen der Apostelversammlung und dem Bild auf S. 21 her!
- Klebe eine Kopie des »Wurzelbildes« in dein Heft. Füge Erläuterungen hinzu: Welche jüdischen Wurzeln tragen das Christentum? Was sind die Zweige, die Blätter?
- Auch das Judentum entwickelte sich als lebendige Religion bis heute weiter. Wie müsste man das Bild verändern, um dies deutlicher zu machen?

Das Christentum ...

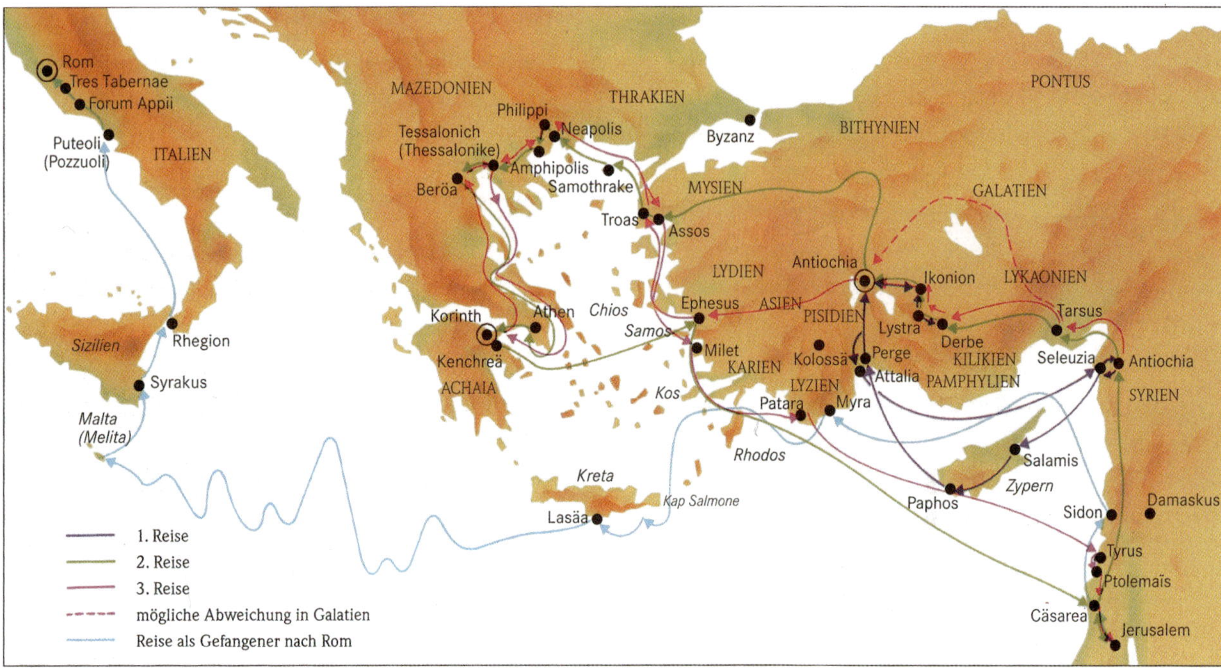

info

Reisen des Paulus

Paulus ist auf seinen Missionsreisen* sehr weit herumgekommen. Reisen waren zu seiner Zeit keine harmlose Angelegenheit. Die Römer hatten zwar einige Verbindungswege zwischen der Hauptstadt und den Provinzen angelegt, auf denen man zu Fuß oder auch auf dem Pferd reisen konnte, trotzdem musste man in einsamen Gegenden ständig Angst haben, von Banditen überfallen zu werden. Über das Mittelmeer konnte man auf Handelsschiffen mitfahren. Vor allem bei Sturm war das aber sehr gefährlich. Obwohl die Steuermänner meist eine Route in der Nähe von Küsten wählten, passierten häufig Schiffbrüche. Paulus musste dreimal miterleben, wie das Schiff, auf dem er reiste, sank. Er selbst trieb einen Tag und eine Nacht auf offenem Meer. Zwischen 48 und 60 n. Chr. begab sich Paulus auf drei große Missionsreisen. Sein Ziel war dabei, den christlichen Glauben für die Heiden zu öffnen. In verschiedenen Städten gründete er Gemeinden, indem er interessierte Juden und Griechen um sich sammelte und die Auferstehung Jesu Christi in den Mittelpunkt seiner Predigt stellte.

Die Städte Philippi, Korinth und Ephesus, wo er die meisten seiner Briefe schrieb, wurden wichtige Stützpunkte seiner Tätigkeit. Mehr als einmal setzte Paulus auf den Reisen zudem sein Leben aufs Spiel, weil seine Missionstätigkeit bei den Menschen Widerstand und Abwehr hervorrief. So erhielt er fünfmal die Strafe von »vierzig Geißelhieben weniger einen«; wurde dreimal mit Stöcken geschlagen und einmal gesteinigt. Seine letzte Reise führte ihn nach Rom, wo er schließlich bis zu seinem Lebensende bleiben sollte.

- Entdecke mit Hilfe der Karte einen Plan in Paulus' Reisen!
- Verfolge die Reiserouten in einem modernen Atlas und prüfe, welche Ländergrenzen man heute überschreiten müsste!
- Recherchiere im Internet und in Katalogen Reiseangebote »Auf den Spuren des Paulus!« Suche geeignete Fotos und klebe sie in dein Heft!

Apg 17,16–34: In Athen traf ich auf einige Philosophen ...

Apg 19,23–40: Als wir in Ephesus waren, hetzte Demetrius gegen uns ...

Apg 16,16–40: Als wir in Philippi waren, verfolgte uns eine Wahrsagerin ...

Apg 27,13–44: Als ich als Gefangener nach Rom reiste, erlitten wir Schiffbruch ...

Paulus auf Reisen

- Begib dich auf Lesereise!
- Schreibt in Gruppen die biblischen Reiseberichte in Einträge für das Reisetagebuch des Paulus um! Konzentriert euch dabei auf die Schwierigkeiten, auf die Paulus bei seinen Reisen stößt! Unbekannte Begriffe wie Götze*, Epikureer*, (Römisches) Bürgerrecht*, Stoiker*, Diana* kannst du im Lexikon nachschlagen.
- Man könnte zu Paulus' Reisen einen spannenden Film drehen! Welche Episoden sollten unbedingt vorkommen? Wie könnte ein solcher Film anfangen und enden? Was wäre der Höhepunkt?
- Setze die Zitate rechts zu Paulus' Reisen in Beziehung! Passen sie zu deinen eigenen Reiseerlebnissen?

»Wer durch Reisen klüger werden will,
darf sich nicht selbst mitnehmen.«
Sokrates

»Schnell, schnell – das ist keine Reise.
Reisen heißt, sich Zeit zu nehmen.«
aus Afrika

»Wo kämen wir hin,
wenn jeder sagte,
wo kämen wir hin und keiner ginge,
um zu sehen,
wohin wir kämen,
wenn wir gingen.«
Kurt Marti

Wer kommt gut an?

ANZEIGE

Deutschland sucht den Superapostel

Kennzeichen: rhetorisch begabt, gut aussehend, musikalisch, gut gekleidet, witzig, unterhaltsam, kreativ, teamfähig, belastbar, ehrgeizig.

Star
ganz oben
er blickt hinab
auf die Menge
die jubelt
alle lieben ihn
wirklich
alles könnte er
jetzt tun mit
uns.

info

Konkurrenz

In der Korinthischen Gemeinde kam es zur Spaltung in zwei Gruppen. Ein Teil der Gemeinde schloss sich Apollos an, einem gelehrten, rhetorisch begabten Prediger, der eine große Ausstrahlung besessen haben muss; ein anderer blieb Paulus treu. Die Anhänger der Apollos-Gruppe kritisierten Paulus wegen seiner Verkündigung und wegen seines unansehnlichen Erscheinungsbildes. Paulus nahm im 1. Brief an die Korinther zu diesem Konflikt Stellung und versuchte dabei zu klären, was einen Apostel ausmacht.

Ich denke, Gott hat uns Apostel als die Allergeringsten hingestellt, wie zum Tode Verurteilte. Denn wir sind ein Schauspiel geworden der Welt und den Engeln und den Menschen.
Wir sind Narren um Christi willen, ihr aber seid klug in Christus; wir schwach, ihr aber stark; ihr herrlich, wir aber verachtet.
Bis auf diese Stunde leiden wir Hunger und Durst und Blöße und werden geschlagen und haben keine feste Bleibe
Und mühen uns ab mit unsrer Hände Arbeit. Man schmäht uns, so segnen wir; man verfolgt uns, so dulden wir's, man verlästert uns, so reden wir freundlich. Wir sind geworden wie der Abschaum der Menschheit, jedermanns Kehricht, bis heute.

1. KOR 4,9–13

Du
ganz
unten
verachtet
ohnmächtig
schwach
bist
wahrhaftig
stark.

Stark und schwach

- Paulus oder Apollos? Entdecke in 1. Kor 3 f ihre Stärken und Schwächen!
- Konkurrenz führt oft zu Konflikten. Suche im Text, wie Paulus das Konkurrenzproblem zu lösen versucht; erinnere dich dabei auch an das, was ihr im vorigen Jahr zu Konflikten besprochen habt !
- Paulus argumentiert in 1. Kor 4,9–13 mit »Kopfstandgedanken« ⑥.
- Versuche die Gedichtstrophen bildlich zu gestalten und aufeinander zu beziehen!
- Erzähle von Personen, denen du ihr Christsein abnimmst!

Stars

- Man weiß eigentlich nie, ob man Menschen, die öffentlich auftreten, wirklich glauben kann.
- Ein Star – ein Stern?
- Wahre Sterne – falsche Sterne?

- Stelle mit Hilfe einer geeigneten Form (z. B. Dreieck etc.) dar, wie für dich eine »perfekte Gemeinschaft« aussieht! Du kannst dabei die Form auch umgestalten (z. B. eine Lücke lassen, Kanten und Rundungen kombinieren).
- Stellt in Gruppen eine Form nach und erzählt von euren Eindrücken an eurem Standort! Was sieht man an den unterschiedlichen Standorten? Probiert aus, was sich verändert, wenn man die Position wechselt! Was empfinden Außenstehende?

Mara, Mitglied der Gemeinde in Korinth, schreibt an Paulus:

Paulus, Bruder, zunächst einmal danke für Deinen persönlichen Gruß an mich! Ich möchte noch etwas Wichtiges bemerken und ich seh schon, den anderen ist es peinlich, was ich sage und wie ich's sage. Hilft nichts: Du musst es hören. »Nicht Sklaven und Freie, nicht Arme und Reiche« – da lach ich ja! Klar sitzen die besseren Herren längst gepflegt im Salon, wenn unsereins angekeucht kommt. Speisen üppig, trinken vom Feinsten. Lassen sich bedienen vom Personal, als ob's ein Privatgelage wäre. Verwechseln den reich gedeckten Tisch des Hausherrn mit dem Tisch des Herrn. Für den ist dann nur noch wenig übrig. Kaum dass die abgenagten Knochen weggeräumt sind, wenn wir kommen, wir, die Kellnerinnen und die Hausmädchen und die Verlader und die Viehmägde und wer noch alles erst weg kann, wenn die Arbeit getan ist. Da hetz ich mich also ab, spüle die doppelte Menge Teller in der halben Zeit, zittere, ob die Vertretung rechtzeitig da ist, die ich mir mit Mühe und Geschenken besorgt hab – ohne Vertretung lässt mich der Wirt schon gar nicht raus –, mach mich schnell zurecht, renne zur Werft hinüber, wo Nannos arbeitet, sage der Aufsicht was Nettes, dass sie ihn endlich gehen lassen, sammle noch ein paar andere vom Hafen ein und hoch hetzen wir zu Gaius' Villa. Und da haben einige Herren schon getafelt und gebechert und sich über ihre Geschäfte unterhalten, starren uns an mit glasigem Blick, ihre Gesänge erinnern mich stark an das Geplärr der Besoffenen – ich denk, ich komm von einer Kneipe in die nächste. Machen noch ihre Bemerkungen: »Dass ihr auch schon da seid! Jetzt wird's aber Zeit!« Für das gemeinsame Mahl bleibt, wenn wir Glück haben, ein Bissen Brot und ein Schluck Wein, und manche Herren essen schon gar nicht mehr mit, weil sie satt sind und voll vom Wein. Alle gleich am Tisch des Christus? Sklaven und Herren? Arme und Reiche? Es ist wie überall: Die Herren schlemmen: Wir kriegen die Reste!
Tja, so ist das, wann kommst du, um mit uns darüber zu sprechen?
Mara

MERKwürdig: Zu Pfingsten haben sich alle verstanden!

Konflikt in Korinth
- Mara ist sehr wütend.
- Gestalte eine Form zu der von Mara beschriebenen Gemeinschaft! Stellt auch diese Form nach und vergleicht sie mit den zuvor von euch gefundenen Gemeinschaftsformen (s. o.)!
- In 1. Kor 12,12 ff findet man eine in der Korinther Gemeinde bekannte Geschichte des Paulus. Prüfe, was sie zur Lösung des Konflikts aus Maras Brief beitragen könnte!
- In 1. Kor 11,28–34 kannst du nachlesen, wie Paulus das Problem tatsächlich löste. Diskutiert seine Antwort!

Arm und reich
- Immer geht es um Geld und Besitz, damals wie heute. Überlege für dich: Was besitzt du? Was ist dir davon am wichtigsten? Warum? Streit um Geld oder Sachen – kennst du das? Male dir eine Welt ohne Eigentum aus!
- Apg 4,32–37 gibt ein Bild (vielleicht ein Idealbild?) davon, wie die älteste Gemeinde in Jerusalem dieses Problem löste. Ein Modell für die Kirche heute? Diskutiert darüber!

Verborgen

Graffitikunst

- Erläutere die Eigenarten von Graffiti!
- Sammle Orte, an denen Graffiti auftauchen, und nenne Gründe dafür!
- Gestalte in deinem Heft ein Graffito zu einem dir wichtigen Thema! An welchem Ort müsste dein Graffito zu sehen sein?

Katakombe St. Callixtus

- Deute die urchristlichen »Graffiti« aus St. Callixtus und der Priscilla-Katakombe (rechts)!
- Graffiti sind öffentlich und zugleich geheim. Deshalb waren sie besonders für verfolgte Christen eine geeignete Ausdrucksweise. Überlege dir Gruppen, für die Graffiti heute die passende Ausdrucksform sind oder wären! Welche Botschaften formulieren sie in ihren Graffiti?

info

Graffiti

- Graffiti, Sg. Graffito, (ital. sgraffiare: kratzen, das Gekratzte) bezeichnet ursprünglich eine Kratzputztechnik, bei welcher verschiedenfarbige Putzschichten aufgetragen und dann durch Wegkratzen der oberen Schicht reliefartige Motive gestaltet werden. Heute versteht man unter Graffiti viele unterschiedliche Erscheinungsformen, deren Gemeinsamkeit darin besteht, dass es sich um sichtbare Bilder oder Zeichen handelt, die unaufgefordert und anonym, von Einzelpersonen oder Gruppen auf öffentlichen Oberflächen angebracht werden.

Urchristliches Graffito – der Fisch

- Das griechische Wort für Fisch, ICHTHYS, besteht aus den Anfangsbuchstaben von »Jesus Christus Gottes Sohn Retter«.
Schon die ersten Christen benutzten das Symbol des Fisches als Erkennungs- und Geheimzeichen: Eine Person zeichnete einen Bogen in den Sand, die andere vollendete das Symbol mit dem Gegenbogen und zeigte sich damit als Bruder oder Schwester in Christus.
- In den Katakomben von Rom finden sich viele Fischsymbole. Die ersten Christen benutzten die Katakomben als Begräbnisstätte für ihre Toten, unter anderem für Märtyrer*, und hielten in Zeiten der Verfolgung dort Gottesdienste ab.

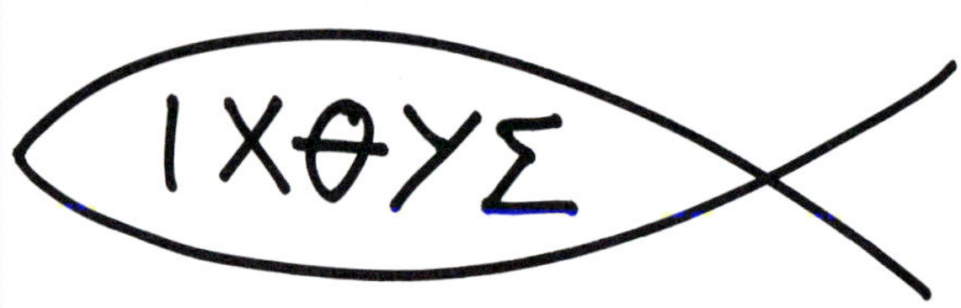

Eine verdächtige Sekte!

- Die Darstellung links ist ein Graffito gegen die Christen aus dem alten Rom. Überlege, was den Zeichner am Christentum gestört haben könnte!
- Im Text »Christen ans Kreuz« stecken eine Menge Vorwürfe gegen die Christen. Sammle sie und überlege, wie es zu diesen Ansichten kommen konnte! Denke dabei auch daran, was du über die Entstehung von Vorurteilen weißt ⑥!
- Gestaltet einen Handzettel oder eine Werbebroschüre, mit deren Hilfe Christen im Römischen Reich ihre Mitbürger hätten einladen und sich verteidigen können!

Priscilla-Katakombe: Die drei Jünglinge im Feuerofen (nach Daniel 3)

Christen ans Kreuz!

In einer Verteidigungsschrift für die Christen aus dem späten 2. Jh. zitiert der Schriftsteller Minucius Felix gängige Vorurteile gegen die Christen:

»An geheimen Zeichen und Merkmalen erkennen sie einander und lieben sich schon, fast ehe sie sich noch kennen. Unterschiedslos vollziehen sie miteinander eine Art Ritual der Lust. Im Mittelpunkt ihrer Zeremonie steht ein für seine Verbrechen mit dem Tode bestrafter Mensch samt den Kreuzeshölzern. Sie verehren, was ihnen eigentlich selbst geschehen sollte. Bei der Aufnahmefeier bedeckt man, um die Neugetauften zu täuschen, ein Kind mit Teig und legt es dem vor, der in ihre Mysterien (Geheimnisse) eingeweiht wird. Der Neuling lässt sich, durch die Teighülle getäuscht, zu Stichen verleiten, bei denen er nichts Arges vermutet, und tötet so das Kind. Das Blut dieses Kindes lecken sie gierig auf und reißen sich noch um die zerstückelten Glieder. Durch die Mitwisserschaft an diesem Verbrechen verpflichten sie sich gegenseitig zum Stillschweigen. An Festtagen kommen sie zum Gelage zusammen, mit all ihren Kindern, Schwestern und Müttern, beiderlei Geschlechts und jeglichen Alters. Dann, nach vielen Gängen, wenn alle betrunken sind, wird das Licht gelöscht und alle stürzen sich, schamlos im Schutz der Dunkelheit, in unerhörter Gier (zum Geschlechtsverkehr) aufeinander, wie der Zufall es bringt.«

nach Minucius Felix: Dialog Octavius 9,1–7

Unter ...

Rechts thront Augustus. Seine Haltung soll an Jupiter erinnern. Er empfängt Tiberius (links), der siegreich aus einer Schlacht nach Rom zurückkehrt. Schmuckstein, frühes 1. Jh. n. Chr.

EDIKT DES KAISERS GAIUS DECIUS PIUS FELIX AUGUSTUS AN ALLE BÜRGER DES RÖMISCHEN REICHES:

ICH GEBIETE EUCH, DEN HEILIGEN GÖTTERN ROMS UND MIR ACHTUNG UND EHRE ZU ERWEISEN. IHR WERDET ALLE – MÄNNER UND FRAUEN, FREIE UND SKLAVEN – VOR EINER KOMMISSION EURER STADT ERSCHEINEN, AUF EINEM ÖFFENTLICHEN ALTAR WEIHRAUCH UND WEIN OPFERN UND VON DEM FLEISCH ESSEN, DAS DEN GÖTTERN GESPENDET WURDE. DIES WIRD EUCH SCHRIFTLICH BESTÄTIGT. WER BEI KÜNFTIGEN KONTROLLEN IM REICH KEINE OPFERBESCHEINIGUNG VORWEISEN KANN, GILT ALS STAATSFEIND UND WIRD INS GEFÄNGNIS GEWORFEN, ZU SCHWERER ZWANGSARBEIT VERURTEILT ODER HINGERICHTET. SEIN GESAMTER BESITZ FÄLLT AN DEN STAAT.

GEGEBEN IM ERSTEN JAHR DER REGIERUNG DES KAISERS GAIUS DECIUS PIUS FELIX AUGUSTUS, AM DRITTEN TAG DES ACHTEN MONATS.

AN DIE OPFERKOMMISSION DES DORFES ALEXANDERINSEL – VON AURELIUS DIOGENES SATABUS, 72 JAHRE ALT, NARBE ÜBER DER RECHTEN AUGENBRAUE.

»ICH HABE IMMER DEN GÖTTERN GEOPFERT UND AUCH JETZT IN EURER ANWESENHEIT VORSCHRIFTSMÄSSIG GEOPFERT, GESPENDET UND DAS OPFERFLEISCH GEKOSTET. ICH BITTE EUCH, MIR DAS ZU BESCHEINIGEN.«

ICH AURELIUS SYRUS, HABE IHN MIT SEINEM SOHNE OPFERN SEHEN.

IM ERSTEN JAHR DES KAISERS DECIUS, DES GLÜCKLICHEN UND ERHABENEN, 26. JUNI

info

»Gottlose« Christen

Während des 3. Jahrhunderts geriet das Römische Reich durch äußere Bedrohung und wirtschaftliche Probleme zunehmend in die Krise. In dieser Situation versuchte Decius (249–251) die Reichseinheit mit einer Rückbesinnung auf die altrömische Staatsreligion zu erneuern und forderte hierfür ein Bittopfer für die Götter und den Kaiser. Der Kaiserkult war im Römischen Reich schon lange üblich: Toten und lebenden Herrschern wurden Opfer dargebracht und ihr Bildnis wurde angebetet. Wer die Teilnahme daran verweigerte, zeigte sich gegenüber dem Römischen Reich als unsolidarisch und schloss sich aus der Gesellschaft aus. Probleme mit dem Staatskult hatten im Römischen Reich nur Juden und Christen, die wegen des 1. Gebots nur einen einzigen Gott und keine Menschen als Götter verehren durften. Während die Juden von der Teilnahme am Kaiser- und Staatskult befreit waren, galt für die immer stärker anwachsende Christengemeinde seit Trajan (98–117) diese Vergünstigung nicht mehr. Wo Christen das Opfer für die Götter und die Verehrung des Kaisers verweigerten, kam es zeitweise zu schweren Verfolgungen, besonders unter Decius und später unter Diokletian (ab 303). Die Christen galten als »atheoi«, als gottlose »Atheisten«.

Schwere Entscheidungen

- Stelle einen Zusammenhang zwischen dem Augustus-Bild und dem Kaiserkult (S. 30) her!
- Finde aus dem Opferedikt und der Opferbescheinigung (S. 30) heraus, was genau von den Christen verlangt wurde! Was könnte der Sinn dieser Maßnahmen sein?
- Den Christen, die das Edikt des Kaisers Decius gelesen hatten, ging sicherlich sehr Unterschiedliches durch den Kopf. Schreibe ihre Überlegungen in Gedankenblasen!
- Aurelius Satabus hat öffentlich geopfert und blieb während der Verfolgung unbehelligt. Er besucht seit einiger Zeit wieder die Gottesdienste und unterstützt kranke Gemeindemitglieder. Einige von ihnen schlagen vor, dass er in den Kreis der Gemeindeältesten aufgenommen wird. Nilus hat bei der Verfolgung seine ganze Familie verloren. Er erhebt Einspruch ... Verfasse ein Streitgespräch zwischen Gemeindemitgliedern, die jeweils für Aurelius oder für Nilus Partei ergreifen!
- Lege in deinem Heft mit Hilfe des Infotextes eine Zeitleiste zu den wichtigen Daten der Christenverfolgung an! Du kannst auch Informationen aus dem Latein- und Geschichtsunterricht verwenden.

info

Christenverfolgung

- Das römische Reich war auf einem Höhepunkt seiner Machtentfaltung, als im fernen Palästina die christliche Kirche entstand. Zur Zeit des Augustus (30 v. Chr.–14 n. Chr.) wurde Jesus geboren, unter der Regierung seines Nachfolgers Tiberius (14–37 n. Chr.) wurde er gekreuzigt. Als die Kaiser Caligula (37–41) und Claudius (41–54) die Macht innehatten, bildeten sich an vielen Orten schon christliche Gemeinden. Zunächst nahmen die Römer die Christen kaum wahr, doch unter Kaiser Nero (54–68) wurden sie zu Außenseitern, so dass dieser sie als Sündenböcke benutzen konnte. Um nach einem großen Brand in Rom (64) den Verdacht der Brandstiftung von sich abzulenken, ließ Nero Christen verhaften und sie in grausamen Zirkusspielen hinrichten. Diese Ausschreitungen blieben auf Rom beschränkt.
- Zu ersten größeren lokalen Verfolgungen kam es unter Kaiser Domitian (81–96) in Rom und in Kleinasien. Auch Mitglieder der kaiserlichen Familie waren betroffen. Um das Jahr 110/112 antwortete Kaiser Trajan (98–117) auf eine Anfrage seines Statthalters Plinius, der unsicher war, wie er mit den Christen verfahren sollte, folgendermaßen:
»Aufzusuchen sind sie nicht; werden sie angezeigt und überführt, so sind sie zu bestrafen, aber so, dass derjenige, der leugnet ein Christ zu sein, und dies durch die Tat beweist, nämlich durch ein Opfer an die Götter, mag er wohl in Hinblick auf seine Vergangenheit verdächtig sein, aufgrund seiner Reue Verzeihung erlangt. Anonyme Zuschriften aber dürfen in keinem Prozess Berücksichtigung finden, denn das gäbe das schlimmste Beispiel und passt nicht in unsere Zeit.« Trajans Antwort wird zur Rechtsgrundlage für die folgenden Jahrzehnte.
- In der Mitte des 3. Jahrhunderts, als das Römische Reich in eine Krise geriet, ordnete Kaiser Decius anlässlich der 1000-Jahr-Feier Roms durch Gesetz ein allgemeines Bittopfer an. Dieses sollte einerseits die Götter versöhnen, andererseits die Loyalität der Bewohner zum Römischen Reich demonstrieren. Dies führte zu der ersten reichsweiten Verfolgung von Christen.

Zeugnis ablegen

- Standhaft oder hartherzig? Finde weitere charakteristische Adjektive für Perpetua! Welche passen zum Bild?
- Stelle Perpetuas Verhör aus unterschiedlichen Perspektiven dar (z. B. eine Zeitungsnotiz, die Erzählung eines Beteiligten usw.)!
- Untersuche, für wen der Tagebucheintrag bestimmt ist, wie er auf die Leserin oder den Leser wirkt und wirken soll!
- Viele Gründe sprechen gegen Perpetuas Entscheidung. Trotzdem ...?
- Tertullian, der das Schicksal Perpetuas überliefert hat, sagte einmal: »Das Blut der Märtyrer ist der Samen des Christentums.« Diskutiert darüber!
- Perpetua wird wie viele andere Märtyrer in der katholischen Kirche als Heilige verehrt. Vergleiche damit, wie Martin Luther »Gemeinschaft der Heiligen« im Glaubensbekenntnis auslegt (S. 17)!

In Karthago lässt der Statthalter Hilarianus zu Beginn des 3. Jahrhunderts Perpetua und ihre Sklavin Felicitas verhaften, weil sie zum Christentum übertreten wollen. Perpetua führt im Gefängnis Tagebuch, ein Augenzeuge, wahrscheinlich der Kirchenvater Tertullian, berichtet über die Verurteilung und Hinrichtung der beiden Frauen.

Über das Verhör schreibt Perpetua:
»Am andern Tage wurden wir verhört. Die Reihe kam auch an mich. Da erschien plötzlich mein Vater mit meinem Sohn, zog mich vom Gerüst herab und sagte: »Sprich das Gebet! (Gemeint ist das Gebet zu den heidnischen Göttern) Hab Mitleid mit deinem Kinde!« Der Statthalter Hilarianus sagte daraufhin zu mir: »Schone die grauen Haare deines Vaters, schone die Kindheit des Knaben! Bring das Opfer für das Heil des Kaisers!« Ich antwortete: »Nein!« Hilarianus: »Bist du Christin?« »Ja!«, erwiderte ich, »ich bin Christin«. Als mein Vater noch weiterhin versuchte, mich zu Fall zu bringen, befahl Hilarianus, ihn hinwegzuschaffen; er wurde mit einem Stock geschlagen. Über das, was meinem Vater zustieß, war ich so betrübt, als ob ich selbst geschlagen worden wäre; so leid tat mir der arme alte Mann.
Alsbald verkündete der Statthalter allen das Urteil: Er verurteilte uns zu den wilden Tieren. Fröhlich stiegen wir daraufhin wieder in den Kerker hinab. Ich schickte sofort den Diakon Pomponius zu meinem Vater, um ihn um das Kind zu bitten, weil es an meine Brust und an das Zusammensein mit mir im Kerker gewöhnt war. Aber mein Vater wollte das Kind nicht hergeben. Da fügte es Gott, dass das Kind von da an nicht mehr nach meiner Brust verlangte, so dass ich durch die Sorge um das Kind nicht mehr gequält wurde.«
Am Tag ihrer Hinrichtung betreten die beiden Frauen stolz das Theater, Psalmen singend und betend. Vor einer johlenden Zuschauermenge werden sie den Tieren vorgeworfen. Eine wilde Kuh verletzt sie schwer und sie werden schließlich mit dem Schwert hingerichtet.

MERKwürdig: Von Jesus wird erzählt, er habe Angst gehabt.

Standhalten

info

Märtyrer

- Märtyrer (von griechisch martys: Zeuge) nennt man Menschen, die Gefangenschaft, Misshandlungen oder den Tod erleiden mussten, weil sie ihren christlichen Glauben in Wort und Tat vertraten und sich nicht davon abbringen ließen. Darüber hinaus werden auch Menschen »Märtyrer« genannt, die wegen anderer politischer oder religiöser Überzeugungen verfolgt und umgebracht werden.
- Der Märtyrerbegriff wird missbraucht, wenn damit Gewalt gegen Andersdenkende gerechtfertigt werden soll (z. B. im Fall von terroristischen Selbstmordattentaten).

Märtyrer im Kleinen?

- Standhalten – für etwas einstehen – für jemanden eintreten … überlegt euch Körperhaltungen dazu!
- Nachteile in Kauf nehmen für etwas, das einem sehr wichtig ist: Findet Beispiele und diskutiert darüber!
- Sich mutig für etwas einsetzen – sich in der Märtyrerrolle gefallen: Manchmal ist das gar nicht leicht auseinanderzuhalten!
- Informiere dich im Internet über eine/n der am Portal der Westminster Abbey abgebildeten Märtyrer/innen im 20. Jahrhundert! Ist die Person freiwillig oder unfreiwillig zum Märtyrer geworden? Ihr könnt auch arbeitsteilig ein Plakat erstellen.
- Märtyrer – Menschen mit »großen Wünschen«? (Kap. 3) – vergleiche dazu auch das Leben Martin Luther Kings (S. 54 f)!
- Christenverfolgungen gibt es auch heute noch. Recherchiere!

1998 wurde am Westportal der Westminster Abbey in London ein Fries von zehn repräsentativen Märtyrer-Gestalten des 20. Jahrhunderts eingeweiht. Ausgewählt wurden: Maximilian Kolbe, Manche Masemola, Janani Luwum, Elisabeth von Hessen-Darmstadt, Martin Luther King, Oscar Romero, Dietrich Bonhoeffer, Esther John, Lucian Tapiedi und Wang Zhiming.

Siegreiches Christentum ...

Johannes Lingelbach, Die Schlacht an der Milvischen Brücke, 1673

info

Die Wende

Als Konstantin im Jahr 312 gegen Maxentius um die Macht in Italien kämpfte, war der Zeitpunkt für eine Einigung des Römischen Reiches günstig. Dabei erwies es sich für ihn als vorteilhaft, das Christentum, das bereits bis in die höheren Schichten der römischen Gesellschaft verbreitet war, anzuerkennen. Schon 311 hatte Kaiser Galerius das Christentum offiziell toleriert. Als Konstantin, der von Trier über die Alpen nach Rom gezogen war, dort an der Milvischen Brücke einen überraschenden Sieg gegen die übermächtigen Truppen des Maxentius errang, sah er darin eine Bestätigung der Macht des Gottes der Christen.

»In diesem Zeichen siege!«

Der christliche Geschichtsschreiber Eusebius erzählt: »Während er in der aussichtslosen Situation betete, erschien dem Kaiser ein wunderbares Zeichen von Gott. Er erzählte, dass er um die Mittagszeit, als sich der Tag eben zu neigen begonnen hatte, mit eigenen Augen am Himmel, oberhalb der Sonne, das Siegeszeichen eines aus Licht gebildeten Kreuzes und darauf die Inschriften gesehen habe: ›In diesem Zeichen siege!‹ Ob dieser Vision sei ihn und sein ganzes Heer ein Erschrecken angekommen, darüber er gegrübelt habe, was die Bedeutung dieses Zeichens sein möchte. Und während er fortfuhr zu grübeln und nachzusinnen, sei die Nacht hereingebrochen; im Schlaf sei ihm dann der Christus Gottes erschienen mit dem Zeichen, das er am Himmel gesehen, und habe ihm befohlen, ein Abbild jenes Zeichens herzustellen und als Schutz zu gebrauchen, wann immer er mit den Feinden zusammentreffe.«

Überzeugt, dass ihm der höchste Gott den Sieg geschenkt hatte, verweigerte er nach der Schlacht den üblichen Gang zum Kapitol, dem Sitz der Staatsgötter. Wenig später erließ er in Mailand zusammen mit Licinius, dem Herrscher des Ostens des Reiches, folgendes Toleranzedikt:

»Ich, der Kaiser Konstantin, und ich, der Kaiser Licinius, haben alles, was der Wohlfahrt und Sicherheit des Staates dient, erwogen und beschlossen, den Christen ebenso wie allen anderen freie Wahl zu lassen, der Gottesverehrung zu folgen, die ein jeder wünscht, damit, was an Göttlichem auf himmlischem Sitz thront, uns und allen, die unter unserer Herrschaft leben, gewogen und gnädig sein möge. Dies geschieht im Interesse der Ruhe unserer Zeiten. Außerdem verfügen wir betreffs der Christen, dass man ihnen die Stätten, an denen sie sich früher zu versammeln pflegten, unentgeltlich ohne jeden Verzug zurückgebe. Wenn die, welche diese Orte verkauft, oder die, die sie zum Geschenk erhalten haben, etwas von unserer Güte wünschen, so mögen sie sich an den zuständigen Statthalter wenden, damit auch für sie durch unsere Güte gesorgt werde.«

- Beschreibe die Bewegung in dem Bild S. 34 ⑥! Finde den Mittelpunkt des Bildes!
- Entdecke Elemente der Geschichte in dem Bild wieder!
- »In diesem Zeichen siege!« – vergleiche Konstantins Sicht von Jesus Christus mit dem, was du im vorigen Jahr über Jesus erfahren hast ⑥!
- Konstantin hat eine göttliche Offenbarung erlebt. – Konstantin hat aus politischer Klugheit gehandelt. – Wie kann man wissen, was stimmt?

VERFÜGUNGEN KONSTANTINS:

- DER SONNTAG WIRD GESETZLICHER FEIERTAG.
- DIE KREUZIGUNGSSTRAFE WIRD ABGESCHAFFT.
- SKLAVEN UND VERBRECHER DÜRFEN IM GESICHT NICHT GEBRANNTMARKT WERDEN.
- SKLAVEN MÜSSEN HUMAN BEHANDELT UND DIE GESUNDHEIT DER HÄFTLINGE SOLL GESCHONT WERDEN.
- PRIESTER BRAUCHEN KEINE STEUERN ZU ZAHLEN UND SIND VOM KRIEGSDIENST BEFREIT.
- BISCHÖFE WERDEN DEN KAISERLICHEN WÜRDENTRÄGERN GLEICHGESTELLT.
- BEI ZIVILSTREITIGKEITEN DÜRFEN SIE RECHT SPRECHEN.
- BIBELN WERDEN AUF STAATSKOSTEN AUF KOSTBAREM PERGAMENT ABGESCHRIEBEN UND VERVIELFÄLTIGT.

Die Konstantinische Wende

- »Wende« – sammelt Assoziationen!
- Denkt über die Folgen der Verfügungen Konstantins für Christen und Nichtchristen nach – ihr könnt Leserbriefe aus unterschiedlicher Sicht formulieren: Sklaven, Verband der Opferfleischlieferer, Kirchenleitung.
- Hieronymus hatte offenbar keine hohe Meinung über diese »Wende«: Prüfe, welche Anordnungen Konstantins für die Zukunft der Kirche eher förderlich, welche eher schädlich waren.
- Finde heraus, welche Gesetze Konstantins heute noch gelten!
- Antworte Hieronymus aus heutiger Sicht!

Eine kolossaler Kopf Kaiser Konstantins kurz vor einer Ausstellung in Trier

Wie tolerant bist du?

Kannst du tolerieren, wenn
- deine Freundin Kleidung trägt, die du hässlich findest?
- deine Freundin vor dem Essen betet (auch in der Schule)?
- dein Freund raucht?
- deine Freundin klaut?

Toleranz

- Toleranz ist / ist nicht ...
- Überprüfe, ob Konstantins Regelungen tolerant sind!
- Vergleiche Toleranz mit Nächstenliebe (S. 112 f)!

info

Staatsreligion

391 erklärt Kaiser Theodosius, der Nachfolger Konstantins, den christlichen Glauben zur einzig erlaubten Religion im Römischen Reich und macht das Christentum zur Staatsreligion.

Das MERKe eines Kirchenvaters*:
»Früher wuchs die Kirche durch Verfolgung. Jetzt ist sie an Macht und Reichtum größer, an Tugenden kleiner geworden«.
Hieronymus

Orte zum Beten . . .

Allianz Arena in München

Orte zum Beten und Feiern

- Vergleiche die auf dieser Doppelseite abgebildeten Gebäude und Vorgänge, die sich in diesen Gebäuden abspielen. Berücksichtige festgelegte Abläufe, Geräusche und die Wirkung von Licht und Gerüchen!
- Warst du schon einmal in einem Stadion? Beschreibe die Eindrücke deines ersten Besuchs!
- Für Philipp Lahm ist die Arena ein magischer Ort, andere nennen die Arena einen Fußball-Tempel!
- Nennt Orte, an denen heutzutage gesungen wird!

Philipp Lahm über die Allianz-Arena

Was war dein schönstes Erlebnis in der Arena?

Da muss ich nicht lange überlegen, das war das Eröffnungsspiel bei der WM 2006 gegen Costa Rica. Als mir dann auch noch nach sechs Minuten das erste Tor der WM gelang, da war das wie in einem Traum.

Eigentlich geht es ja um Fußball. Ist eine schöne Arena um das Spielfeld herum denn so wichtig?

Natürlich ist ein schönes Stadion wichtig. Dazu gehören viele Faktoren. Die Nähe zum Spielfeld, es sollte ausverkauft sein und die Atmosphäre muss stimmen. Das alles ist in der Allianz Arena gegeben. Da einzulaufen ist jedes Mal wieder ein Erlebnis. Man erkennt das auch an den Reaktionen der gegnerischen Spieler, die immer etwas Zeit brauchen, um sich darauf einzustellen.

Hast du einen Lieblingsort in der Arena?

Am liebsten bin ich natürlich auf dem Spielfeld.

Übt die Allianz Arena eigentlich auf die Spieler eine ähnliche Faszination aus wie auf die vielen Besucher?

Ich denke, die unverwechselbare Architektur und das Farbenspiel der Fassade entfacht bei allen eine gewisse Faszination. Gerade bei Abendspielen, wenn wir mit dem Mannschaftsbus zum Stadion fahren, da kommt einem die Arena aus der Ferne schon wie ein magischer Ort vor. Und im Gegensatz zum Olympiastadion sitzen die Zuschauer näher am Geschehen. Das ist für die Fans gut und auch für uns Spieler, denn die Stimmung kommt besser rüber.

2007, zum Zeitpunkt des Interviews, spielt Philipp Lahm seine 3. Profi-Saison bei Bayern München.

Ein Raum schafft Erfahrung – ein Raum sammelt Erfahrung

- Überlegt, welche Räume einen ganz besonderen »Geist« haben und versucht zu klären, woran das liegen könnte!
- Werdet selbst aktiv und sammelt Raumerfahrungen:
  im Klassenzimmer: Wie wirkt der Raum,
  – wenn das Licht aus ist und die Vorhänge zu sind?
  – wenn du auf deinem Tisch stehst?
  – wenn du in einer Ecke hockst?
  – wenn du durchs Schlüsselloch hineinschaust!
  im Schulgebäude: Suche einen Ort,
  – der Weite ausstrahlt
  – der einengt
  – der zur Ruhe kommen lässt
  – der Hektik ausstrahlt
  in anderen Gebäuden: Schildere den anderen ein Gebäude so anschaulich, dass sie sich einfühlen können, z. B. eines,
  – in dem du dich pudelwohl fühlst
  – das sehr ungemütlich ist!
- Ihr wart in der 5. Klasse in einer Kirche. Gibt es eine Erfahrung von damals, an die du dich bis heute erinnerst?

Große Gebäude für große Momente

- Wenn man die Interviewfragen links auf eine Kirche beziehen würde ... ?
- Wie sich die Menschen früherer Jahrhunderte wohl gefühlt haben, nachdem sie nach einem langen Weg in die Stadt in einer großen Kathedrale standen?
- Informiere dich im Internet darüber, wie das Innere der Frauenkirche gestaltet ist und worin es sich von vielen anderen Kirchen unterscheidet. Eine Suchmaschine bringt dich schnell zu einer 360° Ansicht. Einen ersten Eindruck bekommst du auf S. 40. Schildere deine Eindrücke aus der Sicht eines Besuchers / einer Besucherin! Ob sich für ihn / sie das lange Schlangestehen gelohnt hat?

info

Die Frauenkirche in Dresden

Die Frauenkirche in Dresden ist eine der bekanntesten evangelischen Kirchen in Deutschland. Ihre Steinkuppel ist die größte nördlich der Alpen. Die Frauenkirche wurde zwischen 1726 und 1743 erbaut und im Zweiten Weltkrieg völlig zerstört. Zur Zeit der DDR* blieb ihre Ruine erhalten und diente als Mahnmal. Nach der Wiedervereinigung Deutschlands begann 1994 der Wiederaufbau. In einer einmaligen Spendenaktion wurde in ganz Deutschland und darüber hinaus Geld gesammelt. Die wieder aufgebaute Frauenkirche wurde damit zu einem Symbol für das wiedervereinte Deutschland.

Heute wird die Kirche vielfältig genutzt: Jeden Sonntag werden zwei Gottesdienste gefeiert, jeden Werktag zwei Andachten. Daneben gibt es zahlreiche Konzerte und Vorträge. Während der Öffnungszeiten bilden sich regelmäßig lange Schlangen.

Eine Grundform

info

Wie alles anfing

- Zunächst kommen die Christen in kleineren und größeren **Privathäusern** zusammen. Nach der Konstantinischen Wende wird das Christentum zur Staatsreligion. Die Christen beginnen, eigene Gebäude für Gottesdienst, Gemeinschaft und Gebet zu errichten.
- Bestimmte, damals übliche Bauwerke lehnen die Christen als Vorbild für ihre Kirchen ab, z. B. Tempel, die für heidnische Götter gebaut worden waren; auch römische Bäder und andere Bauwerke der Kaiser scheiden als Vorlage aus. So kommt es, dass man sich an der Bauweise einer römischen **Basilika** (Markt- und Gerichtshalle) orientiert: Ein rechteckiger Raum, doppelt so lang wie breit, in der Breite unterteilt von zwei Reihen Säulen, so dass ein Mittelschiff und zwei Seitenschiffe entstehen (später auch mit mehr Seitenschiffen). Das Mittelschiff ist in der Regel doppelt so hoch und doppelt so breit wie das Seitenschiff.
- Der Raum ist am vorderen Ende mit einer sogenannten Apsis versehen, einem halbkreisförmigen Raum, der an das Mittelschiff angehängt ist und auf den das Geschehen ausgerichtet ist; in der Mitte der Apsis findet sich der Bischofssitz, davor der Altar. Auf der gegenüberliegenden Seite der Basilika liegt der Eingang.
- Ausgehend von dieser Grundform haben sich Kirchenbauten durch die Jahrhunderte hindurch stark verändert. Dabei drückt jeder Architekturstil auch etwas aus von dem, was die Menschen der jeweiligen Epoche* über Gott, die Welt und sich selbst dachten.
- Wenn man sich also aufmacht zu den verschiedenen Kirchenbauten, besichtigt man in einer Zeitreise auch den Glauben der Menschen in früheren Jahrhunderten.

Kunstvoll gestaltete Apsis in Ravenna / Italien

Grundform und Varianten

- Zeichne mit Hilfe der Info den Grundriss einer typischen Basilika!
- Auf den folgenden Seiten findest du einige Beispiele dafür, wie sich die Grundform der Basilika veränderte. In jeder Epoche gibt es typische Merkmale im Baustil (z. B. wie Mauern oder Säulen gestaltet sind). Architekturstile bestimmen
Nimm dir zunächst nur die Bilder vor und überlege, was das Besondere am jeweiligen Baustil darstellt, wie die Bauwerke wirken; überlege dann, was wohl Menschen, die sich in der jeweiligen Kirche wohlfühlten, über Gott, die Welt und sich selbst dachten!
- Denke dir für jede Kirche eine eigene Körperhaltung beim Gebet aus, die gut zu der Kirche passen würde (S. 62)!

Die Versammlungsgebäude der Christen

- Vom Privathaus in eigens gebaute Kirchen: Wäge Vor- und Nachteile eines solchen »Umzugs« ab!
- Dass man sich beim Bau eines Versammlungsgebäudes nicht gerade an einem römischen Bad orientieren wollte, leuchtet ein. Aber warum denn eine Markt- und Gerichtshalle zum Vorbild nehmen?

info

Romanik (9.–12. Jh.)

Die Kirchen der Romanik behielten die Grundform einer Basilika bei. Dabei wurden dicke Mauern errichtet. Die Verbindungen zwischen den einzelnen Säulen wurden mit Rundbögen gestaltet. Es entstanden festungsartige Kirchen.

Gotik (12.–15. Jh.)

Gen Himmel – diese Blickrichtung prägte die Architektur in der Gotik. Die Rundbögen der Romanik wurden in die Höhe gezogen und es entstanden Spitzbögen, die Mauern verloren ihre Schwere. Die Gläubigen erfahren so mitten im irdischen Leben ein Stück Himmel; gleichzeitig spüren sie, dass dieser Himmel alles Irdische übersteigt.

Michaeliskirche, Hildesheim (außen und innen)

»Wenn wir zusammenkommen, um zu Gott zu beten, müssen wir beachten, dass wir für unsere Kirche feste Mauern errichten müssen, so wie sie die Stadt Jerusalem hatte. Das Fundament der Kirche ist Christus, auf ihm stehen die Apostel, darüber deren Schüler, und auf ihnen alle, die heute glauben und in Zukunft glauben werden.«
Amalarius (8./9. Jahrhundert)

Ulmer Münster (außen und innen)

Kirchen erkunden

- Besuche die Internetauftritte der Kirchen auf dieser Seite und suche dann nach einem interaktiven Panorama und 360° Ansichten!
- Die Kirchenräume auf den Fotos lassen nur ungefähr erahnen, wie es in den Kirchen im Mittelalter aussah. Wichtigster Unterschied: Es gab kein Gestühl. Stelle dir die Kirchen ohne Sitzbänke vor und beschreibe die Wirkung!
- Informiere dich über die Einrichtung von orthodoxen* Kirchen heute!
- Im Kunstunterricht beschäftigt ihr euch genauer mit alter und neuer Architektur.

Varianten ...

Info

Renaissance (15./16. Jahrhundert)

Der Name kommt von ital. rinascimento (Wiedergeburt). Die nach oben ausgerichteten Formen der Gotik verschwinden wieder. Der Mensch rückt ins Zentrum. Die griechisch-römische Antike wird zum Vorbild. Bauelemente wie Säulen, Kapitelle, Dreiecksgiebel werden nachgeahmt. Ausgewogene, harmonische Raummaße und klare geometrische Formen (z. B. Quadrat und Kreis) als Hinweis auf das Wesen Gottes prägen die Kirchen der Renaissance.

St. Michael, München (außen und innen)

»... vom menschlichen Körper leiten sich alle Maße und ihre Beziehungen ab; durch diese enthüllt Gott die tiefsten Geheimnisse der Natur ... Nach diesen Proportionen richteten die Alten all ihre Werke aus.«

Nach Luca Pacioli, Zeitgenosse von Leonardo da Vinci

Info

Barock (17./18. Jahrhundert)

Die Grundform der Basilika wird nun zum ersten Mal aufgegeben und macht Platz für runde und ovale Formen und Grundrisse. Strenge Formen werden aufgelöst, Bewegung kommt ins Spiel. Der Innenraum ist prachtvoll ausgeschmückt mit Gemälden und mit Verzierungen aus Stuck. Typisch sind Engelchen (Putten) in Gestalt von kleinen, nackten, pummeligen Knaben.

- Entdecke Elemente einer Renaissancekirche an St. Michael!
- Vergleiche die hier abgebildeten Innenansichten!

Frauenkirche, Dresden

Form und Inhalt

- Kirchenformen haben Auswirkungen auf die Gestaltung der Gottesdienste – findet Beispiele!
- So viele unterschiedliche Kirchen – aber was macht eine Kirche zu einer Kirche? ⑤
- Kirchengebäude sind so etwas wie »Glaubensbekenntnisse aus Stein«. Versuche, die auf diesen Seiten abgebildeten Kirchen auf das Glaubensbekenntnis zu beziehen!
- Wie würde deine Lieblingskirche aussehen? Fertige eine Skizze oder ein Modell an!
- Philipp Lahms Lieblingsort in der Arena ist das Spielfeld. Stellt Überlegungen an, welche Spielfelder es in einer Kirche gibt und wer überhaupt »spielt«!

Catedral Metropolitana – Brasilia (außen und innen)

info

Moderne Kirchen des 20. Jahrhunderts

- Klare Formen und die Grundstruktur einer Basilika sind zurückgetreten und haben einer Vielfalt an neuen Formen Platz gemacht.

Der Architekt Oskar Niemeyer entwarf nicht nur diese Kirche. In der Zeit von 1957 bis 1964 wurden viele öffentliche Gebäude in der Hauptstadt Brasiliens nach seinen Plänen gebaut.

Kirche

Die Evangelisch-Lutherische Kirche in Bayern (ELKB*)

Die 1540 Kirchengemeinden der ELKB werden von sogenannten Kirchenvorständen geleitet. Das folgende Interview mit einem jungen Kirchenvorstand gibt Einblicke:

Wie bist du denn in den Kirchenvorstand gekommen?

Einfach, indem ich gewählt wurde. Die Wahlen finden alle 6 Jahre statt. Neben den gewählten Mitgliedern gibt es auch die, die automatisch dazugehören: der Pfarrer oder die Pfarrerin. Außerdem können weitere Mitglieder nach der Wahl noch zusätzlich eingeladen werden.

Mit 21 Jahren bist du sicher eines der jüngeren Mitglieder ...

Ja leider. Dabei kann man schon gewählt werden, sobald man 18 ist. Und selber wählen darf man sogar schon vorher, mit 14 und nachdem man konfirmiert wurde. Viele Jugendliche wissen das gar nicht.

Erzähl doch mal von der Arbeit im Kirchenvorstand!

Im Prinzip geht es darum, eine Kirchengemeinde zu leiten. Der Kirchenvorstand trifft sich alle paar Wochen. Dann wird über Aufgaben und Aktivitäten entschieden und über Probleme im Leben einer Gemeinde beraten. Naja, manchmal geht es auch hoch her. Ich versuche natürlich besonders immer die Interessen der jungen Leute einzubringen, z. B. Fragen der Konfirmandenarbeit. Im Moment setze ich mich gerade dafür ein, dass eine neue Mitarbeiterin für die Jugendarbeit eingestellt wird.

Bei euch scheint es ja richtig demokratisch zuzugehen?

Kann man schon sagen. Unser Parlament ist die »Landessynode«*, sie besteht aus 108 Mitgliedern und trifft sich zweimal im Jahr. Sie nimmt zu wichtigen kirchlichen und gesellschaftlichen Fragen Stellung. Außerdem wählt sie den Landesbischof bzw. die Landesbischöfin.

Ist das so was wie der evangelische Papst?

Nein, er ist Pfarrer wie andere Pfarrerinnen und Pfarrer auch. In der evangelischen Kirche sind ja im Grunde genommen alle so etwas wie »Priester«, hat Luther einmal gesagt. Keiner steht Gott näher als der andere. Aber der Bischof hat ein besonderes Amt. Er repräsentiert die gesamte Landeskirche* nach außen. Außerdem steht er im Kontakt mit einzelnen Gemeinden, Dekanatsbezirken* und Kirchenkreisen* und fördert die Zusammenarbeit untereinander.

Sitzt der nicht in München in der Nähe vom Königsplatz?

Ja, im Landeskirchenamt. Da tagt auch der Landeskirchenrat, das sind die Regionalbischöfe und der Landesbischof; sie entscheiden u. a. über Personalfragen.

Du kennst dich ja schon super aus. Mir wird schon ganz schwindlig von all diesen Ämtern und Funktionen – muss das wirklich sein?

Oh (schaut auf die Uhr), schon so spät! Ich muss schnell weiter.

Handzettel für eine Kirchenvorstandswahl

- Auf S. 157 findest du ein Strukturbild der Evangelischen Kirche in Bayern (ELKB*). Erkläre es mit Hilfe der Informationen aus dem Interview!
- Auf die letzte Frage gibt der Interviewte keine Antwort!
- Entwerft in Gruppen einen Flyer: Jugendliche in den Kirchenvorstand!

info

Die Evangelische Kirche in Deutschland

Die Evangelisch-Lutherische Kirche in Bayern (ELKB) ist eine von 22 evangelischen Kirchen in Deutschland, die sich zu einem Verbund von Kirchen zusammengeschlossen haben, der sogenannten Evangelischen Kirche in Deutschland (EKD). Jede der einzelnen Gliedkirchen ist selbstständig. Durch den Zusammenschluss der einzelnen Landeskirchen können gemeinsame Aufgaben leichter wahrgenommen werden; so meldet sich die EKD z. B. mit Stellungnahmen und Kampagnen zu aktuellen Themen in der Öffentlichkeit zu Wort.

Auch ihr seid solche
lebendigen Steine,
aus denen Gott
sein Haus,
die Gemeinde,
aufbauen will.

1. Petrus 2,5

Ich – ein lebendiger Baustein? Schreibt Gedanken dazu auf – jede/r für sich (freies Schreiben) oder in einem stummen Schreibgespräch!

Bringt Gemeindeboten/Veröffentlichungen eurer Kirchengemeinde mit und informiert euch über die verschiedenen Angebote!

Nehmt die Kopie eures Stadtplans und markiert alle Orte, an denen »Kirche« stattfindet! Schreibt eine kurze Notiz dazu und haltet fest, wer sich am jeweiligen Ort trifft! Überprüft, ob sich Verbindungslinien zwischen den Orten und Gruppen ziehen lassen!

Sprach-Spiele
„Unsere Kirche stammt aus der Barockzeit" – „Ich bin aus der Kirche ausgetreten." – Der Begriff „Kirche" wird ganz unterschiedlich verwendet. – Fertigt eine Mindmap mit allen Bedeutungen an! Denkt dabei auch an den 3. Glaubensartikel! Erfindet einen kurzen Dialog, in dem „Kirche" in möglichst vielen Bedeutungen vorkommt!

Haltet nach Angeboten Ausschau, die immer wieder auftauchen, die einmalig sind, die verschiedene Altersgruppen gleichzeitig ansprechen, die merkwürdig klingen, die euch besonders attraktiv erscheinen!

Im Zusammenhang

- Das »Meer der Zeit« und die Form der christlichen Gemeinde ändern sich in den ersten Jahrhunderten dramatisch. Suche Stellen im Lied, welche die Veränderungen gut beschreiben!
- Erstelle ein Plakat, das die Kirche zu verschiedenen Zeiten zeigt. Stelle die Kirche dabei mit dem Symbol des Schiffes dar, die jeweilige Zeit als das sie umgebende Meer! Überlege, wie du flaches, weites, stürmisches und friedliches Gewässer einsetzt und welche Schiffsformen du verwendest! Präsentiere dein Plakat den anderen!
- »Schiffe« überall: in diesem Kapitel, im ganzen Buch, in den Evangelien, in christlichen Liedern. Mache dich auf die Suche und überlege, ob sich deine Entdeckungen verknüpfen lassen!
- » ... die heilige christliche Kirche« – wiederhole den Dritten Glaubensartikel und vergleiche ihn mit dem, was ihr über Kirche in diesem Kapitel erfahren habt!

Dein Grundwissens-Rucksack füllt sich:

Du kennst den Dritten Glaubensartikel und kannst ihn auf den christlichen Glauben und die Kirche in ihrer Geschichte beziehen.

Das Vaterunser

Eine Gestalt der mittelalterlichen Kirchengeschichte

Die fünf Säulen im Islam

Ein Arbeitsfeld der Diakonie

Auf zu neuen Ufern

Ein Schiff, das sich Gemeinde nennt, fährt durch das Meer der Zeit. / Das Ziel, das ihm die Richtung weist, heißt Gottes Ewigkeit. / Das Schiff, es fährt vom Sturm bedroht durch Angst, Not und Gefahr, / Verzweiflung, Hoffnung, Kampf und Sieg, so fährt es Jahr um Jahr. / Und immer wieder fragt man sich: Wird denn das Schiff bestehn? / Erreicht es wohl das große Ziel? Wird es nicht untergehn? / Bleibe bei uns, Herr! Bleibe bei uns, Herr, denn sonst sind wir allein auf der Fahrt durch das Meer. / O bleibe bei uns, Herr!

Im Schiff, das sich Gemeinde nennt, muss eine Mannschaft sein, / sonst ist man auf der weiten Fahrt verloren und allein. / Ein jeder stehe, wo er steht, und tue seine Pflicht; / wenn er sein Teil nicht treu erfüllt, gelingt das Ganze nicht. / Und was die Mannschaft auf dem Schiff ganz fest zusammen schweißt / in Glaube, Hoffnung, Zuversicht, ist Gottes guter Geist. / Bleibe bei uns, Herr! Bleibe bei uns, Herr, denn sonst sind wir allein auf der Fahrt durch das Meer. / O bleibe bei uns, Herr!

Ein Schiff, das sich Gemeinde nennt, fährt durch das Meer der Zeit. / Das Ziel, das ihm die Richtung weist, heißt Gottes Ewigkeit. / Und wenn uns Einsamkeit bedroht, wenn Angst uns überfällt: / Viel Freunde sind mit unterwegs auf gleichen Kurs gestellt. / Das gibt uns wieder neuen Mut, wir sind nicht mehr allein. / So läuft das Schiff nach langer Fahrt in Gottes Hafen ein. / Bleibe bei uns, Herr! Bleibe bei uns, Herr, denn sonst sind wir allein auf der Fahrt durch das Meer. / O bleibe bei uns, Herr!

Martin Gotthard Schneider, 1963 (EG 589)

BEFLÜGELT

***K**önnte ich ohne Angst besser leben?*

***S**ind meine Wünsche wirklich meine Wünsche?*

***W**unschlos glücklich – will ich das überhaupt?*

***W**ovon träumt Gott?*

***I**st Sehnsucht eine Sucht?*

***M**uss man an Gott glauben, um zu beten?*

***N**ützen Gebete?*

Kapitel 3

Wunschträume

Edvard Munch, Der Schrei, 1893

Hoffentlich …

- Menschen können träumen, ohne zu schlafen! Fotografiere Orte, an denen du ins Träumen kommst!
- Träumen kann man in unterschiedliche Richtungen: Wie möchte ich sein? Was möchte ich einmal tun (können)? Was möchte ich haben? Mit wem möchte ich zusammen sein? Gestalte ein Wunschtraum-ABC mit einem Wunsch für jeden Buchstaben!
- Vergleiche deine Wünsche mit den Bildern auf S. 46!
- Unterstreiche im Wunschtraum-ABC deine fünf Lieblingswünsche! Sortiere diese zusammen mit den Wünschen auf der Bilderseite nach selbst gewählten Kriterien (z. B. materiell / immateriell, von mir beeinflussbar / nicht beeinflussbar …)!
- Wähle den Spruch aus der rechten Spalte aus, der dein Lebensmotto sein könnte! Sprecht darüber und findet Beispiele!

»Träume nicht dein Leben, sondern lebe deine Träume!«

»Es gibt zwei große Enttäuschungen im Leben: Wünsche, die sich nicht erfüllen, und Wünsche, die sich erfüllt haben.«

»Ich wünsch mir lieber gar nichts; dann werde ich auch nicht enttäuscht.«

»Viele Menschen versäumen das kleine Glück, während sie auf das große warten.«

»Wer keine Träume mehr hat, der ist eigentlich schon tot!«

»Wenn man jung ist, dann hat man noch Träume.«

»Träume sind Schäume …«

info

Bedürfnispyramide

Nach den Erkenntnissen des Psychologen Abraham Maslow haben die Bedürfnisse und Wünsche von Menschen eine bestimmte Rangordnung. Er stellt diese in seiner sogenannten Bedürfnispyramide dar.
Dabei geht er von folgenden Grundsätzen aus:
- Alle fünf Bedürfnisebenen sind immer gleichzeitig vorhanden, zumindest im Verborgenen.
- Ein höher stehendes Bedürfnis kann erst dann befriedigt werden, wenn die unter diesem stehenden bereits befriedigt wurden.

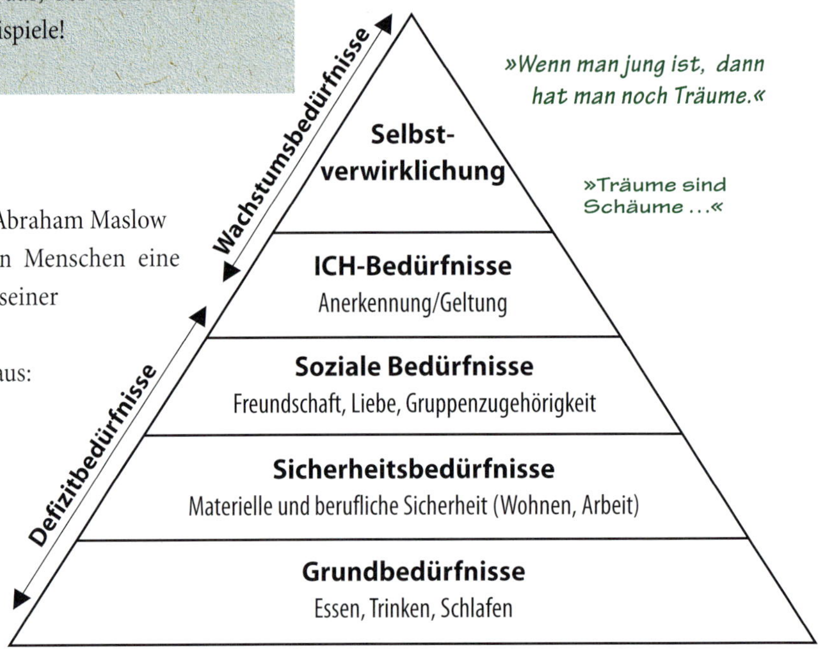

Bedürfnispyramide nach Abraham Harold Maslow (1908–1970)

- Finde Beispiele für das Modell der Bedürfnispyramide! Wo würdest du die Bilder auf S. 46 einordnen?
- Entspricht die in der Bedürfnispyramide dargestellte Theorie tatsächlich der Wirklichkeit? Diskutiert!
- Werbung verspricht oft – direkt oder auch nur versteckt –, dass durch den Kauf des beworbenen Produkts auch ein nicht-materieller Wunsch bzw. ein menschliches Bedürfnis erfüllt wird (z. B. Kosmetik: verspricht Schönheit, diese wiederum verspricht Anerkennung und Liebe). Untersucht Werbung in Zeitschriften, Zeitungen und im Fernsehen daraufhin, welche Bedürfnisse angesprochen werden!
- Wer ist für die Erfüllung welcher Bedürfnisse zuständig? Diskutiert!
- Wünsche, Träume und Visionen übersteigen das Vorhandene. Formuliere, worin sich die Begriffe unterscheiden!

... nicht!

Wünsche und Ängste

- Ängste verraten etwas über unsere Wünsche und umgekehrt. So entspricht der Wunsch nach Gemeinschaft der Angst vor Einsamkeit. Auch die anderen Stufen der »Bedürfnispyramide« haben eine Kehrseite.
- Wünsche und Ängste stehen im Zentrum vieler Bücher, Filme und Lieder. Stelle eine Liste mit aktuellen Beispielen zusammen und formuliere die Wünsche und Ängste, die thematisiert werden! Tauscht euch darüber aus, welcher Umgang mit ihnen jeweils nahegelegt wird! Auch Märchen kann man als Wunsch- und Angstgeschichten lesen.
- Wenn ihr möchtet, könnt ihr in der Klasse anonym Zettel einsammeln, auf die ihr eigene Angstträume aufschreibt. Bestimmte Grundängste und bestimmte Bilder und Szenen kommen immer wieder vor!
- »Angst bewirkt Aggression«. Diskutiert diese Behauptung! Bezieht euch dabei auch auf Beispiele!
- Schreibe aus der Info Behauptungen zum Thema Angst heraus und erläutere sie (anhand von Beispielen)!

»Der Schrei« von Edvard Munch

- Beschreibe das Bild! Achte dabei auch auf die Körpersprache der Gestalt und die künstlerischen Mittel, mit denen Gefühle dargestellt werden!
- Vieles an dem Bild erinnert an einen Alptraum. Überlegt zusammen, warum die Gestalt schreit!
- Man kann eine Kopie des Bildes in den Mittelpunkt einer Collage stellen, die die Ängste der Menschen heute zeigt.

Angst erfasst den ganzen Menschen

- Zeichnet auf einem Plakat einen Körperumriss und tragt dort alle körperlichen Angstreaktionen ein! Informiert euch in Fachlexika über die biologischen Gründe! Schlagt auch in einem Herkunftswörterbuch den Begriff Angst nach!
- Manchmal ist Angst auch ein tolles Gefühl! Passt für dich das Bild dazu?

info

Ängste gehören zum Leben

Zum Leben gehört Angst. Nicht nur bei den Tieren ist sie überlebensnotwendig. Abgesehen von konkreten Gefahren gehört Angst schon deshalb zu den Erfahrungen jedes Menschen, weil sein Leben durch Krankheit und Tod begrenzt ist. Ängste entstehen auch dann, wenn man an seine persönlichen Grenzen stößt. Grenzen zu überwinden kann unsicher machen, kann aber auch ein Gefühl von Selbstvertrauen und von Freiheit geben. Andererseits kann gerade solche (Wahl-) Freiheit Angst erzeugen: Jede Entscheidung könnte sich im Nachhinein als falsch erweisen.

Man spricht von »Grundängsten«, die jeder Mensch kennt: Die Angst vor Verlust, die Angst vor Veränderungen, aber auch die Angst davor, dass alles bleibt, wie es ist. Solche Ängste sind ganz normal und sollten gar nicht »besiegt« werden. Sie können allerdings dann krankhaft werden, wenn sie die Gedanken eines Menschen völlig beherrschen und sein Leben einschränken.

»Lieber fünf Minuten feige als für immer tot.«
Fritz Wöss

»Wenn einer keine Angst hat, hat er keine Phantasie.«
Erich Kästner

»Angsthase!«

»Nur wer Angst hat, kann mutig sein.«

In der Welt habt ihr Angst …

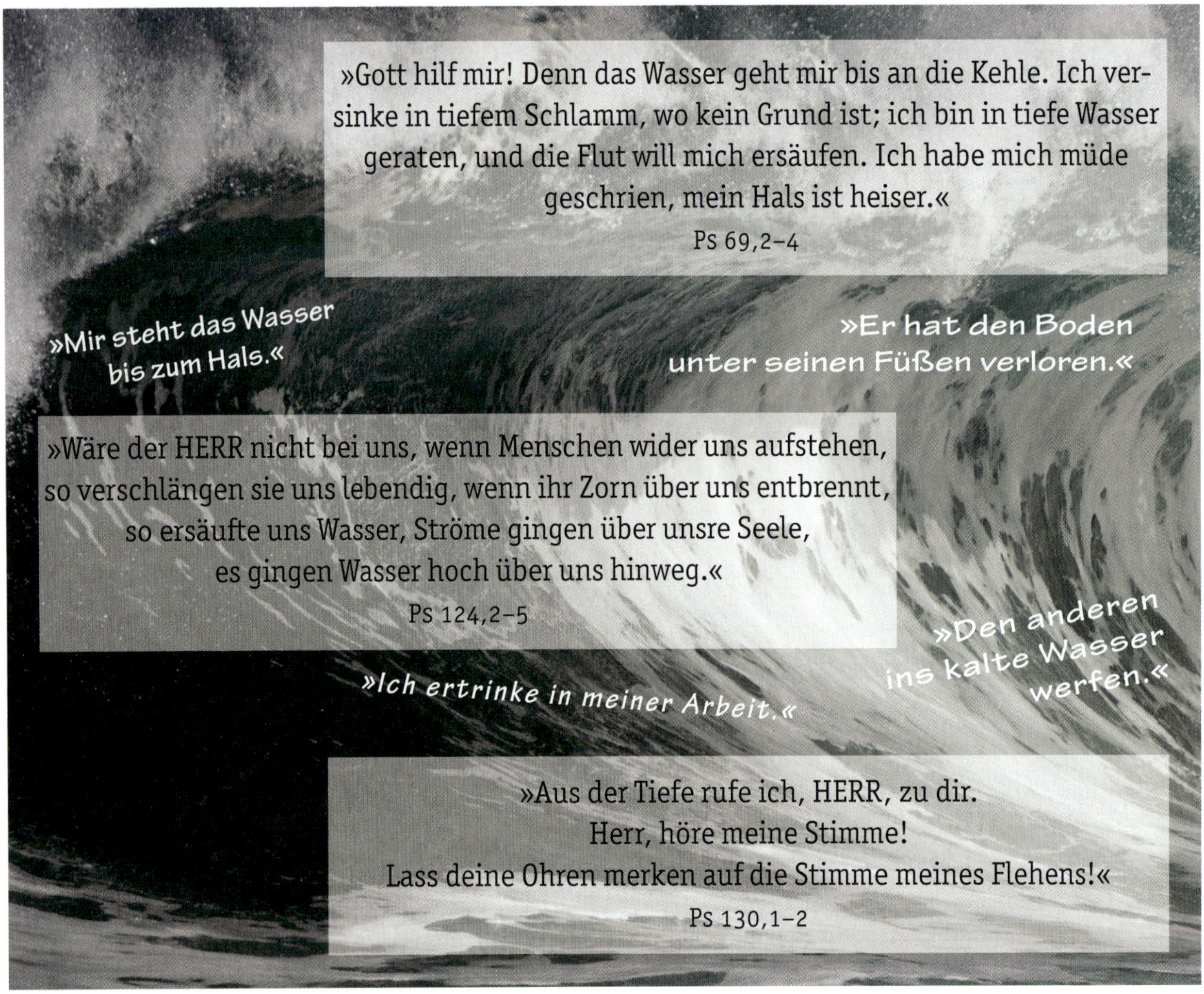

Sprachlosigkeit überwinden

- Die Zitate wirken wie Alpträume. Beschreibe die Gefühle, die in den Psalmworten und Redewendungen zum Ausdruck kommen, möglichst genau!
- Leid und Angst machen oft sprachlos. Vielen Menschen hilft es, dann Psalmverse oder andere Gebete nachzusprechen. Tauscht euch mit eurem Banknachbarn über Situationen aus, in denen Menschen heute die abgedruckten Psalmworte sprechen könnten!
- Klagepsalmen* wie Ps 69 wollen Angst zum Ausdruck bringen, aber auch trösten. Lies den gesamten Psalm und zeichne eine Stimmungskurve! Schreibe zu jeder »Station« ein kurzes Psalmzitat!
- Wasser ist ein häufig verwendetes Bild für Bedrohung. Fallen dir noch andere Sprachbilder für Angst ein?

MERKwürdig:
Man kann sich Sprache ausleihen, wenn man keine mehr hat!

»Fürchte dich nicht, denn ich habe dich erlöst; ich habe dich bei deinem Namen gerufen; du bist mein! Wenn du durch Wasser gehst, will ich bei dir sein, dass dich die Ströme nicht ersäufen sollen.«

JES 43,1 f

Die Sturmstillung

Hitda Codex (um 1020)

Rembrandt Harmensz van Rijn (1633)

Walter Habdank, Seesturm (1977)

- Erstellt eine Liste mit Personen, Gegenständen und Naturerscheinungen, die in der Geschichte eine Rolle spielen! Erzählt sie aus der Sicht dieser Elemente!
- Beschreibe für jedes Bild, wie Farben und Kontraste eingesetzt werden!
- Skizziere von jedem Bild die wichtigsten Linien und Formen!
- Formuliere die Aussage der Geschichte, die für die einzelnen Künstler jeweils im Vordergrund stand!
- Die Geschichte von der Sturmstillung kennst du sicher noch aus der Grundschule. Notiere dir Fragen zu dieser Erzählung, die du vielleicht als Kind so noch nicht gestellt hättest! Sucht gemeinsam mögliche Antworten!
- Das Schiff ist zu einem Symbol für die christliche Kirche geworden. Finde die Gründe hierfür heraus! Das Lied »Ein Schiff, das sich Gemeinde nennt« (EG 589) kann dir dabei helfen (vgl. S. 44).
- Die Bibel ist voll von Trostworten, z.B. Ps 23; Ps 139,8–12; Röm 8,38 f. Sammlungen gibt es in Buchform, aber auch im Internet. Suche dir deinen Lieblingstrostvers aus und gestalte eine Karte, die in deinen Geldbeutel passt!
- Die beiden Texte (rechts) gehen davon aus, dass Furcht und Zweifel manchmal sogar notwendig sind. Sprecht darüber, zu welchen Situationen die Worte von Jesaja, E. Fried und G. Anders jeweils passen könnten!

Angst und Zweifel

Zweifle nicht
an dem
der dir sagt
er hat Angst

aber hab Angst
vor dem
der dir sagt
er kennt keinen Zweifel

ERICH FRIED

Ängstige deinen Nächsten
wie dich selbst.

GÜNTER ANDERS

Spielräume erweitern …

Choi Seang Rak und sein Avatar in »Lineage II«

Kimberly Rufer-Bach und ihr Avatar in »Second Life«

Jason Rowe und sein Avatar in »Star Wars Galaxies«

Lee Taek Soo (rechts) und sein Avatar in »World of Warcraft«

info

Mit der Wirklichkeit spielen

Durch Computerspiele und Internetplattformen ist es möglich, in virtuelle Welten einzutauchen, in diesen zu »leben« und sie mitzugestalten. Häufig können die Spieler ihren Avatar, ihren Stellvertreter in der virtuellen Welt, selbst gestalten. Sie haben die Möglichkeit neben dem Aussehen auch seinen Charakter und seine Fähigkeiten festzulegen.

- Macht in eurer Klasse eine Umfrage, in welche »virtuellen Welten« Jugendliche heute am liebsten eintauchen!
- Virtuelle Welten haben eine hohe Anziehungskraft. Sucht nach Gründen!
- »Jede Maske verbirgt etwas von einem, sie offenbart aber auch etwas«. Diskutiert diesen Satz! Überlegt bei den Fotos auf der linken Seite, was der dargestellte Avatar jeweils über die Person aussagen könnte, die diesen Avatar entworfen hat!
- Wer einen Avatar gestaltet, kann selbst entscheiden: Wer will ich sein? Welches Geschlecht möchte ich haben? Wie möchte ich aussehen? Welche Eigenschaften möchte ich haben? Was möchte ich erleben? Was will ich haben? Überlege dir auf diese Fragen für dich eine Antwort und entwirf für dich eine Spielfigur!
- Seine Wünsche und Sehnsüchte erfüllen, die in »Wirklichkeit« nicht umsetzbar sind – geht das auch ohne Computer?

Schon beMERKt?
Spielen
hat etwas
mit Freiheit
zu tun.

... oder verengen?

Ins Netz gehen ...

Jana (15): »Wenn ich zuhause bin, läuft bei mir ständig der Computer. Ein Leben ohne Internet und Handy kann ich mir nicht vorstellen. Nach dem Unterricht rede ich mit meinen Freundinnen eben online oder per SMS weiter. Wenn keiner mit mir sprechen würde, wäre das ein wirklicher Alptraum für mich. Ich chatte am Tag mit ca. 40 Jugendlichen, die meisten kenne ich auch aus der Schule. Mit Chatten, Mailen und Computerspielen verbringe ich täglich ca. drei bis vier Stunden. Mediensüchtig bin ich aber nicht. Mein Vater schimpft zwar oft, wenn er mich mitten in der Nacht am Computer erwischt, aber da ich gute Noten schreibe und auch andere Hobbys habe, bei denen ich mich mit meinen Freunden treffe, machen meine Eltern nicht wirklich Ärger.«

Michael (17): »Ich war süchtig nach dem Online-Spiel ›World of Warcraft‹. Am Anfang spielte ich nur zwei, drei Stunden am Tag, dann bis zu 20. Manchmal habe ich wochenlang nicht mehr geduscht. Fastfood war an der Tagesordnung. Drecksgeschirr stand überall rum. Alles war chaotisch. Auch gesundheitlich ging es mir immer schlechter. Das heißt nicht, dass ich ein verantwortungsloser Mensch war, im Gegenteil: Beim Computerspiel war ich immer pünktlich und zuverlässig. Man ist ja nicht alleine: Man kämpft mit 40 Leuten zusammen und die kann man ja nicht einfach im Stich lassen. Ich war ein wirklich guter Spieler, habe sehr hohe Ränge geschafft. Endlich hatte ich Erfolg. In der Schule hatte ich keine guten Noten, die anderen haben mich gehänselt, weil ich ziemlich dick bin. Im Netz sieht das keiner. Aufgehört habe ich, als mein einziger Freund, den ich noch hatte, mir ein Ultimatum gesetzt hat: Ich habe meinen Computer abgeschafft, mir professionelle Hilfe gesucht. Nun suche ich einen neuen Ausbildungsplatz.«

»Hinter jeder Sucht steckt eine Sehnsucht.«

»Wer abhängig ist, hat eigentlich nur Angst.«

- Was würdest du Jana und Michael gerne fragen, was ihnen sagen?
- Zeichne ein Netz in dein Heft und trage mit unterschiedlichen Farben Stichworte ein, die verdeutlichen, dass das »Netz« Freiheit ermöglichen, aber auch einschränken kann!
- Informiere dich auf Internetseiten von Suchtberatungsstellen über die unterschiedlichen Definitionen von »Medien- bzw. Onlinesucht«! Sind Jana und Michael nach diesen Definitionen »Süchtige«?
- Tauscht euch über die Zitate aus! Bringt sie dabei auch in einen Zusammenhang mit den beiden Berichten!
- Entwerft in Gruppen einen Leitfaden, wie man in virtuelle Welten eintauchen und dabei frei bleiben kann!
- Fertige ein Cluster zum Thema »Sucht« an, in dem du die verschiedenen Arten von Süchten sinnvoll untergliederst! Überlege anschließend, was Süchte mit Sehnsucht zu tun haben!
- Vielleicht könnt ihr eine/n Suchtberater/in einladen, wenn euch ein Bereich besonders interessiert.

info

Noch frei?

Jeder Mensch hat Wünsche und Bedürfnisse, die er sich erfüllen will. Problematisch wird der Drang nach Wunscherfüllung, wenn der/die einzelne nicht mehr frei entscheiden kann, sondern das Verlangen nach bestimmten Stoffen oder Verhaltensweisen so stark ist, dass es kaum mehr beeinflusst werden kann. Die Begriffe »Sucht« bzw. »Abhängigkeit« werden dann verwendet, wenn einerseits die Handlungsfreiheit eingeschränkt ist, andererseits mit dem Verhalten langfristig gesundheitliche oder soziale Schäden verbunden sind. Weitere Kriterien für das Vorliegen einer »Abhängigkeit« bzw. »Sucht« sind die Abnahme der erwünschten Wirkung, die Steigerung des Konsums, das Bemühen, die damit zusammenhängenden Verhaltensweisen zu verheimlichen, oder gar »Entzugserscheinungen«, wenn man sich seinen Wunsch nicht erfüllen kann.

Träume ...

Wenn du ein Schiff bauen willst,
so trommle nicht Leute zusammen,
um Holz zu beschaffen, Werkzeuge vorzubereiten,
Aufgaben zu vergeben und die Arbeit einzuteilen;
sondern wecke in ihnen die Sehnsucht
nach dem weiten, endlosen Meer.

ANTOINE DE SAINT-EXUPÉRY

Rosa Parks – die Frau, die aufstand, indem sie sitzen blieb

Wie jeden Tag nach getaner Arbeit in einem Warenhaus in Montgomery stieg die afroamerikanische Näherin Rosa Parks auch am 1. Dezember 1955 in den Bus, um nach Hause zu fahren. Sie setzte sich auf einen freien Platz am Gang in eine Viererreihe in der Busmitte, in der Schwarze sitzen durften, so lange die für Weiße reservierten vier vorderen Reihen ausreichten. Auch neben ihr saßen schwarze Fahrgäste. Nachdem sich an den nächsten beiden Haltestellen auch der vordere Teil des Busses gefüllt hatte, bekam an der dritten Haltestelle ein Weißer keinen Sitzplatz. Der Busfahrer forderte die vier schwarzen Fahrgäste auf, aufzustehen. Während die anderen der Anweisung nachkamen, blieb Rosa Parks sitzen.

Diese folgenreiche Entscheidung wurde oft damit erklärt, dass sie nach einem anstrengenden Tage einfach müde gewesen sei. Aber, so hat Rosa Parks in ihrer Biographie betont, das stimme so nicht: »Ich war nicht müder als normalerweise am Ende eines Arbeitstages. Ich war auch nicht alt, obwohl einige diese Vorstellung von mir haben. Ich war 42. Und wenn ich etwas leid war, dann, immer nur nachzugeben«. Die resolute Frau war schon seit Jahren als aktives Mitglied einer Bürgerrechtsvereinigung für ein Ende der Rassendiskriminierung eingetreten.

Rosa Parks wurde verhaftet, was sich schnell in der Stadt herumsprach. Für den Tag der Gerichtsverhandlung forderte eine Bürgerrechtsgruppe mit Flugblättern zum Protest auf: »Fahrt am Montag, dem 5. Dezember, nicht mit dem Bus zur Arbeit, in die Stadt, in die Schule oder sonst wohin! Wieder ist eine Schwarze verhaftet und ins Gefängnis geworfen worden, weil sie sich weigerte, ihren Platz herzugeben. Wenn ihr zur Arbeit müsst, nehmt euch ein Taxi, einer allein oder mehrere zusammen, oder geht zu Fuß!« Der erste Erfolg des Bus-Boykotts war überwältigend – die Angesprochenen kamen der Aufforderung fast ausnahmslos nach.

Die Verurteilung Rosa Parks führte zu einer Fortsetzung der Proteste, die unter anderem von dem baptistischen* Pfarrer Martin Luther King organisiert wurden, der dadurch sehr bekannt wurde. Allen heftigen Widerständen zum Trotz dauerte der Boykott über ein Jahr. Er führte schließlich zur Abschaffung des Gesetzes, das die rechtliche Grundlage für Diskriminierung von Schwarzen in den Bussen von Montgomery gebildet hatte. Dieser Erfolg trug entscheidend zum Durchbruch der Bürgerrechtsbewegung bei.

Gegen die Angst

- Möglicherweise sind Rosa Parks im entscheidenden Moment auch widersprüchliche Gedanken durch den Kopf gegangen. Schreibe einen inneren Monolog!

»Ich habe einen Traum«

- Martin Luther King spricht bildhaft von seinem großen Traum. Schreibe die zentralen Bilder heraus! Überlege dir, was mit ihnen zum Ausdruck gebracht werden soll und warum er seine Ziele nicht ganz konkret benennt!
- Sicherlich von Bedeutung – die Rede leiht sich an einer Stelle die Sprache von Jes 40,4 aus!
- Martin Luther King war ein eindrucksvoller Redner. Es lohnt sich diese berühmte Rede im Original zu hören.

info

Martin Luther King*

Der Pfarrer Martin Luther King (geb. 1929, ermordet 1968) gehört zu den einflussreichsten Menschen, die gewaltlos gegen die Unterdrückung der afroamerikanischen Bevölkerung gekämpft haben. Diese musste unter Diskriminierungen im Bereich der Bildung, im Beruf, im öffentlichen Leben und beim Wahlrecht leiden. Am 28. August 1963 demonstrierten auf dem »Marsch nach Washington« friedlich fast 250 000 Menschen gegen die Rassendiskriminierung. Hier hielt King seine weltberühmte Rede »I have a dream«.

Ich habe einen Traum, dass eines Tages diese Nation sich erheben wird und der wahren Bedeutung ihres Credos gemäß leben wird: »Wir halten diese Wahrheit für selbstverständlich: dass alle Menschen gleich erschaffen sind.«
Ich habe einen Traum, dass eines Tages auf den roten Hügeln von Georgia die Söhne früherer Sklaven und die Söhne früherer Sklavenhalter miteinander am Tisch der Brüderlichkeit sitzen können.
Ich habe einen Traum, dass meine vier kleinen Kinder eines Tages in einer Nation leben werden, in der man sie nicht nach ihrer Hautfarbe, sondern nach ihrem Charakter beurteilen wird.
Ich habe einen Traum heute ...
Ich habe einen Traum, dass eines Tages jedes Tal erhöht und jeder Hügel und Berg erniedrigt wird. Die rauhen Orte werden geglättet und die unebenen Orte begradigt werden. Und die Herrlichkeit des Herrn wird offenbar werden.
Das ist unsere Hoffnung. Mit diesem Glauben kehre ich in den Süden zurück. Mit diesem Glauben werde ich fähig sein, aus dem Berg der Verzweiflung einen Stein der Hoffnung zu hauen.
Mit diesem Glauben werden wir fähig sein, zusammen zu arbeiten, zusammen zu beten, zusammen zu kämpfen, zusammen ins Gefängnis zu gehen, zusammen für die Freiheit aufzustehen, in dem Wissen, dass wir eines Tages frei sein werden.
Wenn wir die Freiheit erschallen lassen – wenn wir sie erschallen lassen von jeder Stadt und jedem Weiler, von jedem Staat und jeder Großstadt, dann werden wir den Tag beschleunigen können, an dem alle Kinder Gottes – schwarze und weiße Menschen, Juden und Heiden, Protestanten und Katholiken – sich die Hände reichen und die Worte des alten Negro Spiritual singen können: »Endlich frei! Endlich frei! Großer allmächtiger Gott, wir sind endlich frei!«

Unbescheidene Träume – ein MERKmal von Christen?

Visionen* entwickeln

- Tauscht euch darüber aus, welche Schule und welchen Umgang in der Klasse ihr euch wünscht!
- »Zukunft braucht Visionen«, heißt es. Deshalb arbeiten viele Schulen daran, Leitbilder oder Schulprogramme zu entwickeln. Informiere dich darüber, zu welchen Ergebnissen deine Schule gekommen ist!
- »Wenn ich König von Deutschland wär ...«: Was würdest du ändern?

Beten ...

Montagsdemonstration in Leipzig, November 1989

Friedensgebet in der Nikolaikirche

Am Brandenburger Tor, 10. November 1989

Friedensgebete in Leipzig

In den Jahren 1949–1989 war Deutschland geteilt. Es bestand aus der BRD und der DDR*. Die »Deutsche Demokratische Republik« wollte den Eindruck erwecken, demokratischen und rechtsstaatlichen Prinzipien zu folgen. Tatsächlich aber wurde sie politisch beherrscht durch die »Sozialistische Einheitspartei Deutschlands« (SED), die die Grund- und Freiheitsrechte der Bürger ganz wesentlich beschränkte. Nicht gewährt wurde etwa das Recht auf Presse- und Meinungsfreiheit sowie Reisefreiheit, vielmehr wurde die Flucht in den Westen unterbunden durch den Bau »der Mauer« (1961). Mit einem dichten und weit verzweigten Netz an Mitarbeitern für die Staatssicherheit (Stasi) versuchte man, jede Kritik am politischen System im Keim zu ersticken.

Weil sie Angst vor einer weiteren militärischen Aufrüstung der DDR hatten, trafen sich seit dem Beginn der achtziger Jahre in der Nikolaikirche in Leipzig Christen und zunehmend auch Nichtchristen, die der DDR gegenüber kritisch eingestellt waren, zu Friedensgebeten. Am 4. September 1989 fand nach dem Gebet in der Nikolaikirche die erste größere Montagsdemonstration statt. Fünf Wochen später trafen sich bereits über 70 000 Menschen, am 6. November 1989 an die 500 000 Menschen. Die Demonstranten forderten »Freiheit« und »Demokratie« und immer wieder »Keine Gewalt«. Der wachsende Druck setzte eine Dynamik in Gang, die schließlich dazu führte, dass in der Nacht des 9. Novembers die Mauer geöffnet wurde.

Graffiti auf der Berliner Mauer nach der Öffnung

Teilung und Wiedervereinigung

- Vielleicht weißt du einiges über die Zeit der Teilung Deutschlands und die Ursachen für den Fall der Berliner Mauer*. Frage deine Eltern und Großeltern!
- Das Bild auf der linken Seite ist voller Symbolkraft. Es lohnt sich, auf die Details zu achten!

»Wenn Menschen zusammen beten, dann haben sie sich das gemeinsame Wünschen, Hoffen oder Träumen wieder erlaubt, dann finden sie die verlorene Sprache wieder, um das, was sie empfinden, miteinander zu teilen.«

DOROTHEE SÖLLE

Die Ereignisse im Herbst 1989

»Nikolaikirche – offen für alle« war im Herbst 1989 zu einer Wirklichkeit geworden, die uns alle überraschte. Sie vereinte schließlich Menschen aus dem ganzen Gebiet der ehemaligen DDR: Ausreisewillige und Neugierige, Regimekritiker und Stasileute, kirchliche Mitarbeiterinnen und Mitarbeiter und SED-Genossen, Christen und Nichtchristen unter den ausgebreiteten Armen des gekreuzigten und auferstandenen Jesus Christus.

Seit dem 8. Mai 1989 wurden die Zufahrtsstraßen zur Nikolaikirche durch Polizei blockiert. Montag für Montag Verhaftungen bzw. »Zuführungen« im Zusammenhang mit den Friedensgebeten. Dennoch steigender Andrang der Besucher.

So kam der alles entscheidende 9. Oktober heran. Was für ein Tag! Ein schauriges Gewaltszenario von Armee und Kampfgruppen, Polizei und Stasileuten in Zivil war aufgeboten. Im Übrigen hatte man noch etwa 1000 SED-Genossen in die Nikolaikirche beordert. Aber was man nicht eingeplant, woran man nicht gedacht hatte: Man setzte ja damit diese Menschen zugleich dem Wort, dem Evangelium und seiner Wirkung aus!

Ich habe es immer auch positiv gesehen, dass zahlreiche Stasileute Montag für Montag die Seligpreisungen der Bergpredigt hörten. Wo sollten sie diese sonst hören können? Und so hörten diese Menschen alle, unter ihnen die SED-Genossen, das Evangelium von Jesus, den sie nicht kannten, in einer Kirche, mit der sie nichts anfangen konnten. Sie hörten von Jesus, der sagte: »Liebe deine Feinde!« Und nicht: Nieder mit dem Gegner. Der sagte: »Erste werden Letzte sein!« Und nicht: Es bleibt alles beim Alten.

So ist dieses Friedensgebet in einer unglaublichen Ruhe vonstatten gegangen, am Ende mit dem Segen des Bischofs und der eindringlichen Aufforderung zur Gewaltlosigkeit. Und als wir, mehr als 2000 Menschen, aus der Kirche kamen – den Anblick werde ich nie vergessen –, warteten Zehntausende draußen auf dem Platz. Sie hatten Kerzen in den Händen. Und wenn man eine Kerze trägt, braucht man beide Hände. Man muss das Licht behüten. Da kann man nicht gleichzeitig noch einen Stein oder Knüppel in der Hand halten.

Und das Wunder geschah. Jesu Geist der Gewaltlosigkeit erfasste die Massen. Armee, Kampfgruppen und Polizei wurden einbezogen, in Gespräche verwickelt, zogen sich zurück.

Es war ein Abend im Geist unseres Herrn Jesus, denn es gab keine Sieger und Besiegten, es triumphierte niemand über den anderen, keiner verlor das Gesicht. Es gab nur das ungeheure Gefühl der Erleichterung. Nur wenige Wochen dauerte die gewaltlose Bewegung und brachte doch die Partei- und Weltanschauungsdiktatur zum Einsturz.

»Er stürzt die Gewaltigen vom Thron und erhebt die Niedrigen« – »Es soll nicht durch Heer oder Kraft, sondern durch meinen Geist geschehen, spricht der Herr«: Das haben wir miterlebt. Tausende in den Kirchen. Hunderttausende auf der Straße. Nicht eine zerstörte Schaufensterscheibe. Die unglaubliche Erfahrung der Macht der Gewaltlosigkeit.

Ein Mitglied des Zentralkomitees der SED sagte vor seinem Tod: »Wir hatten alles geplant. Wir waren auf alles vorbereitet. Nur nicht auf Kerzen und Gebete.«

Die Friedensgebete gehen weiter. Einen Kreis »Hoffnung für Ausreisewillige« brauchen wir nicht mehr. Einen Kreis »Hoffnung fur Arbeitslose« umso dringender. Daraus ist die Kirchliche Erwerbsloseninitiative an der Nikolaikirche entstanden.

Christian Führer, Pfarrer der Leipziger Nikolaikirche

»Mit meinem Gott kann ich
über Mauern springen.«

Ps 18,30

»Und das Wunder geschah«

- Suche Bezugnahmen auf die Bibel und auf christliche Glaubensvorstellungen!
- Kann man die Ereignisse, von denen Christian Führer erzählt, mit der Pfingstgeschichte vergleichen? Diskutiert!

Beten …

»Beten heißt für mich offen zu sein, sich berühren zu lassen.«

»Gott weiß doch sowieso, was nötig ist.«

»Da ich nicht an Gott glaube, bete ich auch nicht.«

»Irgendjemand hat mal gesagt: Beten ist Wünschen, nur feuriger.«

»In letzter Zeit denke ich viel über mich und das Leben nach. Vielleicht ist das so etwas wie ein Gebet?«

»Beten heißt: Wir dürfen uns vor Gott hinsetzen und seine Liebe einatmen.«

»Wer betet, findet sich mit den Gegebenheiten des Lebens nicht ab.«

»Statt zu beten sollten die Christen lieber etwas Praktisches tun, um die Not in der Welt zu lindern!«

*Jugendliche beim gemeinsamen Beten und Singen in Taizé**

»Früher hat meine Mama immer abends mit mir gebetet. Manchmal versuche ich es heute noch, aber dann schlafe ich doch einfach ein.«

»Als meine Oma auf einmal so krank wurde, habe ich immer wieder gebetet, dass sie gesund wird. Aber nach zwei Wochen ist sie doch gestorben.«

»In Momenten, in denen ich sehr glücklich oder sehr traurig bin oder in denen ich Angst habe, spreche ich mit Gott.«

»Bei meiner letzten Prüfung habe ich gebetet, obwohl ich eigentlich nicht denke, dass ich dadurch eine bessere Note bekomme. Aber irgendwie tat es gut.«

Gebet im Gespräch

- Wähle die Äußerung aus, die deiner Einstellung am nächsten kommt! Sprecht darüber und ergänzt die Zitate mit eigenen Statements!
- Entwerft einen Fragebogen für eine anonyme Umfrage in eurer Klasse zum Thema Gebet! Ihr könnt dabei nach Gebetsgewohnheiten fragen, aber auch nach der Zustimmung zu verschiedenen Aussagen über das Gebet (z. B. »Das Gebet ist nur ein Selbstgespräch.« »Beten ist sinnvoll.« »Beten verhindert das Handeln.« …). Überlegt euch vorher: Was versteht ihr unter »Gebet« bzw. »Beten«?

Ein junger Mann betrat im Traum einen Laden. Hinter der Theke stand ein Engel. Hastig fragte er ihn: »Was verkaufen Sie, mein Herr?« »Der Engel antwortete freundlich: »Alles, was Sie wollen.« Der junge Mann begann aufzuzählen: »Dann hätte ich gern das Ende aller Kriege in der Welt, bessere Bedingungen für die Randgruppen der Gesellschaft, Beseitigung der Elendsviertel in Lateinamerika, Arbeit für die Arbeitslosen, mehr Gemeinschaft und Liebe in der Kirche und ... und ...«
Da fiel ihm der Engel ins Wort: »Entschuldigen Sie, junger Mann, Sie haben mich falsch verstanden. Wir verkaufen keine Früchte, wir verkaufen nur den Samen.«

Fischer waren draußen beim Fang mit ihrem Boot. Da kam ein Sturm auf. Sie fürchteten sich so sehr, dass sie die Ruder wegwarfen und den Himmel anflehten, sie zu retten. Aber das Boot wurde immer weiter weggetrieben vom Ufer. Da sagte ein alter Fischer: »Was haben wir auch die Ruder weggeworfen! Zu Gott beten und zum Ufer rudern – nur dies beides zusammen kann da helfen.« *Leo N. Tolstoi*

»Bete, als ob alles Arbeiten nichts nützt, und arbeite, als ob alles Beten nichts nützt.«
Martin Luther

»Ora et labora.«
*Wahlspruch der Benediktiner**

Alles muss klein beginnen

Refrain: Alles muss klein beginnen,
lass etwas Zeit verrinnen.
Es muss nur Kraft gewinnen,
und endlich ist es groß.

Schau nur dieses Körnchen, ach man sieht es kaum,
gleicht bald einem Grashalm. Später wird's ein Baum.
Und nach vielen Jahren, wenn ich Rentner bin,
spendet er mir Schatten, singt die Amsel drin:
(Refrain): Alles muss klein beginnen ...

Schau die feine Quelle zwischen Moos und Stein,
sammelt sich im Tale, um ein Bach zu sein.
Wird zum Fluss anschwellen, fließt zur Ostsee hin,
braust dort ganz gewaltig, singt das Fischlein drin.
(Refrain): Alles muss klein beginnen ...

Manchmal denk ich traurig: Ich bin viel zu klein!
Kann ja doch nichts machen! Und dann fällt mir ein:
Erst einmal beginnen. Hab ich das geschafft,
nur nicht mutlos werden, dann wächst auch die Kraft.
Und dann seh ich staunend: Ich bin nicht allein.
Viele Kleine, Schwache stimmen mit mir ein.

GERHARD SCHÖNE (RECHTE BEIM URHEBER)

Klein wird groß
- Fallen dir zu den Elementen dieser Seite biblische Geschichten ein? ⑥
Überlege dir aktuelle Beispiele für die Aussage des Bildes und des Liedes! Gestalte dann ein »Mutmachgedicht oder -lied«!

Beten und arbeiten
- »Ora et labora« – die Konjunktion zwischen »bete« und »arbeite« lässt vieles offen. Stelle – wie Luther – zwischen diesen Begriffen in einem Satz einen Sinnzusammenhang her (z. B. Beten ohne Arbeiten ist ..., Arbeiten ohne Beten ist ...; Erst ..., dann ...)! Welche Sätze passen zu den beiden Erzählungen?

info

»Alles muss klein beginnen«
Dieses Lied von dem in der DDR* bekannten evangelischen Liedermacher Gerhard Schöne wurde am 18. September 1989 in der Nikolaikirche in Leipzig (vgl. S. 57) gesungen. Die Stimmung war angespannt, weil die Kirche von Polizisten belagert war und viele Menschen in der Woche zuvor für den Gottesdienstbesuch hohe Geldstrafen hatten zahlen müssen.

Not . . .

An der Grenze . . .

In dem Buch »Oskar und die Dame in Rosa« erzählt Eric-Emmanuel Schmitt von einem zehnjährigen Jungen, der Leukämie hat und weiß, dass er nur noch kurze Zeit zu leben hat. Alle meiden das Thema. Nur der »Dame in Rosa«, die ihn regelmäßig besucht und sich für ihn als ehemalige Catcherin ausgibt, wagt sich der Junge anzuvertrauen:

»Oma Rosa, ich hab das Gefühl, dass niemand mir sagen will, dass ich sterben muss.«

Sie schaut mich an. Wird sie das Gleiche tun wie alle anderen? Bitte, Würgerin des Languedoc, werd bloß nicht weich und klapp die Ohren zu.

»Warum willst du, dass man es dir sagt, Oskar, wo du es doch weißt?« Uff, sie hat zugehört.

»Ich habe den Eindruck, Oma Rosa, dass man mit Krankenhaus was ganz anderes meint, als was es in Wirklichkeit ist. Man tut immer so, als käme man nur in ein Krankenhaus, um gesund zu werden. Dabei kommt man auch rein, um zu sterben.«

»Da hast du Recht, Oskar. Und ich glaube, dass wir beim Leben den gleichen Fehler machen. Wir vergessen, dass das Leben zerbrechlich ist, verletzlich und vergänglich, und tun so, als wären wir unsterblich.«

»Meine Operation ist schiefgegangen, was, Oma Rosa?«

Oma Rosa antwortete nicht. Das war ihre Art, ja zu sagen. Als sie sicher war, dass ich verstanden hatte, kam sie näher und bat mich flehend:

»Ich hab dir aber nichts gesagt, klar? Schwörst du es mir?«

»Schon geschworen.«

Einen Augenblick lang schwiegen wir, um uns die vielen neuen Gedanken durch den Kopf gehen zu lassen.

»Und wenn du an den lieben Gott schreiben würdest, Oskar?

»O nein, nicht Sie, Oma Rosa!«

»Was, nicht ich?«

»Nicht Sie! Ich dachte, Sie würden nicht schwindeln.«

»Aber ich schwindle nicht.«

»Warum reden Sie dann vom lieben Gott? Man hat mich schon mal reingelegt, mit dem Weihnachtsmann. Einmal reicht mir völlig!«

»Oskar, der liebe Gott und der Weihnachtsmann haben nichts miteinander zu tun.«

»Doch. Ist doch alles das Gleiche. Lügengeschichten und so.«

»Meinst du, dass ich, eine ehemalige Catcherin, die von hundertfünfundsechzig Kämpfen hundertsechzig gewonnen hat, davon dreiundvierzig durch K.O., dass die Würgerin des Languedoc auch nur eine einzige Sekunde lang an den Weihnachtsmann glauben würde?«

»Nein.«

»Na also, ich glaube nicht an den Weihnachtsmann, aber ich glaube an Gott. Bitte schön.«

Ja klar, so gesehen war das etwas anderes.

»Und warum soll ich an den lieben Gott schreiben?«

»Du würdest dich nicht so einsam fühlen.«

»Nicht so einsam wegen jemandem, den es gar nicht gibt?«

»Dann sorg dafür, dass es ihn gibt.«

Sie beugte sich zu mir rüber.

»Jedes Mal, wenn du an ihn glaubst, wird es ihn ein bisschen mehr geben. Und wenn du dranbleibst, wird er ganz und gar für dich dasein. Und er wird dir Gutes tun.«

»Was soll ich ihm denn schreiben?«

»Vertrau ihm deine Gedanken an. Gedanken, die man nicht ausspricht, machen schwer. Das sind Gedanken, die sich festhaken, dich belasten und dich erstarren lassen, Gedanken, die den Platz wegnehmen für neue Ideen und in dir verfaulen. Du wirst zu einer Müllhalde voller alter Gedanken, die zu stinken anfangen, wenn du sie nicht aussprichst.«

»Verstehe.«

»Und außerdem kannst du Gott jeden Tag um etwas bitten. Aber Achtung! Nur einmal am Tag.«

»Oma Rosa, Ihr lieber Gott ist eine Null. Aladin hatte mit seinem Geist aus der Lampe drei Wünsche frei.«

»Ein Wunsch pro Tag ist doch besser als drei im ganzen Leben, oder?«

»Na gut. Dann kann ich also alles bei ihm bestellen? Spielzeug, Bonbons, ein Auto ...?«

»Nein, Oskar. Gott ist nicht der Weihnachtsmann. Du kannst ihn nur um geistige Sachen bitten.«

»Zum Beispiel?«

»Zum Beispiel um Mut, Geduld, Erklärungen.«

»Okay. Kapiert.«

»Und, Oskar, du kannst auch für andere um etwas bitten.«

»Bei bloß einem Wunsch am Tag, Oma Rosa, da wär ich doch blöd, der gehört erst mal mir!«.

Gott ist beMERKenswert anders als der Weihnachtsmann.

Oskar und die Dame in Rosa

- Oskar hat nicht »nur« vor dem Sterben Angst!
- Beschreibe Oma Rosas Vorstellung von Gott! Teilst du sie?
- Das Verständnis von Gott und vom Beten hängen eng miteinander zusammen!
- Nur ein Wunsch pro Tag?

»Rufe mich an in der Not ...« (Ps 50,15)

- Finde eine passende Bildunterschrift zu dem Bild auf der linken Seite!
- Eine Gebetswand für persönliche Anliegen gibt es in vielen Kirchen – und inzwischen auch im Internet (z. B. www.bayern-evangelisch.de). Lest die unten abgedruckten Gebete, sucht euch eines oder mehrere aus und führt ein Schreibgespräch darüber! Ihr könnt dabei auch an folgende Fragen denken: Welche Bitten sind sinnvoll? Um was dürfen wir Gott bitten? Erhört Gott Gebete? Auf welche Weise wirken Gebete?

»Und alles, was ihr bittet im Gebet, wenn ihr glaubt, so werdet ihr's empfangen.«

Mt 21,22

Herr,
meine Eltern streiten sich nur noch. Hilf ihnen, dass sie wieder miteinander reden können.

Lieber Gott,
nächste Woche werde ich wieder operiert. Steh du mir bei. Ich will noch nicht sterben!

Lieber Gott,
lass meine Schwester beim Casting gewinnen. Bitte!

Ich habe mich mit meiner besten Freundin völlig zerstritten. Bitte hilf uns, dass wir wieder aufeinander zugehen können.

Lieber Gott,
ich bin soo verliebt! Bitte gib mir den Mut, ihn am Freitag auf der Schulparty endlich anzusprechen.

Herr,
eigentlich glaube ich nicht an dich. Falls es dich doch gibt, lass es mich wissen!

Lieber Gott,
wenn ich in der nächsten Englischschulaufgabe wieder eine 5 bekomme, falle ich durch. Bitte, bitte hilf mir!

Mit Leib …

Thomas Plassmann

Gebetsgewohnheiten

- Finde zu der Karikatur einen passenden Titel!
- Im Christentum gibt es keine feste Gebetszeiten – aber doch Zeiten, zu denen Christen häufiger beten als an anderen.
- Betet ihr gemeinsam in der Klasse bzw. Religionsgruppe oder nicht? Welche Gründe führten zu eurer Entscheidung? (vgl. Stilleübungen)

info

Christliches Gebet

- Dem Gebet, das ein wichtiger Bestandteil aller Religionen ist, kommt auch im Christentum eine große Bedeutung zu.
- Das Alte Testament spricht ganz selbstverständlich davon, dass Menschen zu Gott beten. Am Anfang gab es nicht einmal ein eigenes Wort dafür, sondern es war einfach von Lob, Dank, Bitte, Fürbitte oder Klage die Rede. Nicht nur der Psalter*, sondern viele einzelne Gebete zeugen von dieser Vielgestaltigkeit der Hinwendung zu Gott. Im Neuen Testament wird davon berichtet, dass Jesus immer wieder selbst gebetet hat – und seine Jünger im »Vaterunser« (S. 64) gelehrt hat, wie sie beten können.
- Die Spannung christlichen Gebets besteht darin, dass es einerseits unter der Verheißung steht, dass Gott es erhört, andererseits er aber immer schon weiß, was seine Kinder von ihm brauchen und es ihnen schenken will. Christen müssen nicht beten, um Gott auf sich aufmerksam zu machen – ein Gebet ist eher eine Antwort auf Gottes Zuneigung und Werben um den Menschen.

»Will ich?«

Ich will den HERRN loben allezeit;
sein Lob soll immerdar in meinem Munde sein.

Ps 34,2

»Allezeit?«

Mit dem ganzen Körper beten

- In fast allen Religionen gibt es Gebetsformen, die in besonderer Weise den Körper einbeziehen. Sammelt Beispiele!
- Zu den unterschiedlichen Formen des Gebets wie Lobpreis, Dank-, Bitt- oder Klagegebet passen unterschiedliche Gebetshaltungen. Welche kennt ihr? Probiert zunächst die unterschiedlichen Handhaltungen aus! Welche Symbolkraft besitzen sie? Verändert sich etwas an eurem Körper? Gibt es einen Zusammenhang zwischen der Handhaltung und den Gedanken?
- Wenn ihr mögt, könnt ihr auch unterschiedliche Körperhaltungen ausprobieren, die für das Beten typisch sind (sitzen, knien, stehen …). Welche Veränderungen nehmt ihr wahr?
- Die eigene Stimmung beeinflusst die Körperhaltung – das weiß jeder. Psychologen haben herausgefunden, dass es auch umgekehrt funktioniert!
- Gebete kann man nicht nur sprechen, sondern auch singen! Suche im Evangelischen Gesangbuch je drei Beispiele für Lobpreis-, Dank- und Bittgebete!

Der betende Gaukler

Es war einmal ein Gaukler, der tanzend und springend von Ort zu Ort zog, bis er des unsteten Lebens müde war. Da gab er alle seine Habe hin und trat in das Kloster zu Clairveaux ein. Aber weil er sein Leben bis dahin mit Springen, Tanzen und Radschlagen zugebracht hatte, war ihm das Leben der Mönche fremd, und er wusste weder ein Gebet zu sprechen noch einen Psalter zu singen.

Marc Chagall, Green Acrobat, 1979

So ging er stumm umher, und wenn er sah, wie jedermann des Gebetes kundig schien, aus frommen Büchern las und mit im Chor die Messe sang, stand er beschämt dabei: Ach, er allein, er konnte nichts. »Was tu ich hier?«, sprach er zu sich. »Ich weiß nicht zu beten und kann mein Wort nicht machen. Ich bin hier unnütz und der Kutte nicht wert, in die man mich kleidete.«

In seinem Gram flüchtete er eines Tages, als die Glocke zum Chorgebet rief, in eine abgelegene Kapelle. »Wenn ich schon nicht mitbeten kann im Konvent der Mönche«, sagte er vor sich hin, »so will ich doch tun, was ich kann.« Rasch streifte er das Mönchsgewand ab und stand da in seinem bunten Röckchen, in dem er als Gaukler umhergezogen war. Und während vom hohen Chor die Psalmgesänge herüberwehen, beginnt er mit Leib und Seele zu tanzen, vor- und rückwärts, links herum und rechts herum. Mal geht er auf seinen Händen durch die Kapelle, mal überschlägt er sich in der Luft und springt die kühnsten Tänze, um Gott zu loben. Wie lange auch das Chorgebet der Mönche dauert, er tanzt ununterbrochen, bis ihm der Atem verschlägt und die Glieder ihren Dienst versagen.

Ein Mönch war ihm aber gefolgt und hatte durch ein Fenster seine Tanzsprünge mitangesehen und heimlich den Abt* geholt. Am anderen Tag ließ dieser den Bruder zu sich rufen. Der Arme erschrak zutiefst und glaubte, er solle des verpassten Gebetes wegen gestraft werden. Also fiel er vor dem Abt nieder und sprach: »Ich weiß, Herr, dass hier meines Bleibens nicht ist. So will ich aus freien Stücken ausziehen und in Geduld die Unrast der Straße wieder ertragen.« Doch der Abt neigte sich vor ihm, küsste ihn und bat ihn, für ihn und alle Mönche bei Gott einzustehen: »In deinem Tanze hast du Gott mit Leib und Seele geehrt. Uns aber möge er alle wohlfeilen Worte verzeihen, die über die Lippen kommen, ohne dass unser Herz sie sendet.«

nach einer französischen Legende

Gebetsregeln

»Beten ist keine Kunst, sondern ein Handwerk«, meint der Theologe Fulbert Steffensky. Daher könne man es auch lernen. Folgende Regeln können hilfreich sein:

Überfordere dich nicht: Fange mit kurzen Gebeten an. Bete regelmäßig zu einer bestimmten Zeit, unabhängig davon, ob du gerade Lust dazu hast.

Bete an einem festen Ort, an dem du nicht abgelenkt wirst. Erwarte nicht zu viel. Sei dankbar, auch wenn du nur mit »halbem Herzen« betest.

Erprobe den Schatz überlieferter Gebete. Du kannst dir die Sprache, aber auch das Vertrauen, den Glauben und die Hoffnung der Menschen, die sie vor dir gebetet haben, leihen.

Rechne damit, dass dein Gebet kein Seelenbad ist, sondern Arbeit, die manchmal auch langweilig sein kann.

- Lasse das Bild von Chagall auf dich wirken und formuliere mögliche Gründe dafür, dass in der Geschichte ausgerechnet ein Gaukler ein vorbildlicher Beter ist! Vielleicht erinnerst du dich noch an die »Kopfstandgedanken«, mit denen Jesus das Reich Gottes* verkündete ⑥?
- Ist Beten eine Kunst – oder ein Handwerk? Ist ein Gebet nur dann »echtes« Gebet, wenn man mit ganzem Herzen und ganzer Seele betet? Und wann ist »mit ganzem Herzen«? Der Abt und der Verfasser der »Gebetsregeln« haben hierzu unterschiedliche Auffassungen. Diskutiert über diese oder spielt ein Gespräch zwischen den beiden!

Mit der gesamten Christenheit

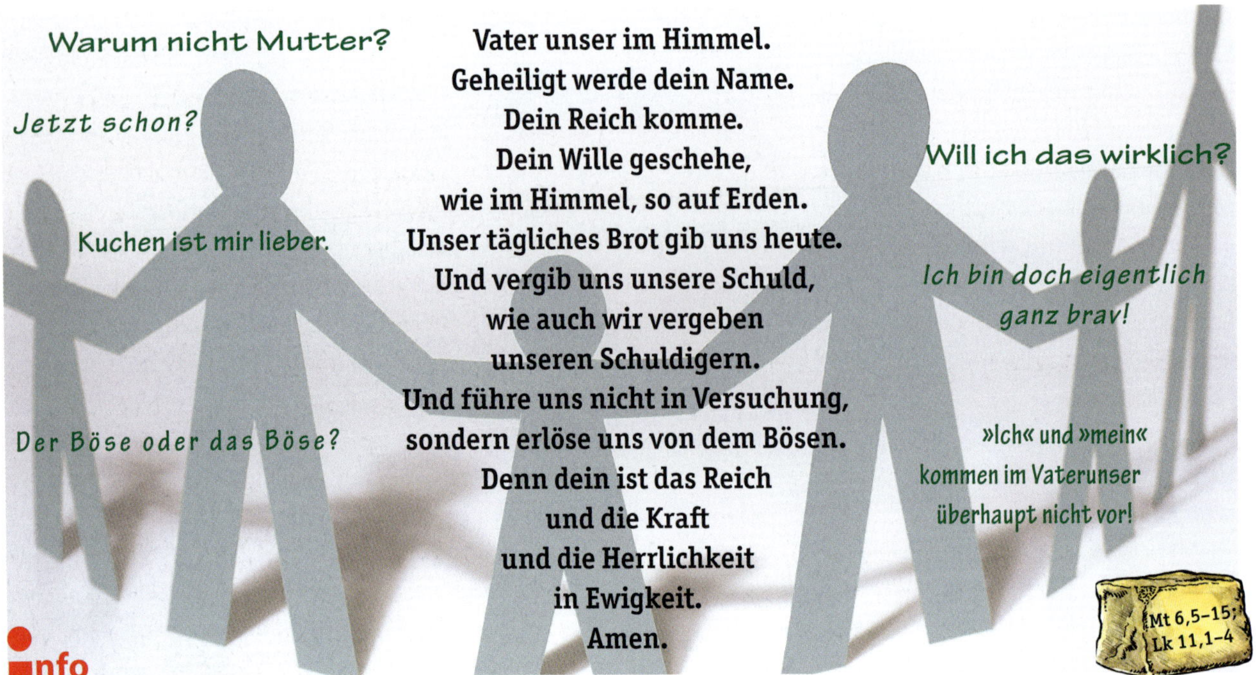

info

Das Vaterunser

Das Vaterunser ist das bekannteste christliche Gebet, das alle Konfessionen* verbindet. Es ist im Neuen Testament in zwei Versionen überliefert. Bezeugt wird sowohl bei Matthäus als auch bei Lukas, dass es auf Jesus selbst zurückgeht und dass er es seine Jünger gelehrt hat. Das Vaterunser hat jüdische Wurzeln. Der Aufbau dieses Gebets erinnert insofern an den Aufbau der Zehn Gebote, als sich die ersten drei Bitten auf das Reich (die Herrschaft) Gottes* beziehen, die weiteren vier Bitten auf den Menschen. Die sogenannten »Wir«-Bitten bringen Grunderfahrungen der Menschen zum Ausdruck: die Sorge um das Leben und das Wissen um dessen Gefährdung, die Sehnsucht nach Frieden und Gerechtigkeit, die Hoffnung auf ein sinnerfülltes Leben sowie das Wissen, dass alle Menschen zusammengehören.

- Versucht, das Vaterunser in möglichst vielen Sprachen in Erfahrung zu bringen!
- »Das Vaterunser verbindet nicht nur über Sprachgrenzen hinweg!« Finde Beispiele!
- Während des Vaterunsers läuten die Glocken!
- Das Vaterunser »mit Leib und Seele« beten – informiert euch im Internet über die Gestaltung dieses Gebets in Gebärdensprache und als Gebetstanz!
- Gestaltet in Gruppen zu den einzelnen Bitten jeweils ein Plakat mit Symbolen, passender Farbgestaltung, Bildern bzw. Fotos, fremden Texten und eigenen Kommentaren! Ihr könnt euch dabei von den Kommentaren zum Vaterunser auf dieser Seite anregen lassen. Hilfreich ist auch ein Blick in den »Kleinen Katechismus«* von Luther* im Gesangbuch. Denkt außerdem daran, was ihr in den letzten Jahren gelernt habt (z. B. zur Ansprache Gottes als »Vater«, zum Kommen des Gottesreichs, zu den Texten, in denen Gottes Wille zum Ausdruck kommt …)! ⑤,⑥
- Jesus hat nicht nur selbst gebetet, sondern auch den Jüngern mit dem Vaterunser gezeigt, wie wir als Christen beten können. Versuche zu formulieren, was wir vom Vaterunser für eigene Gebete lernen können!
- Lerne das Vaterunser auswendig!

Eigene Gestaltungsversuche

Gebete entdecken
Du kannst dir aus verschiedenen Gebet- und Liederbüchern Gebete aussuchen, die dich ansprechen, und sie zu deiner persönlichen Gebetsammlung zusammenstellen. Oder ihr sammelt gemeinsam für ein erweiterbares Klassengebetbuch.

Wege zum Gebet
Folgende Gedanken können zu einem Dankgebet führen:
Ich mag an mir …
Ich bin glücklich, wenn…
Ich freue mich über …
Ich staune darüber, dass …
Ich bin überreich beschenkt …

Gebet für Neugierige
Versucht doch einmal, folgendes Gebet zu vervollständigen:
Früher haben wir geglaubt, dass …

Das alles glauben wir nun nicht mehr.
Aber: Was wollen wir glauben?
Wir haben eine Menge Fragen: …

Danke, dass wir mit allen unseren Fragen zu dir kommen dürfen!
Amen.

Einen Brief an Gott schreiben
Vielleicht magst du wie Oskar einen Brief an Gott schreiben, mit dem, was dich belastet, was du ihn schon immer einmal fragen wolltest …

Für Unentschlossene
Bastele doch einen Gebetswürfel mit den besten sechs Tisch-, Morgen-, Abend- oder Schulgebeten.

In der Schule der Psalmdichter
Finde Bilder und Vergleiche für die Erfahrung von Angst, von Geborgenheit, von Freude! Vielleicht fallen dir auch Vergleiche für Gott ein (z. B. »Manchmal fühle ich mich wie …«; »Du bist für mich wie …«).

»Wie man beten soll, steht in der Bibel, was man beten soll in der Zeitung.« (Karl Barth)
Lest die Zeitung! Formuliert ausgehend von den Meldungen Fürbitten für den nächsten Gottesdienst! Oder gestaltet eine Klagemauer aus Kartonstreifen! Gibt es auch Grund für Lob und Dank?

Keine Lust zu beten?
Du kannst ein bekanntes Gebet in die Mitte eines Blattes kleben und mit Fragen und Kommentaren versehen.

Kreativ fortsetzen
Viele Gebete und Gebetslieder kann man gut weiterdichten.

Desgleichen hilft auch der Geist unsrer Schwachheit auf. Denn wir wissen nicht, was wir beten sollen, wie sich's gebührt; sondern der Geist selbst vertritt uns mit unaussprechlichem Seufzen.

Röm 8,26

BeMERKenswert:
Niemand betet allein!

Jetzt kann ich nichts mehr tun für ihn.
Mein Latein ist zu Ende.
Ich finde keine Sprache mehr als die der Fürbitte.
Am besten wär's,
meine Liebe könnte telepathisch wirken.
Ich versuche, ganz fest an ihn zu denken,
meine guten Gedanken auf ihn zu konzentrieren.
Dennoch traue ich meiner Telepathie nicht.
Dir traue ich mehr, Gott.
So werden meine Wünsche für ihn Bitten an dich.

Kurt Marti

i m Zusammenhang

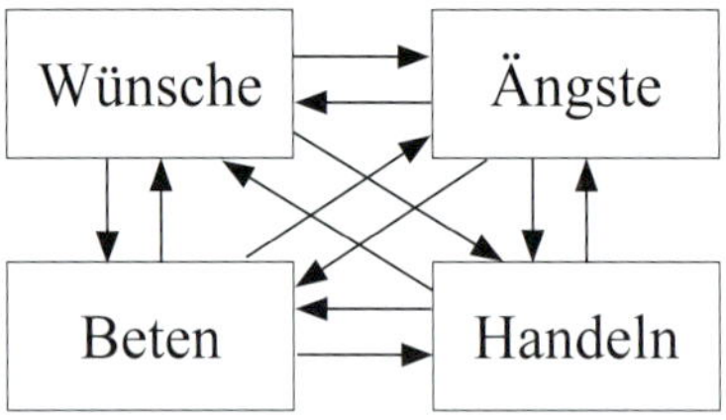

- Erläutere den inneren Zusammenhang der Begriffe »Wünsche«, »Ängste«, »Beten« und »Handeln«, indem du das Strukturbild in dein Heft überträgst und durch sinnvolle Sätze ergänzt (z. B. »Durch das BETEN können sich die eigenen WÜNSCHE verändern.« »Viele WÜNSCHE verraten auch etwas über die ÄNGSTE, die ein Mensch hat.« ...)!
- Untersuche die Werbeanzeigen! Wie sind sie gestaltet? Wen sollen sie ansprechen? Was sollen sie erreichen? Warum wird auf Gebete Bezug genommen? Entdecke Wünsche und Bedürfnisse auf den Plakaten und beziehe sie auf die Bedürfnispyramide von Maslow!

Der dritte Glaubensartikel

Du bist mit dem Vaterunser als Grundgebet des Christentums vertraut.

Eine Gestalt der mittelalterlichen Kirchengeschichte

Die fünf Säulen im Islam

Ein Arbeitsfeld der Diakonie

- Und wenn man die Slogans der beiden Anzeigen vertauschen würde? Sprecht darüber, was sich an der Aussage ändern würde! Müsste man dann die Logos der werbenden Institutionen auch vertauschen?
- Entdecke im Vaterunser biblische Geschichten sowie wichtige Inhalte des Glaubensbekenntnisses und der Zehn Gebote!

WEICHENSTELLER

Was wäre wenn?

Wer stellt die Weichen im Leben?

Hat mein Leben Auswirkungen auf andere?

Darf man andere überzeugen wollen?

Wie schaffe ich es, dass andere sich an mich erinnern?

Hat Jesus missioniert?

Kapitel 4

Den Lauf...

ICH
STELL
HIER
DIE
WEICHEN

Veränderungen …

Weichenstellungen

- Weichenstellungen gibt es nicht nur bei der Bahn. Die Bilder auf S. 68 könnte man auch auf das Leben beziehen!
- Gehe zurück in der Geschichte und stelle ein paar Weichen anders: Was wäre, wenn die Glühbirne nicht erfunden worden wäre? Oder das Geld nicht eingeführt worden wäre? Wenn deine Oma deinen Opa nicht getroffen hätte?
- Setze dich mit den Zitaten (unten) auseinander!
- Arbeite mit einem Partner / einer Partnerin zusammen und stelle eine Top-5-Liste mit Leuten auf, die so ein Weichensteller-T-Shirt, wie auf S. 69 abgebildet, verdient hätten! Wendet euch danach einer weiteren Zweiergruppe zu, vergleicht eure beiden Listen, diskutiert, wer wirklich auf die Liste gehört und wer nicht, und stellt eine neue Top-5-Liste zusammen! Danach trefft euch mit einer neu entstandenen 4er-Gruppe und … na ihr wisst schon!

Alte Weichensteller und alte Geschichten

- Studiere die Karte mit den dazugehörigen Texten! Bringe die dort erwähnten Ereignisse in eine zeitliche Reihenfolge! Wiederhole dabei, was du in Geschichte über diese Zeit gelernt hast!
- Entdecke Weichenstellungen!

»Alles passiert nur zufällig.«

»Ich stelle meine Weichen selber.«

»Seine Weichensteller will man schon kennen.«

Menschen aus dem Mittelalter treffen
Auf den folgenden Seiten kannst du zwei Menschen kennenlernen, die Weichensteller in Europa waren, Benedikt und Bonifatius. Natürlich gibt es noch einige andere, bei denen es sich lohnen würde, sie näher zu betrachten, um die Entwicklung Europas und des Christentums zu verstehen: Korbinian* (8. Jh.), Franz von Assisi*, Elisabeth von Thüringen (beide 13. Jh.) oder Jan Hus* (15. Jh.). Elisabeth von Thüringen könnt ihr auf S. 120 kennenlernen.

Die nördlich des ehemaligen Römischen Reiches lebenden Germanen haben wenig mit dem Christentum zu tun. Sie haben ihre eigene Götterwelt; in der Regel teilen alle Mitglieder eines Stammes denselben Glauben (siehe Info Germanische Götterwelt, S. 77).

Seit dem 1. Jahrhundert verbreitet sich der christliche Glaube nach und nach im ganzen Römischen Reich. Römische Soldaten und Kaufleute bringen den neuen Glauben über die Alpen in die entlegeneren Gebiete. Nach den großen Verfolgungen im 3. Jahrhundert dehnt sich das Christentum im 4. Jahrhundert noch stärker aus.

Während der christliche Glaube mit dem Rückzug der römischen Besatzungsmacht aus Britannien vorübergehend beinahe ausstirbt, lebt er zu Beginn des 5. Jahrhunderts in Irland erst richtig auf. In der neuen irischen Kirche spielen die Klöster eine wichtige Rolle, das Leben als Mönch war für viele die vollkommenste christliche Lebensform. Umherziehende irische Mönche tragen den christlichen Glauben ab dem 6. Jahrhundert nach England und aufs europäische Festland.

In Nordgallien hat sich mit Ende der Völkerwanderung das Frankenreich* etabliert. Dessen König Chlodwig bekehrt sich 496 zum christlichen Glauben. Ein Teil der Bevölkerung ist zu diesem Zeitpunkt bereits christlich, der Großteil, vor allem in den Gebieten, die nicht zum Römischen Reich gehört hatten, noch nicht.

… in Europa

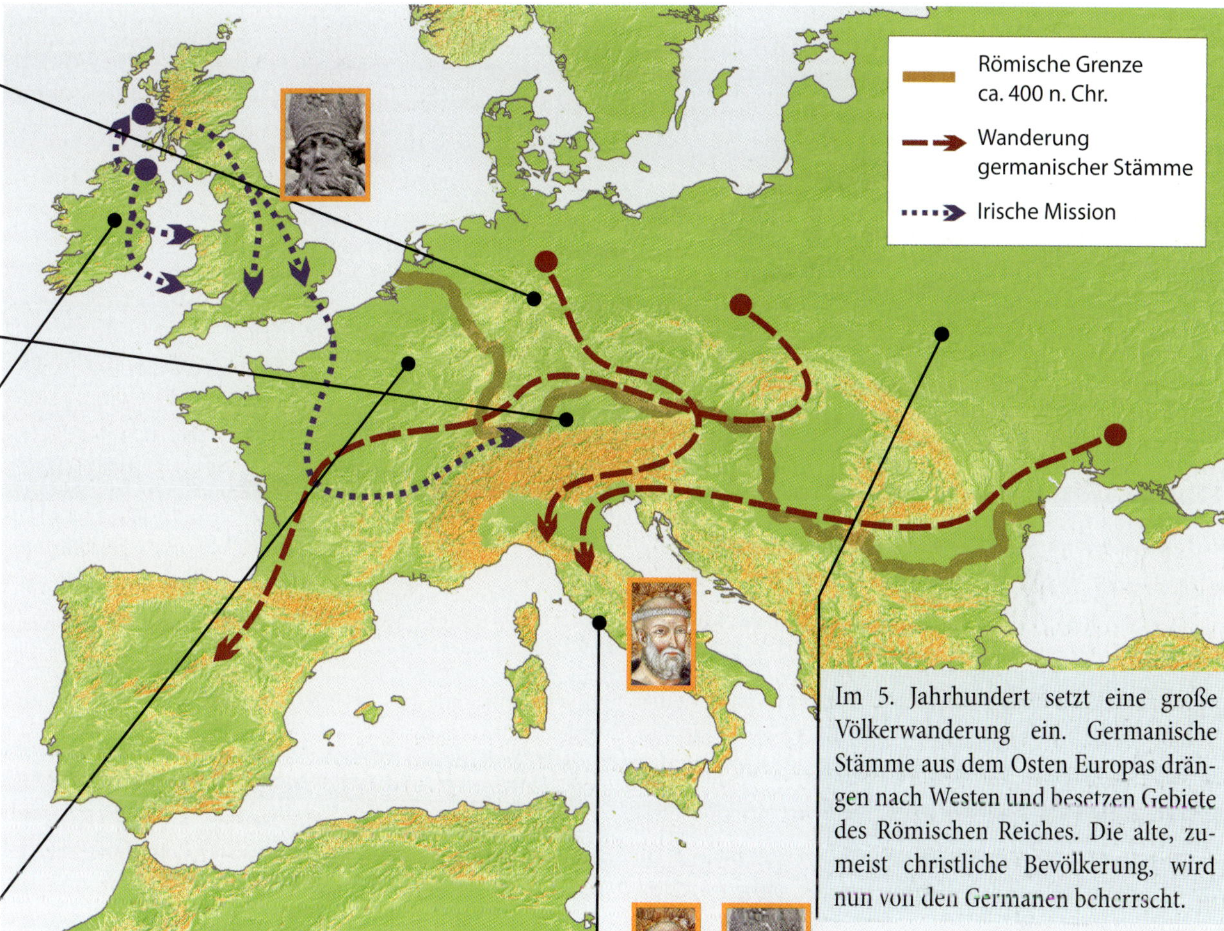

Im 5. Jahrhundert setzt eine große Völkerwanderung ein. Germanische Stämme aus dem Osten Europas drängen nach Westen und besetzen Gebiete des Römischen Reiches. Die alte, zumeist christliche Bevölkerung, wird nun von den Germanen beherrscht.

Rom, das Zentrum des Römischen Reiches, verliert an Bedeutung. Das Reich zerfällt nach der endgültigen Aufspaltung allmählich in einen weströmischen und oströmischen Teil im 5. Jahrhundert. Die Grenzen des Reiches halten den germanischen Stämmen nicht mehr stand. Diese dringen nach Mitteleuropa vor und bringen ihren eigenen Glauben mit.

Die äußere Struktur des Römischen Reichs bröckelt, die römische Kirche dagegen bleibt; sie bietet den Menschen in einer sich verändernden Welt Halt und Beständigkeit. Dort, wo die Germanen mit Christen aus dem Römischen Reich in Kontakt kommen, übt der christliche Glaube auf die neuen germanischen Besatzer eine große Anziehungskraft aus.

B & B

Die beiden Personen auf der Landkarte heißen Benedikt und Bonifatius. Beide haben wichtige Weichen in der Geschichte des Christentums in Europa gestellt. Informiere dich ab S. 72 über Benedikt, ab S. 76 über Bonifatius.

Europa im Umbruch

- Findet heraus, durch welche heutigen Länder die Grenze des Römischen Reiches ging!
- Hier werden noch andere als nur geographische Grenzen überschritten!
- Menschenkarawanen ziehen über den Kontinent. Können Religionen auch wandern?

Benedikt von Nursia …

Nach einer langen Zugfahrt bin ich endlich an meinem Ziel angekommen. Monte Cassino, zwischen Rom und Neapel, der Ort, an dem Geschichte geschrieben wurde. Hier also hat alles angefangen. Heute trägt der Berg einen großen prächtigen Bau, damals war er unscheinbare Heimat einer kleinen Gruppe von Mönchen. Gut 1500 Jahre ist das her, die Zeit des Römischen Reiches war eindeutig vorüber, alles war im Umbruch. Ich nähere mich dem Haus und sehe mich um. Am Eingang werde ich freundlich begrüßt. Nach wenigen Minuten bin ich bestens ausgerüstet für eine kleine Zeitreise, ich halte einen Audioguide mit Kopfhörern in Händen. Er wird mir helfen, mich zurechtzufinden.

Es geht los, ich drücke die **1** und höre das Geläut einer kleinen Glocke … Stille … dann eine Männerstimme, die ruhig aber bestimmt ein paar lateinische Verse spricht, kurz darauf eine Vielzahl von Stimmen, die mit einem kurzen Vers antwortet. Die Mönche beim Gebet. Dann ein Erzähler: Das Kloster wurde von Benedikt von Nursia* im Jahre 529 gegründet …

Ich entferne mich langsam aus dem Eingangsbereich des Hauses und mache mich auf Entdeckungsreise.

Vor einem alten Bild bleibe ich stehen und drücke die Nr. **2**, »Gestatten, mein Name ist Benedikt«, höre ich es plötzlich aus meinem Gerät schallen. »Benedikt von Nursia. Nur um keine Missverständnisse aufkommen zu lassen, ich war es nicht, der das erste Kloster gegründet hat. Klöster gab es ja schon lange zuvor. Aber mich beschäftigte eine einfache Frage: Wie kann unser gemeinsames Leben im Kloster gelingen? Ich hatte ja von einigen anderen Ordensgemeinschaften gehört, die mit dem täglichen Zusammenleben Schwierigkeiten hatten. Deshalb wollte ich Regeln aufstellen, die die Abläufe im Kloster festlegen sollten. Ich besorgte mir zunächst bewährte Regeln aus anderen Klöstern und überlegte dann, was ich übernehmen wollte und was nicht. Einige Abschnitte schrieb ich einfach neu, vor allem diejenigen, in denen es um die Gemeinschaft der Klosterbrüder untereinander ging. Die Klosterregel sollte darüber hinaus vor allem helfen, ein paar Grundsätze unserer Gemeinschaft in die Tat umzusetzen: Ein Leben in Beständigkeit, klösterlichem Lebenswandel und Gehorsam gegenüber dem Abt* des Klosters. Außerdem sollte die Regel das ausdrücken, was ich für das Wichtigste halte und was ich in den Mittelpunkt unseres gemeinsamen Lebens stellen wollte: Gottesdienst, liturgische Gebete und Lesungen der biblischen Schriften.«

Ich gehe den Gang entlang weiter und entdecke ein Schreibpult, die Nr. **3**: Es kratzt. Eine Feder auf Papier. Nach ein paar Momenten höre ich die vertraute Stimme von Benedikt wieder in meinem Ohr. Er scheint sich jeden Satz, den er da aufs Papier bringt, genau zu überlegen: »Der Müßiggang ist ein Feind der Seele, deshalb sollen sich die Brüder zu bestimmten Zeiten mit Handarbeit und wieder zu bestimmten Stunden mit Lesungen beschäftigen. Für die Tage der Fastenzeit erhält jeder aus der Bibliothek ein Buch, das er von Anfang bis Ende lesen soll.«

Ich erinnere mich. Gottesdienst und Gebet waren zwar für die Benediktiner das Wichtigste, aber die Arbeit bildete ein Gegengewicht dazu. Ich erinnere mich an ein Motto, das Benedikts Grundidee in kurzen Worten beschreibt: ora et labora – bete und arbeite. Ich verlasse das Gebäude und entdecke einen alten Kräutergarten. Auf einem kleinen Schild lese ich eine **4** und fühle mich in meinen Gedanken zu Gebet und Arbeit bestätigt, während ich nun wieder den Erzähler höre: »Benedikt gab dem Tag einen einfachen Rhythmus, bei dem sich Zeiten der Arbeit und des Gebetes abwechselten. Zwischen den Gebeten wurde im Garten gearbeitet, Essen zubereitet und es wurden die Tiere versorgt.«

Tagesablauf in einem Kloster im frühen Mittelalter

2	Nachtgebet
3	Nachtruhe
4	Morgenlob
5	Frühstück
6	Morgengebet
7	Arbeit
8	
9	Gebet
10	Arbeit
11	
12	Mittagsgebet
13	Mittagessen, Ruhe
14	Arbeit
15	Gebet
16	Arbeit
17	
18	Gebet
19	Abendessen
20	Abendgebet
21	Nachtruhe

Noch in Gedanken versunken blicke ich auf ein paar Oregano-Pflanzen zu meinen Füßen. Ich bücke mich, zerreibe ein paar Blätter in meinen Händen, es duftet herrlich nach Kräutern. Die Zeit scheint stehen geblieben zu sein.

Bendikt von Nursia

- Informiere dich im Lexikon über die wichtigsten Daten zum Leben des Benedikt!
- Fertige eine einfache Grafik zu Benedikts Klosterregeln an! Male in die Mitte einen Kreis, in den du das schreibst, was Benedikt in den Mittelpunkt des Klosterlebens stellt! Ordne um den Kreis herum weitere Dinge an, die das Leben der Mönche ausmachen!
- Finde Benedikts Lebensmotto im Tagesablauf wieder!
- Schreibe deinen eigenen Tageslauf auf – was sagt er über dich aus? Vielleicht möchtest du auch für dich ein Lebensmotto formulieren?
- Informiere dich auf S. 62 über verschiedene Gebetsformen und überlege, welche Gebetsform sich für die vielen Gebete der Mönche wohl besonders angeboten hat!

Verzicht und Gewinn

- Verzichten, um zu gewinnen?
- Kannst du dich an eine Situation in deinem Leben erinnern, in der du auf etwas verzichtet hast – und dadurch etwas anderes gewonnen hast?
- In Markus 10,17–27 wird erzählt, wie Jesus einem jungen Mann eine ungewöhnliche Aufforderung mit auf den Weg gibt. Stelle eine Verbindung zwischen dieser Geschichte und dem Leben von Mönchen her! Verwende Gedanken aus der Info!

Info

Nonnen, Mönche und Klosterregeln

Schon ab dem 2. Jahrhundert fingen einige Christen an, auf elementare Dinge des Lebens zu verzichten, um sich ganz auf Gott zu konzentrieren. In Syrien, Palästina und Ägypten entwickelten sich verschiedene Bewegungen von Mönchen, die zunächst allein und zurückgezogen lebten und später mit Gleichgesinnten Lebensgemeinschaften bildeten. Mit der Zeit entwickelte sich in diesen Gemeinschaften eine gewisse Struktur: Bald gab es Leiter und Regeln. Das Leben wurde bewusst einfach gehalten. Im westlichen Teil des Römischen Reiches waren es anfangs vor allem junge Frauen, die diesen Lebensstil wählten. Später fanden sich zunehmend Männer, die nun als Mönche in Klöstern zusammen lebten. Die Bedeutung eines einheitlichen Regelwerks, das das gemeinsame Leben und die gemeinsame Glaubenspraxis festlegte, wuchs.

In der Spur …

Verbreitung der Regel Benedikts

Die Mönchsregel des Benedikt zog weite Kreise. Allerdings mit etwas Verspätung. Zunächst war sie relativ unbekannt geblieben; es war Papst Gregor der Große, der Ende des 6. Jahrhunderts, ungefähr 40 Jahre nach Benedikts Tod, so begeistert war, dass er eine Biographie verfasste. Damit drang seine Regel sogar bis nach England und verbreitete sich dort schnell.

Im Süden des Frankenreiches* sorgte Ende des 8. Jahrhunderts ein Abt* (der sich übrigens auch Benedikt nannte, Benedikt von Aniane) dafür, dass in seinem Kloster die Regel des Benedikt von Nursia eingeführt wurde. Mehr und mehr Klöster schlossen sich seinem Vorbild an. Schließlich wurde diese Reformbewegung von Karl dem Großen, der sich davon einen Nutzen fürs ganze Reich erhoffte, unterstützt. Ab dem frühen 9. Jahrhundert bis ins 12. Jahrhundert galt die Regel des Benedikt damit verbindlich für alle Klöster des Frankenreiches. Dadurch wuchs die Bedeutung der Klöster. Sie wurden wichtiger für die Kirche, v. a. aber auch für ihre Umgebung.

Nach Benedikt

- Karl der Große war ein weltlicher Herrscher – wieso kümmerte er sich um Klosterregeln?
- Beschreibe den Aufbau dieser typischen Klosteranlage! Falls du schon eine Grafik zu Benedikts Regeln erstellt hast (vgl. S. 73), kannst du nun vergleichen.
- Lies im Internet in der Regel des Benedikt, Kapitel 53, nach und benenne diejenigen Teile der Anlage, die auf dieses Kapitel zurückzuführen sind!

Schon beMERKt? Weichenstellen geht nicht immer von heute auf morgen – und schon gar nicht alleine.

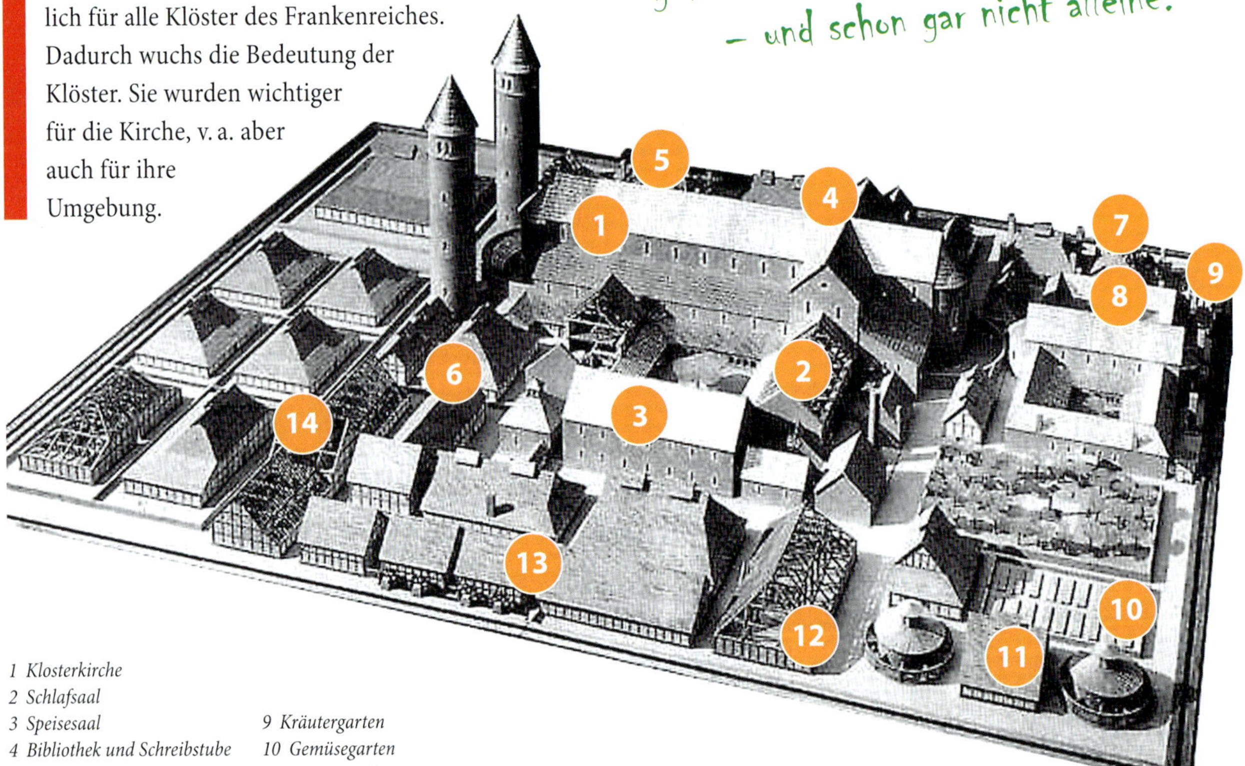

1 Klosterkirche
2 Schlafsaal
3 Speisesaal
4 Bibliothek und Schreibstube
5 Schule
6 Pilgerherberge
7 Ärztehaus und Apotheke
8 Hospital
9 Kräutergarten
10 Gemüsegarten
11 Hühnerstall
12 Kornscheune
13 Werkstätten
14 Ställe für Großvieh

... Benedikts

- Stell dir vor, du würdest einen Film drehen, der das Leben in und um die Klosteranlage zeigen soll! Entwirf Szenen und schildere sie!
- Achte auf die Gestalt der Kirche in dieser Anlage und ordne sie einer Epoche des Kirchenbaus zu! Wende dabei dein Wissen von S. 38–41 an!

Info

Klöster im frühen Mittelalter

Die Klöster erlangten auf verschiedenen Gebieten eine Bedeutung, die weit über die eigenen Mauern hinausreichte. Zunächst entwickelten sich die Klöster zu Bildungszentren: Um Schriften abschreiben und überliefern zu können, wurde Unterricht in Lesen und Schreiben sowie in Griechisch und Latein gegeben. So entwickelten sich die ersten Klosterschulen. Neben theoretischem Wissen wurde auch praktisches Wissen weitergegeben. Dazu gehörten Erkenntnisse aus Landwirtschaft, Handwerk und Kunstgewerbe. Die Klöster wurden so zu kulturellen Zentren. Durch die Ausübung von Landwirtschaft und Handwerk erwiesen sich die Klöster schließlich als wirtschaftliche Zentren, von denen das gesamte Umland profitierte.

- In Bayern gibt es zahlreiche Benediktinerklöster. Wählt eines aus, das sich in eurer näheren Umgebung befindet!
- Findet heraus, was für eine Rolle Benedikt von Nursia für die Mönche bzw. Nonnen in diesem Kloster spielt! Untersucht, was das Motto Benedikts, »ora et labora«, für sie bedeutet; informiert euch über ihre Aktivitäten und überlegt, was die Bewohnerinnen und Bewohner dieser Klöster mit den Menschen ihrer Umgebung zu tun haben!
- Ladet eine Nonne oder einen Mönch ein und befragt euren Gast zum Leben im Kloster!

Interview mit Schwester Eustochium aus der Kommunität Venio in München, in der über 20 Frauen nach der Regel des Benedikt leben. Die Frauen arbeiten außerhalb der Kommunität, manche in einer Firma in München, andere in Schulen, wieder andere in sozialen Einrichtungen. Am Leben der Gemeinschaft nehmen auch Frauen teil, die sich auf ihre Profess vorbereiten, d. h. auf ihre endgültige Bindung an die Gemeinschaft.

Die Gemeinschaft heißt »Kommunität« – warum sprechen Sie nicht von einem Kloster?

Wir verstehen uns zwar als Ordensfrauen, Kloster klingt aber so »abgeschlossen«. Kommunität heißt einfach Gemeinschaft. Wir leben nicht in einem geschlossenen Raum, sondern haben Kontakt, jede in ihrem Beruf zu ihren Kollegen. Wir haben normale Kleidung an, sowohl im Beruf als auch zu Hause. Zu allen liturgischen Gebeten tragen wir einen Chormantel – wie die Mönche. Wir leben aber nicht in zwei Welten.

Sie gehen in Ihrer Arbeit bewusst nach außen. Kommen umgekehrt auch Menschen von außen zu Ihnen?

Wir haben zwar kein Gästehaus, aber wir haben einige Zimmer, die Gäste nutzen können, wenn sie »Stille Tage« machen wollen. Wir haben auch ein Programm mit vielen Angeboten wie Studientagen zu Themen des Glaubens, Konzerten und Ausstellungen.

Was reizt Menschen im 21. Jahrhundert sich auf Benedikt zurückzubesinnen?

Es hat sich erwiesen, dass diese Prinzipien sich über viele Jahrhunderte gehalten haben. Das ist eine Regel, die nicht am Schreibtisch erfunden wurde, sondern sie hat sich im konkreten Leben von Benedikt mit seinen Mönchen geformt. Dabei handelt es sich ja nicht ausschließlich um Gedanken, die nur für eine bestimmte Zeit passen, sondern das ist etwas, was immer gilt, z. B. so eine Verbindung von »ora et labora« oder »Gott suchen«. Bei Benedikt gibt es also viel Dauerhaftes, etwa die Regeln für das gemeinsame Leben: Wie man sich z. B. in einem Konflikt verhält oder wie man sich gegenseitig hilft. Auch das Prinzip der gegenseitigen Achtung oder der Umgang von Alten und Jungen hat nichts von seiner Gültigkeit verloren: Da heißt es, die Jüngeren sollen die Älteren ehren und die Älteren sollen die Jüngeren lieben, das heißt deren Entwicklung mit Wohlwollen begleiten.

Warum haben Sie sich für ein Leben in einer Kommunität entschieden?

Mich hat die Liturgie fasziniert. Ich hab gespürt, da ist etwas, das ist »wirklicher« als alles sonst. Der Gottesdienst bringt mich in eine Realität, die über die normale hinausgeht. Ich will sozusagen Zeit und Ewigkeit verbinden, also nach etwas Ewigem Ausschau halten und gleichzeitig im Jetzt leben; also darauf achten, dass man nicht nur irdisch ist, aber auch nicht in den Himmel abschwebt. Diese Mischung hat mich beeindruckt.

Bonifatius – von England …

In einem Benediktinerkloster in Exeter (Südengland), um das Jahr 680

Es klopft an der Klosterpforte. Der Pförtner öffnet die Klappe, schaut fragend. Vor sich sieht er einen elegant gekleideten Mann, offensichtlich ein Mitglied des Adels. Daneben ein Junge, der stumm zu Boden blickt. Der Mann bringt seinen Sohn zur Aufnahme ins Kloster. Vater und Sohn schauen sich noch einmal an, dann gehen sie getrennte Wege.

Winfried, so der Name des Kindes, soll eine gute Erziehung erhalten und ein Leben führen, das sich an Armut, Ehelosigkeit und Gehorsam orientiert. Gut 20 Jahre später zieht er weiter nach Nursling in ein benachbartes Kloster. Hier erhält er eine umfassende theologische Ausbildung. Mit 30 Jahren wird er zum Priester geweiht. Danach arbeitet er als Lehrer an der Klosterschule. Schnell erarbeitet er sich einen ausgezeichneten Ruf als Experte der lateinischen Grammatik, aus dem ganzen Land kommen Mönche, um bei ihm zu studieren.

Mit dem geregelten Leben im Kloster hätte es so weitergehen können, doch Winfried entscheidet sich anders. 716 lässt er seine Studierstube und die sicheren Klostermauern hinter sich und macht sich auf den Weg. Sein Ziel: das europäische Festland; er unternimmt eine Missionsreise zu den Friesen, einem alten germanischen Stamm, der bisher wenig christlich geprägt war. Entsprechend schwierig gestaltet sich seine Missionstätigkeit.

Winfried kehrt zurück, er wird zum Abt seines Klosters Nursling gewählt, doch er bleibt nicht lange.

718 verlässt er seine englische Heimat für immer und bricht auf nach Rom. Dort ernennt ihn der Papst zum Missionar der Heiden. Mit dem Auftrag erhält Winfried auch einen neuen Namen, Bonifatius. Seinen alten Namen verwendet er nur noch selten, von jetzt an versteht er sich ganz als Mann des Papstes.

Türen

- Die Geschichte beginnt an einer Tür. Im Verlauf der Geschichte werden Türen aufgemacht, zugemacht, abgeschlossen. Spekuliere über die Motive, die Bonifatius dabei geleitet haben könnten!
- Die Heimat für immer verlassen – dafür müsste man einen wirklich guten Grund haben …

»Ob Bonifatius mit diesem Leben glücklich war?«

»Der lässt sich nicht aufhalten!«

»Grenzen überschreiten kann anstrengend sein.«

»Warum bleibt er nicht zu Hause und freut sich an seinem Glauben?«

Willibald, ein Neffe des Bonifatius, schreibt über den Glauben der Germanen Folgendes:

»Damals aber empfingen viele Hessen die Handauflegung, während andere sich weigerten, die Beweise des rechten Glaubens mit einem reinen Herzen anzuhören. Denn noch opferten sie Bäumen und Quellen im Verborgenen oder auch offen, andere übten noch Seherei und Wahrsagung, Wunder und Zauberkünste im Geheimen und vor den Menschen, andere schauten auf den Flug der Vögel und die Zukunft kündende Vorzeichen und erfüllten mannigfachen Opferbrauch; andere aber, deren Geist schon zur Besserung sich neigte, legten ab, was von heidnischem Aberglauben an ihnen war, und taten nichts von alledem.«

Teil eines alten Opferplatzes und Grabstätte, »Rote Maaß« in Schleswig-Holstein

Info

Germanische Götterwelt und germanischer Glaube

- Glaube und Religion der germanischen Stämme in Mitteleuropa waren nicht einheitlich. Mitglieder eines Stammes teilten einen Glauben, der sich jedoch von dem eines Nachbarstammes unterscheiden konnte. Insgesamt verehrten die germanischen Stämme eine Vielzahl an Göttern. Die Götter hatten menschliche Eigenschaften, sie galten nicht als allmächtig, sondern standen selbst unter der Macht des Schicksals. Zu den wichtigsten Gottheiten zählten die beiden Kriegsgötter Tiwaz (in nördlicheren Regionen auch Tyr genannt) und Wodan (Odin).
- Mehrere heutige Ortsnamen deuten darauf hin, dass der Gott Donar (Thor) in vielen Gebieten bekannt war. Als Gott des Donners wurden ihm gewaltige Körperkräfte zugeschrieben und es wurde außerdem gern erzählt, wie er gegen Monster und Ungeheuer kämpfte. Die Göttin Nerthus galt als Spenderin der Lebenskraft und wurde in manchen Gegenden als »Mutter Erde« verehrt. Sie war nicht die einzige weibliche Gottheit, Baduhenna (Kriegsgöttin) wurde ebenso verehrt wie Nehalennia, die Reisenden Schutz geben sollte. Die Namen deutscher und englischer Wochentage erinnern heute noch an einige dieser Gottheiten: Tuesday, Wednesday, Thursday / Donnerstag.
- Einigen Göttern, in erster Linie Wodan, wurden auch Menschenopfer dargebracht. Dabei handelte es sich meist um Kriegsgefangene, die nach Schlachten dem Kriegsgott geopfert wurden. Schließlich gab es religiöse Rituale, bei denen Alltags- und Kriegsgegenstände an bestimmen Kultplätzen, z. B. in Brunnen, Quellen, Flüssen und Mooren, versenkt wurden.

Von Göttern, Bäumen und Quellen

- Willibald schreibt keinen neutralen Bericht. Was er vom germanischen Glauben hält, lässt sich aus seinem Bericht gut herauslesen. Sammle einzelne Schlüsselwörter, die seine Haltung deutlich machen!
- Ordne die Namen der Wochentage in der Info den Gottheiten zu!
- Menschen stehen an einem Brunnen und werfen etwas hinein – auch heute noch. Vergleiche!
- Menschen besuchen heute noch die »Rote Maaß« und andere alte Orte in der Natur und reden von besonderen Kräften, die von diesen Plätzen ausgehen sollen. Tauscht eure Gedanken darüber aus!

Mit Worten ...

Wichtige Daten im Leben des Bonifatius

716	erste Reise nach Friesland
718	Bonifatius verlässt England für immer und reist zunächst nach Rom
719–21	Missionsarbeit bei den Friesen
722–23	zweite Reise nach Rom, B. wird zum Bischof geweiht
723	B. fällt die Donareiche
732	B. wirkt in Hessen und Thüringen
738–39	dritter Romaufenthalt; B. erhält das Recht, selbst andere Bischöfe einzusetzen
ab 739	B. organisiert Teile der Kirche in Bayern neu
754	Bonifatius wird in Friesland bei einem Überfall ermordet.

Bonifatius unterwegs bei den Germanen

- Bonifatius verlässt England, um das Christentum im Frankenreich* und bei den Germanen auszubreiten. Trotzdem hält er sich oft in Rom auf, das ja nicht gerade vor der Haustür liegt. Versuche das zu erklären!
- Dass nicht jeder selbst entscheiden kann, was er glaubt, sondern dass die Anführer eines Stammes für alle entscheiden, klingt für moderne Ohren seltsam. Für Elmar ist es das Normalste auf der Welt!
- Der Junge erzählt nicht, was Bonifatius in seiner Rede überhaupt sagt und wie er den christlichen Glauben erklärt. Verfasse eine kleine Rede, die Bonifatius gehalten haben könnte!
- Nicht gefragt worden und doch getauft?
- Warum die Taufe überhaupt so wichtig ist? Lies nach, was Paulus in Römer 6 darüber schreibt! Verwende eine moderne Übersetzung!

Religionen breiten sich aus

- Während sich im 8. Jahrhundert das Christentum im Westen, Norden und Osten Europas ausbreitet, geschieht im Süden etwas ganz Unerwartetes. Im Kapitel 5 erfährst du mehr darüber. Vergleiche die Ausbreitungsbewegungen!

Elmar, ein germanischer Junge erzählt:
Letzte Woche passierte etwas Seltsames. Eine ganze Gruppe fremder Leute kam ins Dorf. Dass die nicht von hier waren, hat man schon an ihrer Kleidung gesehen. Und als sie den Mund aufmachten, war vollends alles klar. Man konnte sie gerade noch so verstehen. Einer, offensichtlich der Anführer unter ihnen, stellte sich hin und hielt eine Rede. Viel habe ich nicht verstanden, außer dass er die großen Führer im Frankenreich hinter sich weiß. Ich habe auch verstanden, dass es um einen ganz besonderen Gott ging.
Archibald, der Oberste in unserem Dorf, war tief beeindruckt. Er bat die Gäste, noch etwas länger zu bleiben; er wollte mehr hören. Er war nicht der einzige. Andere aus dem Dorf waren auch ganz neugierig. So kam es, dass die Gäste drei Tage lang blieben. Das war nicht schlecht, solange die da waren, gab es jeden Tag gutes Essen.
Am Ende jedoch geschah etwas Unerwartetes. Archibald und ein paar seiner Leute beschlossen, dass wir alle runter zum Fluss gehen sollten, es sei wichtig. So ist das immer bei uns: Archibald hat eine Idee, alle machen mit. So war das letztes Jahr auch schon, als er eine Quelle entdeckte und wir gemeinsam ein Opfer dort darbrachten. Wie auch immer, im Fluss wurden wir alle untergetaucht, obwohl gar nicht Waschtag war. Nebenbei sprachen die Gäste seltsam klingende Verse. Was es damit auf sich hatte, würde mich ja schon interessieren. Archibald und die anderen schienen jedenfalls glücklich zu sein.

Willibald, der Neffe des Bonifatius, erzählt folgende Geschichte über seinen Onkel und eine Eiche, die dem Germanengott Donar geweiht war:

Mit Rat und Hilfe derer, die den alten Glauben abgelegt hatten, »unternahm Bonifatius es, eine ungeheure Eiche, die mit ihrem alten heidnischen Namen die Jupitereiche genannt wurde, in einem Orte, der Geismar hieß, im Beisein der ihn umgebenden Knechte Gottes zu fällen. Als er nun in der Zuversicht seines standhaften Geistes den Baum zu fällen begonnen hatte, verwünschte ihn die große Menge der anwesenden Heiden als einen Feind ihrer Götter lebhaft in ihrem Innern. Als er jedoch nur ein wenig den Baum angehauen hatte, wurde sofort die gewaltige Masse der Eiche von höherem göttlichen Wehen geschüttelt und stürzte mit gebrochener Krone zur Erde, und wie durch höheren Winkes Kraft zerbrach sie sofort in vier Teile. Als dies die vorher fluchenden Heiden gesehen, wurden sie umgewandelt, ließen von ihrem früheren Lästern ab, priesen Gott und glaubten an ihn.«

Bonifatius und die Donareiche

- Für Willibald ist klar, warum die Eiche fällt. Finde Belege im Text!
- Was wäre wenn: Stelle Überlegungen an, wie die Geschichte mit Bonifatius und die Geschichte der Germanen weiter gegangen wäre, wenn die Eiche nicht gefallen wäre! Stelle die Weichen anders!
- Im letzten Satz der Geschichte steckt eine Erklärung, worauf es den Beobachtern bei ihrer Entscheidung für oder gegen den neuen Glauben offensichtlich ankam.
- Menschen, die heute über Gott nachdenken, sagen manchmal Sätze wie: »Ich würde an Gott glauben, wenn ...« Fertige eine Liste an mit Dingen, die Menschen heute von ihrem Gott erwarten!
- In den beiden unten stehenden Zitaten setzen sich Menschen aus dem 21. Jahrhundert mit der Aktion des Bonifatius auseinander. Diskutiere mit!

Mission

- Finde heraus, was das Wort Mission* bedeutet. Nimm ein Englisch-Deutsch-Wörterbuch zu Hilfe und schlage das englische Wort »mission« nach! Vergleiche die Bedeutungen mit der Erklärung im Lexikon!
- »Sobald ich den Fernseher anmache, werde ich missioniert.« Du auch?
- Vervollständige die beiden Sätze:
  »Mission ist problematisch, wenn ...«
  »Ich finde, Mission sollte so aussehen, dass ...«
- Eine Person aus deiner Verwandtschaft weigert sich, mit dem Computer zu arbeiten. Sie weiß fast gar nichts über das Internet. Du willst sie davon überzeugen, dass es auch für sie gut wäre, einen Internetanschluss zu besitzen. Arbeite mit einer Partnerin / einem Partner zusammen und entwerft eine Szene!

»Andere Zeiten, andere Sitten.«

»Unglaublich, was Bonifatius sich da erlaubt, einfach respektlos!!«

Endstation!?

Szene zum Tod des Bonifatius, Buchmalerei aus dem 10. Jahrhundert

Tod des Bonifatius

- Das Bild auf dieser Seite und das Bild auf S. 78 stammen aus einem Gebetbuch und sind Teil eines einzigen Bildes. Vergleiche die beiden Bildteile und achte besonders auf die Menschen neben Bonifatius! Finde einen Satz, der die beiden Bildteile verbindet!
- Setze dich mit den beiden Zitaten rechts unten auseinander!

Im Rückblick

- Ob Bonifatius im Nachhinein mit den Weichenstellungen in seinem Leben zufrieden war?
- Verfasse einen Nachruf für Bonifatius, in dem auf sein Leben und Wirken Bezug genommen wird!
- Fulda ist nicht der einzige Ort in Deutschland, an dem man Spuren von Bonifatius finden kann. Schaue dich im Internet um und berichte!

info

Tod des Bonifatius

- Mit fast 80 Jahren macht sich Bonifatius noch einmal auf nach Friesland. Er ist auf dem Weg zu einer Gruppe von bereits getauften Friesen, die gefirmt werden sollen. Er fällt einer Gruppe von heidnischen Friesen in die Hände und wird zusammen mit seinen gut 50 Begleitern getötet. Es wird erzählt, dass er keinen Widerstand leistete und auch seine Begleiter aufforderte, es ihm gleich zu tun.
- Der Leichnam des Bonifatius wird nach Fulda überführt und dort im Benediktinerkloster Fulda beigesetzt.

»Wenn Bonifatius am Ende nicht umgebracht worden wäre, wäre er nie so berühmt geworden.«

»Ohne Bonifatius wäre die Geschichte ganz anders gelaufen.«

Weichenstellungen für Bayern

info

Bonifatius und die Kirche

- Bonifatius war nicht der erste, der bei den germanischen Stämmen den christlichen Glauben ausbreitete. Columbanus und andere irische Mönche waren bereits vor ihm unterwegs gewesen.
- Während er zu Beginn seiner Tätigkeit vor allem als Missionar gearbeitet hatte, der umherzog, das Evangelium predigte und taufte, ging es ihm später vor allem darum, die bestehenden Gemeinden in Hessen und Thüringen, später auch in Bayern, zu verbinden. Dabei hatte er die volle Unterstützung des Papstes; auch Karl Martell, der Frankenherr, hatte ihm Schutz zugesichert. Es lag in dessen Interesse, dass sich der neue Glaube in seinem Reich ausbreitete und festigte.
- Beim Aufbau einer starken Kirchenstruktur spielten die Klöster für Bonifatius eine wichtige Rolle. Sie dienten als Missionsstützpunkte und halfen, Pfarrer für die umliegenden Gemeinden auszubilden. In einem zweiten Schritt fasste er dann die einzelnen Gemeinden in sog. Bistümern unter einem Bischof zusammen, so war es Tradition der Kirche. Über die Bischöfe waren die Gemeinden mit dem Papst verbunden und so entstand auch nördlich der Alpen eine Kirche, die ganz nach Rom ausgerichtet war.
- Gleichzeitig verhinderte er, dass Adlige im Frankenreich sich ihre eigenen Kirchen und Klöster hielten.

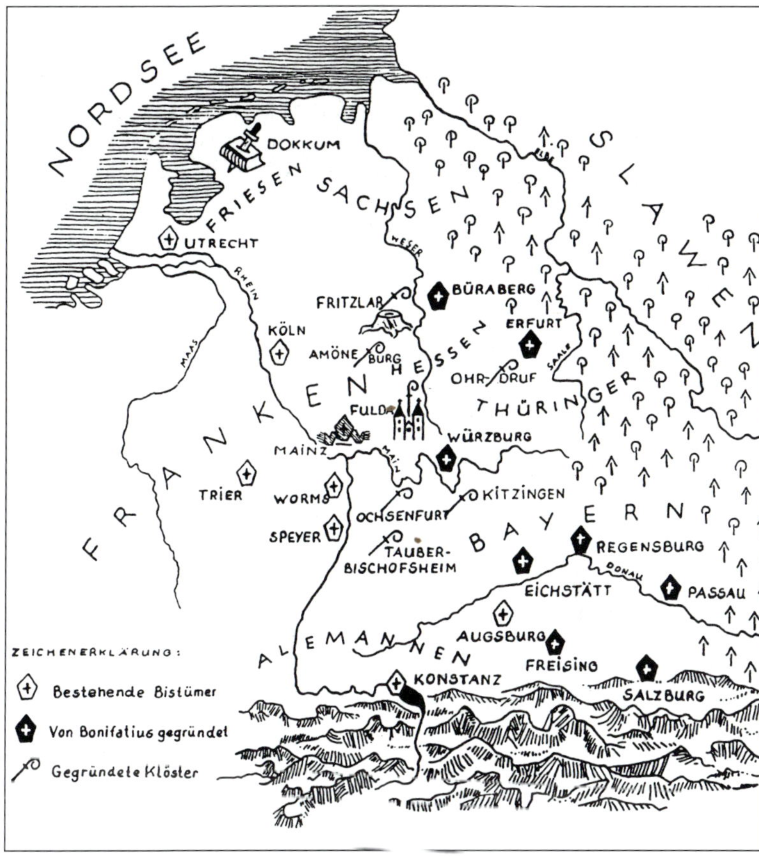

Strukturen und Orte

- Bonifatius setzte an einigen Orten neue Bischöfe ein. Die Verteilung und Lage der Orte hat er sich gut überlegt.
- Eine Kirche ohne Strukturen? Wie würde so etwas aussehen?
- Überall Bischöfe einsetzen, alles nach Rom ausrichten? Sind das nur Machtspiele oder bringt das Vorteile für die Gläubigen?
- Überall gibt es Strukturen, sogar in deiner Klasse!
- Informiere dich über Strukturen bei evangelischen Christen in Bayern auf S. 42!
- Neben Bonifatius findet man in Bayern viele Spuren von Benedikt, obwohl er nie hier war. Finde Orte in Bayern, die Spuren von Benedikt von Nursia vorzuweisen haben! Achte auf Ortsnamen und Gemeinschaften und Gruppierungen, die mit ihrem Namen an Benedikt erinnern! Verwende für deine Suche das Internet und deinen Atlas!

Schon beMERKt?
Strukturen und Gleise haben etwas gemeinsam.

i m Zusammenhang

Ein Denkmal des Bonifatius in Mainz

- Schaue dir genau an, wie die Figur gestaltet ist: was sie mit sich trägt, welche Körpersprache sie hat, was ihr Gesicht sagt!
- Finde eine passende Inschrift für den Sockel der Statue!
- Entwirf in deinem Heft eigene Denkmäler für Bonifatius oder Benedikt! Du kannst dich an der Grundform einer Statue orientieren oder deiner Kreativität freien Lauf lassen.
- Stelle dein Denkmal vor und sei bereit, auf Rückfragen zu antworten!

Eine Kirche, die sich verändert

- Durch die Jahrhunderte hindurch hat sich die Gestalt der Kirche stark verändert. Zeichne einen Zahlenstrahl in dein Heft, ergänze ihn mit geeigneten Stichworten und Symbolen, um verschiedene Phasen zu markieren! Überlegt, ob ihr einen großen Zahlenstrahl im Klassenzimmer einrichtet! Falls ihr Kapitel 2 noch nicht bearbeitet habt, können die entsprechenden Eintragungen zur ersten Hälfte auch nachgetragen werden.

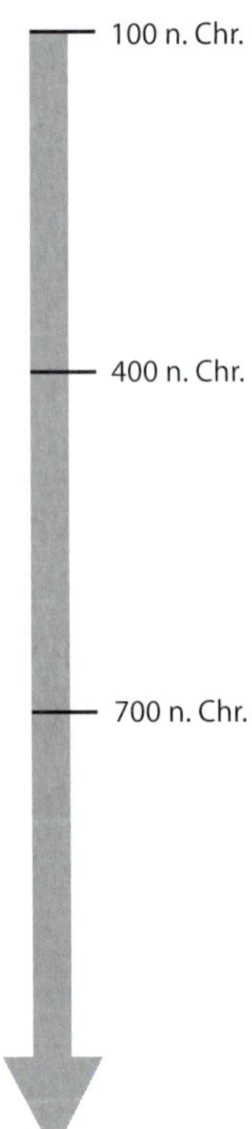

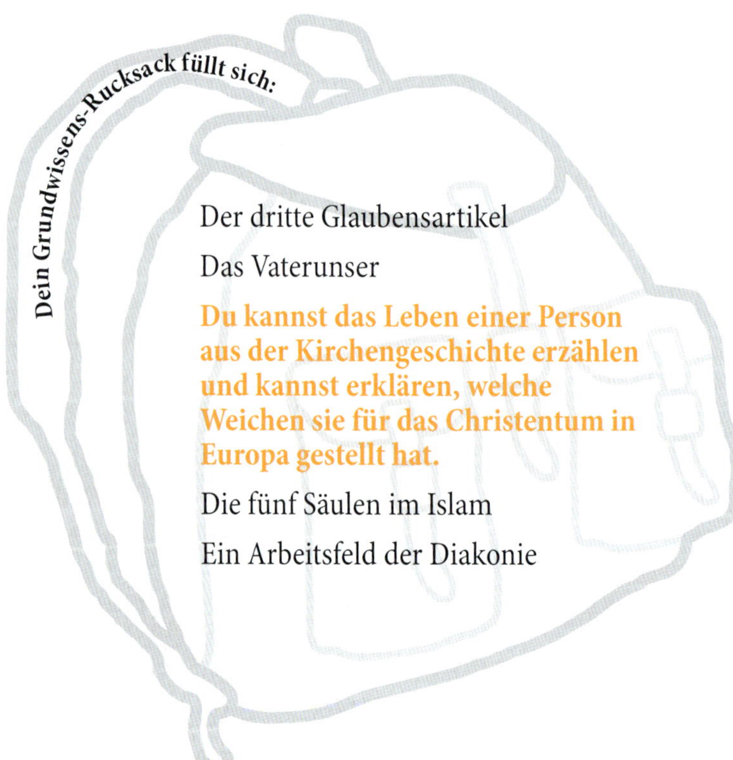

Dein Grundwissens-Rucksack füllt sich:

Der dritte Glaubensartikel

Das Vaterunser

Du kannst das Leben einer Person aus der Kirchengeschichte erzählen und kannst erklären, welche Weichen sie für das Christentum in Europa gestellt hat.

Die fünf Säulen im Islam

Ein Arbeitsfeld der Diakonie

BEGEGNUNG MIT DEM ISLAM

Zwei Religionen – hat (k)eine recht?

Wann kennt man eine Religion?

Fremde(s): interessant oder bedrohlich?

Darf man über eine fremde Religion urteilen?

Allah und Gott – derselbe?

Sind Muslime gläubiger als Christen?

Wäre die Welt ohne die Religionen friedlicher?

Ist das Kopftuch wichtig?

Kapitel 5

Blick-

richtungen

Zugänge

»Es kommt auf die »Brille« an, mit der man sieht.«

»Man sieht nur einen Ausschnitt.«

»Manches bleibt fremd.«

»Christen sind verschieden – Muslime auch.«

Begegnungen mit dem Islam

- Jedes der Bilder auf S. 84 und 85 vermittelt Eindrücke vom Islam. Beschreibe diese und vergleiche sie mit eigenen Vorstellungen und Erfahrungen!
- Vieles kann faszinieren, vieles ist fremd! – Haltet fest, was ihr gern vom Islam wissen möchtet!
- Beobachtet eine Woche lang Berichte über den Islam in Zeitungen, Internet oder Fernsehen! Achtet auf typische Bilder oder Aussagen! Passen eure Ergebnisse zu den Zitaten auf dieser Seite?

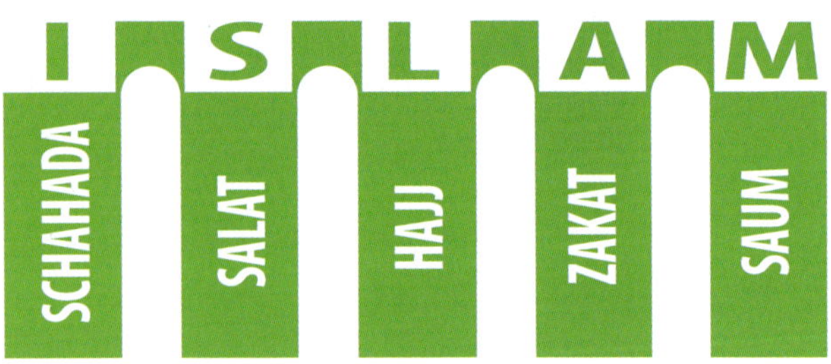

Es gibt verschiedene Möglichkeiten der Umschrift aus dem Arabischen*, z. B. Hadsch oder Hajj. Lies dazu das Lexikon!

Schon geMERKt? Das richtige Bild gibt es nicht – aber ohne Vorstellungen geht es auch nicht.

info

Islam

- Einen Anhänger des Islam bezeichnet man als Muslim (Plural Muslime). Weniger verbreitet ist inzwischen die persische Aussprache Moslem geworden. Eine weibliche Anhängerin nennt man Muslimin oder Muslima (Plural Musliminnen oder Muslimas).
- Muslim leitet sich wie Islam von arabisch aslama (sich unterwerfen, sich [völlig] hingeben, sich ohne Vorbedingung anvertrauen) ab. Ein frommer Muslim ist also jemand, der sich ganz auf den Willen Gottes einlässt und ihm gehorcht. Das Gott-Ergeben-Sein, also »Islam«, zielt sowohl auf den (inneren) Glauben als auch auf die Erfüllung äußerer Pflichten.
- Bei der Verwendung der Bezeichnung »Islamist« ist Vorsicht geboten: So nennt man diejenigen, die einen sehr strengen (fundamentalistischen*) Glauben haben, radikale politische Ziele verfolgen und Andersdenkende oft mit Gewalt bekämpfen.

Fünf Säulen

- Bei allen Unterschieden in Kultur und Glaubenspraxis haben Muslime auf der ganzen Welt eine gemeinsame Grundlage ihres Glaubens: die fünf Säulen. Dazu gehören:
  1. das Glaubensbekenntnis,
  2. das regelmäßige Gebet,
  3. die Pilgerfahrt nach Mekka,
  4. die Almosensteuer,
  5. das Fasten im Monat Ramadan.
- Mit den fünf Säulen, die von Muslimen selbst zur Beschreibung ihrer Religion verwendet werden, kann man sich das Wichtigste zum Islam gut merken.

- Auf den folgenden Seiten beschäftigt ihr euch genauer mit den fünf Säulen. Gestalte eine Doppelseite in deinem Heft dazu! Diese soll am Ende der Unterrichtseinheit eine Zeichnung der fünf Säulen mit deutschen und arabischen Begriffen, ein geeignetes Bild für jede der Säulen und eine Zusammenfassung der wichtigsten Informationen enthalten.
- Lege auf der Doppelseite dahinter ein Glossar an mit Kurzeinträgen zu Begriffen, die für das Verständnis des Islam wichtig sind.

info

Muslime in Deutschland

- Als sogenannte Gastarbeiter wurden seit den 1960er-Jahren viele Menschen, meist Männer, aus anderen Ländern nach Deutschland eingeladen. Sie sollten hier für einige Jahre diejenigen Arbeiten verrichten, für die es nicht ausreichend Arbeiter gab. Viele holten später ihre Familien nach und leben seither in Deutschland. Die große Mehrheit dieser ehemaligen Gastarbeiter stammt aus Italien, Spanien, dem ehemaligen Jugoslawien und der Türkei. Unter den Menschen der beiden letztgenannten Länder sind viele Muslime.
- Inzwischen leben in Deutschland ca. 3,3 Mio Musliminnen und Muslime, davon haben 1 Mio einen deutschen Pass.

Der Musiker Muhabbet ist mit orientalischen Rhythm-and-Blues-Balladen in deutscher Sprache zum Star geworden. Eigentlich heißt er Murat Ersen, ist in Köln-Böcklemünd aufgewachsen, hat türkische Eltern und ist Muslim.

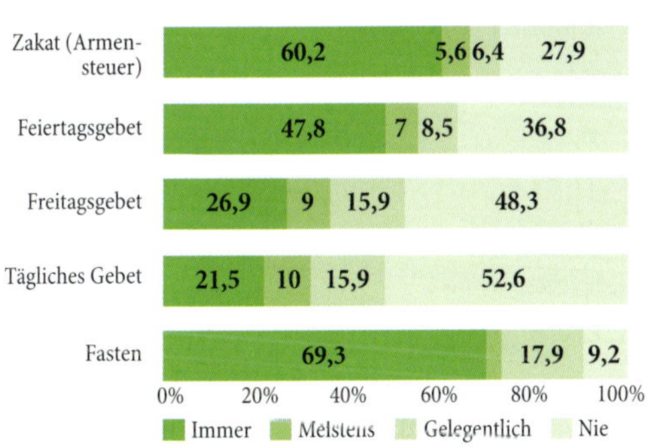

Religiöse Praxis bei jungen Muslimen (18–29 Jahre) in Deutschland

Was verstehen Sie unter »Integration«?

Muhabbet: Ich finde, das ist einfach ein hässliches Wort. Wir sind nun mal hier: hier geboren, hier aufgewachsen. Ich will hier bleiben und meine Kinder hier großziehen.

Wie sind Sie selbst aufgewachsen? Behütet?

Muhabbet: Ich hatte jedenfalls noch nie ein Messer in der Hand und bin damit auf jemanden losgegangen. Aber ich wurde ständig von der Polizei abgecheckt – das ist die andere Seite. Ich war einer von wenigen Ausländern in der Klasse und hatte andere Schwierigkeiten: Mit eingewanderten Eltern, die kaum Deutsch sprechen und so.

Lernt man besser Deutsch, wenn man wie Sie auf eine Schule geht, auf der es nur wenige türkische Mitschüler gibt?

Ich glaube, das spielt keine Rolle. Ich kenne auch Kids, die den ganzen Tag in der Moschee abhängen und sich nur mit türkischen Freunden umgeben und die trotzdem astrein Deutsch sprechen. Ich hatte ein persönliches Interesse an der Sprache.

Sind Sie religiös? Gehen Sie in die Moschee oder fasten Sie an Ramadan?

Es gibt ein paar Sachen, die mir von Kindesbeinen an mitgegeben wurden – das Reinigungsritual etwa, wenn man in die Moschee geht. Sauberkeit und Glaube gehören im Islam ja zusammen. Und was im Koran alles vorgeschrieben wird, das ist alles sehr auf den Menschen ausgerichtet. Fünfmal am Tag beten etwa – das ist doch wie Yoga. Also, bis zu einem gewissen Grad bin ich schon religiös, ja.

Begegnungen mit Muslimen

- Muhabbet spricht wichtige Probleme von Muslimen mit Migrationshintergrund an. Vermutlich wird er nicht nur Zustimmung bekommen!
- Befragt muslimische Mitschüler/innen oder Bekannte, was sie über ihre Religion und ihr Leben in Deutschland erzählen wollen!
- Tragt Informationen und Zahlenmaterial über Muslime in eurer Umgebung zusammen: Anteil an der Bevölkerung, Daten zur Geschichte, wichtige Örtlichkeiten bzw. Gebäude von Muslimen etc.!

Keinen Gott ...

»Ich bezeuge, dass es keinen Gott gibt außer Gott, und Muhammad ist sein Prophet!«

Die hier dargestellten schönen Schriftzüge (Kalligraphien) beinhalten das islamische Glaubensbekenntnis (Schahada). Es wird jedem muslimischen Kind nach seiner Geburt ins Ohr geflüstert. Es ist im Gebetsruf des Muezzin enthalten. Wer es dreimal in ernsthafter Absicht und vor Zeugen rezitiert, konvertiert* zum Islam.*

info

Allah

- Das arabische Wort **Allah** (Betonung auf der zweiten Silbe) bedeutet Gott, ist also kein Eigenname! Verwenden Muslime das Wort Allah, dann fügen sie sofort hinzu: »ta'âlâ«, das heißt wörtlich: »Er ist erhaben«.
- Allah (Gott) wird nicht bildlich dargestellt, was mit dem auch im Judentum bekannten Bilderverbot* und der Unvergleichlichkeit Allahs begründet wird: »Nichts ist ihm gleich!« (Sure 42,11). Stattdessen haben muslimische Künstler ihre Kreativität auf die **Kalligraphie** (Schönschrift) konzentriert. Die arabische Schrift wird dabei unterschiedlich geformt, in weichen, eckigen oder auch kursiven Linienführungen. Oft sind es Koranzitate, die phantasievoll gestaltet werden. Kalligraphien sind überall zu entdecken: in Büchern, in und an Gebäuden, auf kunstvoll gefertigten Gebrauchsgegenständen etc.

MERKe: Hier kommt es auf die Form an.

Kalligraphien und der Glaube an Allah

- Versuche, den Schriftzug für Inschallah (unten) abzuzeichnen! Du kannst auch einmal versuchen, deinen Namen als Kalligraphie zu gestalten.
- »Es ist wie meditieren« – »...eine Art von Gebet ...«, »... die Zeit anhalten...«, »... höchste Konzentration...«, »...Entspannung...«: Sprecht über mögliche Erfahrungen beim Schreiben einer Kalligraphie!
- Kalligraphie und Bilderverbot hängen zusammen!
- Was Glauben im Islam ausmacht, darf man zwar durch kein Bild verdeutlichen, aber die Kalligraphie rechts oben gibt vielleicht Anhaltspunkte!

Kalligraphie von Inschallah (wenn Gott will)

Die schönsten Namen Gottes

Der Erbarmer, der Gnädige, der König, der Heilige, der Frieden, der Sichernde, der Kontrollierende, der Allmächtige, der Unterwerfer, der Stolze, der Schöpfer, der Verwirklichende, der Gestalter, der Verzeiher, der Unterwerfer, der Gebende, der Versorger, der Öffner, der Allwisssende, der Einschließende, der Gewährer, der Erniedriger, der Erhöher, der Ehrende, der Demütigende, der Hörende, der Sehende, der Richter, der Gerechte, der Milde, der Kundige, der Nachsichtige, der Großartige, der Verzeihende, der Dankbare, der Hohe, der Große, der Erhaltende, der Ernährende, der Berechnende, der Majestätische, der Großzügige, der Wächter, der Erhorer, der Umfassende, der Weise, der Liebevolle, der Ruhmreiche, der Erweckende, der Zeuge, der Wahrhaftige, der Beschützer, der Kraftvolle, der Solide, der Herrscher, der Preiswürdige, der Aufzeichnende, der Urheber, der Wiedererweckende, der Lebensspendende, der Tötende, der Lebendige, der Beständige, der Seingebende, der Glorreiche, der Einzige, der Eine, der Absolute, der Bemessende, der Mächtige, der Vorverlegende, der Aufschiebende, der Erste, der Letzte, der Offenbarer, der Verborgene, der Schutzherr, der Erhabene, der Gütige, der die Reue Annehmende, der Vergelter, der Vergeber, der Barmherzige, der Inhaber aller Reichtümer, der Herr der Majestät und der Ehre, der Unparteiische, der Versammler, der Unabhängige, der Befreiende, der Schützende, der Erzeuger der Not, der Wohltäter, das Licht, der Führer, der Erfinder, der Bleibende, der Lenker, der Geduldige

In den Blütenblättern von Rosen und Nelken verstecken sich die 99 schönsten Namen Gottes (rechts oben) und die vielen Namen Muhammads (links oben). Die Knospen (unten) erinnern an die ersten Gefährten des Propheten.

- 99 Namen im Raum: Fange an einer beliebigen Stelle mit dem (leisen) Lesen der 99 Namen an! Nach einer gewissen Zeit sagt jemand »Stopp«. Jetzt schreibt jede/r den Namen, bei dem er/sie beim Lesen gerade stehen geblieben ist, auf einen Zettel. Die erste Person steht auf und liest den Namen vor. Einige weitere Personen lesen ihren Namen vor und positionieren sich so im Raum, dass deutlich wird, welche Namen sich von ihrer Aussage her eher nah und welche eher fern stehen. Deutet miteinander die Konstellation, die sich ergibt!
- Wenn man den hundertsten Namen noch wüsste …
- Erinnere dich an die Bedeutung des Gottesnamens im Alten Testament! ⑤

Die Offenbarung ...

Die heilige Nacht der Herabkunft des Korans

Ibn Ishāq (8. Jh.) berichtet über die Berufung Muhammads zum Gesandten Gottes und den Beginn der Offenbarung des Korans:

Jedes Jahr zog sich der Prophet im Monat Ramadan in die Einsamkeit zurück, um zu beten und die Armen zu speisen, die zu ihm kamen. Auch in jenem Ramadan, in dem Gott ihn ehren wollte, in jenem Jahr, in dem Er ihn sandte, zog Muhammad wieder mit seiner Familie nach dem Berg Hira, um sich in der Einsamkeit dem Gebet zu widmen.

Und in jener Nacht, in der Gott ihn durch die Sendung auszeichnete und sich damit der Menschen erbarmte, kam Gabriel zu ihm. Als ich schlief, so erzählte der Prophet später, trat der Engel Gabriel zu mir mit einem Tuch aus Brokat, worauf etwas geschrieben stand, und sprach: »Lies!« – »Ich kann nicht lesen«, erwiderte ich. Da presste er das Tuch auf mich, so dass ich dachte, es wäre mein Tod. Dann ließ er mich los und sagte wieder: »Lies!« – »Ich kann nicht lesen«, antwortete ich. Und wieder würgte er mich mit dem Tuch, dass ich dachte, ich müsste sterben. Und als er mich freigab, befahl er erneut: »Lies!« Und zum dritten Male antwortete ich: »Ich kann nicht lesen.« Als er mich dann nochmals fast zu Tode würgte und mir wieder zu lesen befahl, fragte ich aus Angst, er könnte es nochmals tun: »Was soll ich lesen?«

Da sprach er: »Lies im Namen deines Herrn, des Schöpfers, der den Menschen erschuf aus geronnenem Blut! Lies! Und der Edelmütigste ist dein Herr, Er, der das Schreibrohr zu brauchen lehrte, der die Menschen lehrte, was sie nicht wussten.« (Sure 96,1–5)

Ich wiederholte die Worte und als ich geendet hatte, entfernte er sich von mir. Ich aber erwachte und es war mir, als wären die Worte ins Herz geschrieben. Sodann machte ich mich auf, um auf den Berg zu steigen, doch auf halber Höhe vernahm ich eine Stimme vom Himmel: »0 Muhammad, du bist der Gesandte Gottes und ich bin Gabriel!« Ich hob mein Haupt zum Himmel und siehe, da war Gabriel in der Gestalt eines Mannes und seine Füße berührten den Horizont des Himmels.

- Finde die Elemente des Bildes in der Geschichte wieder! Stelle Vermutungen an, warum Muhammad ohne Gesicht dargestellt ist!
- Das ist ja ein regelrechter »Kampf« zwischen Gabriel und Muhammad! Vergleiche die Berufung Muhammads mit der des Mose ⑤!
- Text und Bild legen Wert darauf, dass Muhammad den Koran nicht verfasst hat!
- Ordne die Begriffe Allah, Erzengel Gabriel, Muhammad, Zuhörer, mündlicher Koran, schriftlicher Koran in einer Grafik sinnvoll an!

info

Der Koran – Offenbarung des Wortes Gottes

- Der Koran gilt als die endgültige Offenbarung Gottes. Die in der Erzählung zitierten Worte des Korans gelten nach islamischer Überlieferung als der Beginn der »Herabkunft« des Korans, dessen Urschrift bei Gott schon seit Ewigkeit existiert. Es heißt, Muhammad habe die Worte, die ihm vom Erzengel Gabriel in mehreren Erscheinungen Wort für Wort diktiert wurden, auswendig gelernt und öffentlich rezitiert. Andere haben sie dann niederschreiben lassen. Insgesamt zog sich die Offenbarung über 23 Jahre hin.
- Der Begriff Koran leitet sich von dem arabischen Verb qaraʾa (»laut lesen, vorlesen, rezitieren«) ab und heißt daher wörtlich »Rezitation«. Normalerweise wird mit »Koran« das gesamte heilige Buch des Islams bezeichnet. Das Wort kann aber auch für den Vortrag der Offenbarung durch den Erzengel und den Propheten stehen.

Muslimische Stimmen zum Koran ...

»Im Rezitieren des Korans begegne ich dem unverfälschten göttlichen Wort – und damit letztlich Allah selbst.«

»Ich lerne Arabisch, damit ich den Koran vortragen und wichtige Suren auswendig lernen kann. Zwar ist der Koran in viele Sprachen übertragen worden, aber das sind bestenfalls Interpretationen des Textes; das Wort Gottes ist unübersetzbar.«

»Eigentlich bin ich nicht besonders fromm, aber gegen manche Regeln aus dem Koran würde ich nie verstoßen ...«

»Der Koran ist wie ein Gegenüber, das eine Antwort verlangt.«

»Jedes Wort im Koran stammt von Gott. Daher kann der Mensch nicht entscheiden, welche Worte er befolgen will und welche nicht.«

»Ich habe viele CDs von besonders guten Koranrezitatoren. Der Koran ist die höchste Literatur. Sein Stil und sein Klang beweisen seine Göttlichkeit.«

»Der Koran ist ein Heiliges Buch. Wir behandeln ihn daher mit besonderer Ehrfurcht. Unser Koran zuhause ist reich verziert und steht oben im Regal über allen anderen Büchern. Wenn ich darin lese, wasche ich mich vorher und lege ihn auf einen Koranständer.«

info

Sure

Die Basmalah über einem Hauseingang in Istanbul

Der Koran besteht aus 114 Suren, die der Länge nach angeordnet sind: Sure 2 ist mit 286 Versen die längste, die Suren 108 und 110 sind mit 3 Versen die kürzesten. Alle Suren tragen einen Namen. Sure 1 heißt »die Eröffnende« (al-fâtiha) und ist – gegen die Regel – sehr kurz. Für Muslime hat sie eine große Bedeutung, da jedes Pflichtgebet und jede Lesung aus dem Koran mit ihr beginnt. Am Anfang von 113 Suren steht die »Basmala« (Bismillah): »Im Namen Allahs, des Allerbarmers, des Barmherzigen«. Auch im Alltag wird sie häufig verwendet. So werden z.B. Ansprachen, Referate, Widmungen oder Briefe mit ihr eingeleitet.

Im Namen Gottes, des Erbarmers, des Barmherzigen!
Lob sei Gott, dem Herrn der Welten,
dem Erbarmer, dem Barmherzigen,
der Verfügungsgewalt besitzt über den Tag des Gerichtes!
Dir dienen wir und Dich bitten wir um Hilfe.
Führe uns den geraden Weg,
den Weg derer, die Du begnadet hast,
die nicht dem Zorn verfallen und nicht irregehen.

SURE 1

Heilige Bücher!

- Muslimische Jugendliche auf der ganzen Welt lernen Arabisch, christliche Jugendliche lernen nicht die Originalsprachen der Bibel.
- Ähnlich und anders zugleich: Formuliert Gedanken, mit denen ihr einem muslimischen Jugendlichen erklären könnt, was die Bibel für Christen bedeutet!

Beten im Alltag ...

Beten im All

Im Oktober 2007 flog ein malaysischer Astronaut zur Internationalen Raumstation (ISS). Eine Konferenz mit Religionsgelehrten klärte, wie er seinen religiösen Pflichten nachkommen soll.

Bei dem fünfmal am Tag zu verrichtenden Gebet richtet sich ein Muslim nach Mekka* aus. Die Qibla, die Gebetsrichtung, zu finden, ist in der ISS schwierig, zumal sie 16-mal am Tag die Erde umkreist. Ferner müsste der Gläubige 80-mal beten, da die Gebetszeiten vom Stand der Sonne abhängen. In der Schwerelosigkeit ist es zudem nicht einfach, die Gebetshaltungen zu wechseln.

Man kam zu folgenden Lösungen: Wenn man sich nicht in Richtung Mekka ausrichten kann, dann reicht auch die Erde. Es sei grundsätzlich besser, überhaupt in eine Richtung zu beten als gar nicht. Innerhalb von 24 Stunden reicht es aus, fünfmal zu beten, wobei der Astronaut sich an die Zeitzone des Abflugortes halten soll. Wenn er nicht aufrecht stehen könne, dürfe er auch irgendwie stehen. Für das Beugen und Knien genüge auch eine Kopfneigung oder die Bewegung des Augenlids. Zur Not könne sich der Betende die Bewegungen vorstellen. Außerdem dürfe der Astronaut unter Zeitdruck das Mittags- und Nachmittags- sowie das Abend- und Nachtgebet zusammenlegen. Dies gilt auch für Erdenbürger. Muslime waschen vor dem Gebet die Hände, den Mund und die Nase, das Gesicht, Arme, Ohren und Hals, den Kopf und zum Schluss die Füße. Für die rituelle Reinigung im All genügt, wie in der Wüste, eine symbolische Reinigung.

info

Das Pflichtgebet (der salat)

- Die Verrichtung des Pflichtgebets gilt als der wichtigste Teil der Verehrung Gottes, in der sich der Gläubige Gott mit Körper und Seele zuwendet. Es ist kein persönliches Gespräch, sondern Gottesdienst im unmittelbaren Sinn. Das Gebet besteht aus mehreren Zyklen von Körperhaltungen und festgelegten Worten bzw. Koranversen. Ein Muslim reinigt sich vor dem Gebet rituell und betet an einem sauberen Ort, z. B. auf einem Gebetsteppich. Wer nicht durch die Worte »Ich bezeuge, es gibt keinen Gott außer Gott und ich bezeuge, Muhammad ist der Gesandte Gottes« zum Gebet gerufen wurde, spricht sie am Anfang selbst.
- Das Gebet beginnt im Stehen. Mit erhobenen Händen wird der Lobpreis »Allahu akbar« (Gott ist groß) und mit verschränkten Armen die 1. Sure gesprochen; anschließend verbeugen sich die Betenden und ehren Gott in Lob- und Segenssprüchen. Dann knien sie völlig nieder und berühren mit Stirn und Nase die Erde zwischen ihren Händen. Abschließend verharren die Betenden noch für einen Moment sitzend, die Hände auf den Oberschenkeln ruhend, bevor sie sich wieder aufrichten. Am Ende des Gebetes können im Stehen noch private Bitten an Gott gerichtet werden. Freie Gebete werden aber eher selten formuliert.

Beten im Islam

- Fasse die Grundeinsicht zum Beten für Muslime im All(tag) in einem Satz zusammen!
- Erstelle mithilfe der Texte eine Übersicht zum islamischen Gebet! Halte fest, warum im Pflichtgebet etwas vom Wesen des »Islam« sichtbar wird!
- Fragt eure muslimischen Mitschülerinnen und Mitschüler, wie sie es mit dem Gebet halten!
- Mithilfe von www.qiblalocator.com kann man die Qibla z. B. vom Klassenzimmer aus bestimmen.
- Zwischen dem christlichen und dem muslimischen Gebet gibt es im Hinblick auf die Form und die Bedeutung Gemeinsamkeiten und Unterschiede (vgl. Kap. 3).

… und in der Moschee

Ein Imam erklärt

Vielleicht haben sich vorhin einige von euch gewundert, weil ihr vor dem Eintreten die Schuhe ausziehen musstet. »Moschee« kommt aus dem Arabischen und bedeutet: »Ort, an dem man zum Gebet niederfällt« – ein solcher Ort soll rein sein. Die innere Reinheit symbolisieren die Waschungen, die jeder Gläubige vor dem Moscheebesuch verrichtet. Wir haben im Keller einen kleinen Waschraum, in alten Moscheen gibt es oft im Innenhof einen Brunnen dafür.

Die Gebetsrichtung wird von der Mihrab, der Gebetsnische, an der Stirnseite angezeigt. Sie ist in vielen muslimischen Gebetshäusern so reich mit Koransuren und Ornamenten verziert wie diese hier. Darstellungen von Gott, Menschen und Tieren wird man aber nie finden – auch sonst nirgends in der Moschee. Dies ist streng verboten.

Von der Gebetsnische aus leite ich als Vorbeter das gemeinsame Mittagsgebet am Freitag, der ja unser Feiertag in der Woche ist. Das Freitagsgebet, das für alle muslimischen Männer Pflicht ist, ist zentral für die muslimische Gemeinschaft. Man trifft dabei nicht nur die anderen Gemeindemitglieder, sondern weiß sich auch verbunden mit allen anderen Muslimen, die die gleichen Gebete in der gleichen Sprache in die gleiche Richtung sprechen.

Von diesem kleinen Podest mit dem Mikrofon aus, auch Dakka genannt, wird vor dem Gebet noch einmal der Gebetsruf gesprochen. Jeder ältere Jugendliche oder Erwachsene darf dies, wenn er es sich zutraut. Ein Minarett* haben wir in unserer Gemeinde nicht und auch keinen Muezzin*. Eigentlich hätten wir gerne den Gebetsruf mit Lautsprechern übertragen, das wurde uns aber nicht erlaubt.

Rechts neben der Gebetsnische seht ihr eine Kanzel mit einem Treppenaufgang. Sie heißt Minbar. Von dort aus rezitiere ich Koranverse und predige. Größere Gemeinden haben neben dem Imam einen Prediger. In unserer Gemeinde ist die Predigt auf Deutsch.

Diese Moschee ist aber nicht nur ein Gebets- und Gottesdienstraum. Die verschiedenen Räume dienen auch als unser Gemeindezentrum. Hier trifft man Bekannte, hier werden Besprechungen abgehalten, aber auch große Feste gefeiert. Auch der Koranunterricht findet hier statt.

Gäste in einer Moschee sollten beachten:

Beim Betreten der Moschee zieht man die Schuhe aus.

Wenn Muslime beten, sollte man sie nicht stören, indem man z. B. laut redet oder vor ihnen vorübergeht.

Man darf alles anfassen, nur einen Koran sollte man nicht achtlos berühren.

Man sollte lange Hosen bzw. lange Röcke tragen. In vielen Moscheen wird erwartet, dass Frauen langärmelige Oberbekleidung tragen und ihre Haare bedecken.

Sofern keine besondere Abteilung für Frauen vorhanden ist, nehmen Frauen während des Gebets hinter den Männern Platz.

- Erstelle mithilfe der Erklärungen des Imams einen möglichen Grundriss einer Moschee! Kennzeichne die Elemente, die mit dem Gebet zusammenhängen!
- Vielleicht könnt ihr gemeinsam mit der katholischen Gruppe eine Moschee in eurer Nähe besuchen. Überlegt euch vorher, welche Fragen ihr stellen wollt und wie ihr euch respektvoll verhaltet!
- Vergleiche die notwendigen Elemente einer Kirche mit den notwendigen Bestandteilen einer Moschee und erkläre die Unterschiede! Beachte dabei die Informationen aus diesem Kapitel und den Seiten 36–41!

Mit anderen

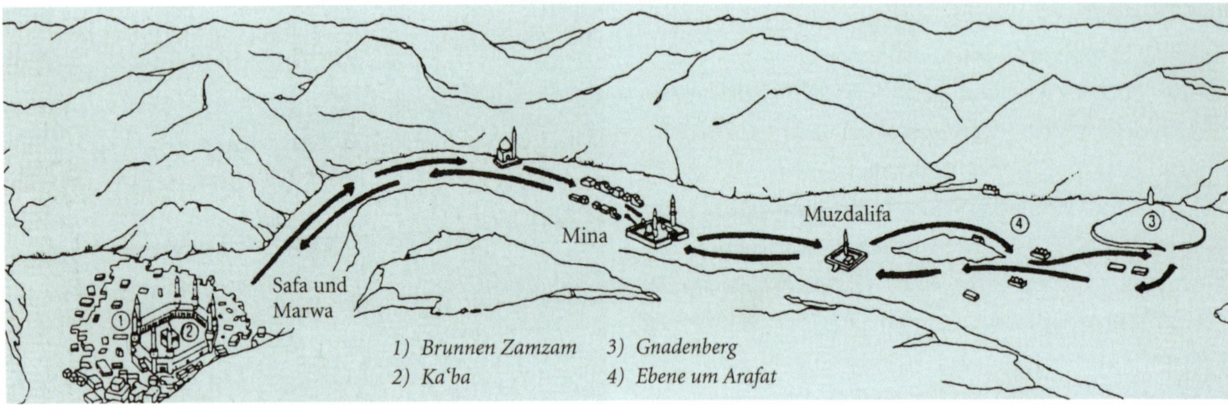

Der deutsche Muslim Umar Faruq Odinius hat bereits drei Mal die Pilgerfahrt nach Mekka, die »Hadsch«, vollzogen. Somit darf er sich »Hadschi« nennen. Das ist ein Ehrentitel, der aus der Zeit stammt, als die meisten Muslime die Anreise nach Mekka noch mit einer Karawane durchführten. Manche von ihnen waren monatelang unterwegs. Mit der modernen Technik ist auch die Zahl der Pilger gestiegen: Mehr als zwei Millionen sind es jedes Jahr.

Wesentliche Voraussetzung des Pilgers für die Zeremonien der Wallfahrt ist der Zustand der rituellen Weihe, so Umar Faruq Odinius: »Bevor man dann die Grenze überschreitet von dem Gebiet von Mekka, nimmt man die Gesamtwaschung vor und legt das weiße, zweiteilige Pilgergewand an, und so beginnt praktisch der Weihezustand der Pilger. Man darf dann in dieser Zeit zum Beispiel keinen Geschlechtsverkehr haben, man darf nicht Tiere töten und man darf keine Pflanzen irgendwie abschlagen, man darf keine Fingernägel oder Fußnägel schneiden, keine Haare schneiden …« In Mekka angekommen, verrichten die Pilger die siebenmalige Umschreitung der Kaaba.

Umar Faruq Odinius erläutert die weiteren wichtigen Stationen der Pilger: »Dann geht man in das Tal von Arafat und da verbringt man einen ganzen Tag von morgens bis abends im inbrünstigen Gedenken Allahs. Und dann geht man nach Muzdalifa und sammelt Steinchen für die symbolische Steinigung des Teufels. Und danach schlachtet man ein Opfertier in Gedenken an Abraham und Ismail. Zum Abschied geht man dann noch mal nach Mekka und umschreitet die Kaaba.«

Für die meisten Muslime stellt die Pilgerfahrt nach Mekka einen Höhepunkt ihres religiösen Lebens dar. Umar Faruq Odinius hat am meisten das gute und sehr geschwisterliche Verhältnis der Muslime untereinander beeindruckt: »Die Gleichheit aller Menschen vor Gott, alle in weißen Gewändern, dabei Reich neben Arm, einfacher Arbeiter neben Akademiker, aus allen verschiedenen Ländern, und alle stehen nebeneinander und hintereinander in einer Reihe. Und was wichtig ist: Man merkt keine sozialen Unterschiede und keine Rangunterschiede.« Und er fügt hinzu: »Das ist wie eine Inszenierung des Jüngsten Tages, wo alle Menschen praktisch in weißen Gewändern zusammentreten, in dem großen Tal von Arafat, die großen Menschenmengen, alle gleich vor Gott. Man fühlt sich wie am Tag der Auferstehung. Das ist ein sehr emotionales Erlebnis.«

- Manchmal heißt es: »Das Mekka der Sonnenanbeter« – Erkläre, was dann gemeint ist, und suche das eigentliche Mekka auf einer Landkarte!
- Menschenmengen können faszinieren und ängstigen!
- Verfolge die Riten der Hajj (Hadsch) auf der obenstehenden Grafik!
- Abraham* und seine Söhne Ismael* und Isaak gelten als Vorfahren von Judentum, Christentum und Islam. Du kannst ihre Geschichte in 1. Mose nachlesen.
- Die Hajj – Höhepunkt im Leben eines Muslim: Arbeite aus dem Text Gründe dafür heraus!
- Der Höhepunkt deines Lebens? Ihr könnt, müsst aber nicht darüber sprechen!
- Reisen und Religion haben etwas miteinander zu tun!

Für andere

> Die Almosen (Zakat) sind bestimmt für
> die Armen, die Bedürftigen, die,
> die damit befasst sind, die, deren Herzen
> vertraut gemacht werden sollen,
> die Gefangenen, die Verschuldeten,
> für den Einsatz auf dem Weg Gottes
> und für den Reisenden.
>
> SURE 9,60

Die Zahl der Anfragen an Tageszeitungen und im Internet bezüglich der Form und der Höhe der Zakat-Zahlungen sind beträchtlich. Hier ein Beispiel:

Frage: Ich habe einen Bruder, der an einer unheilbaren Krankheit leidet und daher keiner Tätigkeit nachgehen kann. Ist es mir erlaubt, ihm meine Zakat-Zahlung zu geben, damit er sich ein Haus auf einem ererbten Grundstück bauen kann? Das würde ihm ein gewisses regelmäßiges Einkommen verschaffen, von dem er leben kann.

Antwort: Sicherlich können Sie Ihrem Bruder helfen, finanziell selbstständig zu werden. Wenn Sie noch weitere Brüder haben, die zur Zakat-Zahlung verpflichtet sind, können Sie diese Zahlungen zusammenfassen und ein vernünftiges Haus für Ihren behinderten Bruder bauen. Dann hätte er ein regelmäßiges Einkommen, von dem er seinen Lebensunterhalt fristen kann. Wenn Sie das tun, haben Sie sicherlich etwas sehr Wertvolles mit Ihrer Zakat getan, für das Gott Sie reich belohnen wird. *Arab News 20. Juli 1992*

- Umschreibe mit eigenen Worten, für wen die Zakat bestimmt ist! Sammelt auch Berufe, die von Zakat finanziert werden können!
- Erläutert, was aus muslimischer Sicht Gerechtigkeit und Solidarität in Bezug auf den Geldgeber bzw. -empfänger bedeuten!
- Recherchiert im Internet über Hilfsprojekte im Islam, z. B. auf www.muslimehelfen.org!
- Helfen verbindet die Religionen – stimmt das? (vgl. Kap 6)

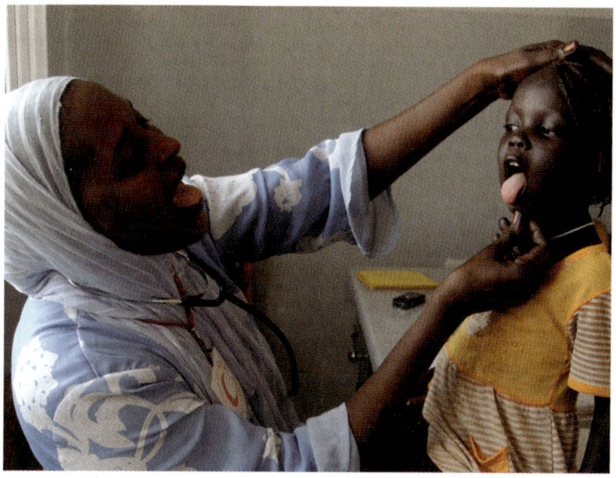

Die Hilfsorganisation Roter Halbmond – das Pendant zum Roten Kreuz – ist eine von vielen Organisationen, an die Muslime spenden. Hier untersucht eine Helferin ein Kind im Sudan.

info

Zakat und Sadaqa

- Im Islam gibt es zwei Arten von Spenden: das freiwillige Almosen (arabisch sadaqa) und die Pflichtabgabe (arabisch zakat).
- Die Zakat ist eine der fünf Säulen. Es handelt sich um eine Art Sozialsteuer in Höhe von 2,5 % auf nicht lebensnotwendiges Vermögen jedes Gläubigen. Wofür und ob das Geld gegeben wird, liegt in der Verantwortung des Zakat-Gebers. Genau betrachtet besitzt die Zakat den Charakter von etwas Anvertrautem, das man seinem eigentlichen Eigentümer, in diesem Fall den Armen und Bedürftigen, zurückgeben muss. Zakat ist der festgelegte Anteil am Vermögen eines Muslims, der eigentlich nicht zu seinem Eigentum zählt und über den er kein Besitz- oder Verfügungsrecht hat, sondern vielmehr verpflichtet ist, ihn an den Zakat-Berechtigten weiterzuleiten. Umgekehrt ist der Bedürftige kein Almosenempfänger, sondern hat einen Rechtsanspruch. Wer besitzt, hat Pflichten; wer entbehrt, hat Rechte vor Gott und gegenüber den Menschen.
- Sadaqa bedeutet wörtlich »aufrecht, wahrhaftig sein«. Die freiwillige Spende bringt den Gläubigen dem Paradies näher; sie festigt seine Beziehung zu Gott und bewahrt ihn vor Habgier und Geiz.

Auszug aus dem Koran zum Fasten im Ramadan

O ihr, die ihr es glaubt, vorgeschrieben ist euch, zu fasten (...) für eine Anzahl von Tagen. Wer von euch krank ist oder sich auf einer Reise befindet, für den gilt eine Anzahl anderer Tage. Denjenigen aber, die es (eigentlich einhalten) können, ist als Ersatzleistung die Speisung eines Bedürftigen auferlegt. Wenn einer freiwillig Gutes tut, so ist es besser für ihn. Und dass ihr fastet, ist besser für euch, wenn ihr Bescheid wisst.

Der Monat Ramadan ist es, in dem der Koran herabgesandt wurde als Rechtleitung für die Menschen. (...) Wer von euch nun in dem Monat anwesend ist, der soll in ihm fasten. Und wer krank ist oder sich auf einer Reise befindet, für den gilt eine Anzahl anderer Tage. Gott will für euch Erleichterung, er will für euch nicht Erschwernis, und dass ihr die Zahl (der Tage) vollendet und Gott dafür hochpreiset, dass er euch rechtgeleitet hat, und dass ihr wohl dankbar werdet. (...)

Erlaubt ist euch, in der Nacht während der Fastenzeit Umgang mit euren Frauen zu haben. (...) Und esst und trinkt, bis ihr in der Morgendämmerung den weißen Faden vom schwarzen Faden unterscheiden könnt. Danach vollzieht das Fasten bis zur Nacht. (...)

SURE 2, 183–185.187

Info

Islamische Zeitrechnung

- Die klassische islamische Zeitrechnung unterscheidet sich von der allgemein verbreiteten Zeitrechnung in Europa in zwei Punkten:
- 1. Die Zählung der Jahre beginnt im Jahr 622 n. Chr.
  2. Das Jahr richtet sich nach dem Mondkalender. Dabei dauert ein Monat solange wie ein Umlauf des Mondes um die Erde (ca. 29 ½ Tage). Ein Jahr im Mondkalender dauert damit 354 Tage und ist damit spürbar kürzer als das Sonnenjahr mit 365 Tagen.
- Islamische Feste, die nach dem Mondkalender berechnet werden, »wandern« somit durch das bei uns übliche Sonnenjahr und finden zu unterschiedlichen Jahreszeiten statt.
- Ein islamischer Monat beginnt, sobald nach einem Neumond die Mondsichel sichtbar wird. Umstritten ist, ob der Monat erst dann beginnt, wenn die Sichel tatsächlich gesehen wird, oder ob Berechnungen von Astronomen herangezogen werden können.

So rechnet man die christliche Zählung der Jahre (c) in die islamische Zählung der Jahre (i) um:

$$i = \frac{33}{32} \cdot (c - 622)$$

und umgekehrt:

$$c = i \cdot \frac{32}{33} + 622$$

Der Ramadan

- Der Ramadan »wandert« durch das Jahr. Das hat Konsequenzen für die Praxis des Fastens.
- Auch manche christliche Feste richten sich nach dem Mondjahr ⑥!
- Lies den kurzen Auszug aus dem Koran und entdecke Grenzen für das Fasten! Achte besonders auf Grenzen, die mit Zeit zu tun haben!
- Hänge zu Hause einen weißen und einen schwarzen Faden auf und teste, wie gut man damit in der Dämmerung die Grenze von Tag und Nacht erkennen kann!

info

Bräuche im Ramadan

Das abendliche Ende des Fastens wurde früher – und wird heute noch hier und da – durch einen Kanonenschuss angekündigt (der heute im Radio oder im Fernsehen übertragen wird). Dieser ist das Signal zur Einnahme des tagsüber vorbereiteten Festmahls. In vielen Ländern geht kurz vor Morgengrauen ein Trommler durch die Straßen, um die Schlafenden zu wecken, damit sie vor Beginn des Fastens noch ein Frühstück einnehmen können. Die Nächte des Ramadan sind aber nicht nur Anlass zu geselligem Treiben, sondern auch zu frommem Tun. Versammlungen in den Moscheen mit Koranrezitation und zusätzlichen Gebeten sind üblich und gelten als verdienstvoll. Am Ende des Ramadan steht das Fest des Fastenbrechens. Es wird über drei Tage gefeiert und ist eines der wichtigsten Feste des Islam. In der Türkei und bei türkischstämmigen Bürgern in Europa ist dieses Fest auch als Zuckerfest (Şeker Bayrami) bekannt. Nach dem Gebet in der Moschee wird häufig ein Friedhof besucht und der Verstorbenen gedacht. Die Festtage stehen ganz im Zeichen der Familie. Bei gegenseitigen Besuchen wird mit gutem (und v. a. süßem) Essen gefeiert.

Fasten im Ramadan – Usama, 24, BWL-Student, erzählt:

Warum fastest Du?

Ramadan ist eine Zeit, die ich sehr intensiv erlebe. Fasten ist ein wichtiger Teil meiner Religion. Während des Ramadan kann ich wieder eine stärkere Verbindung zu Gott aufbauen, was im Alltag oft schwer möglich ist. Es geht aber auch darum, durch das eigene Hungern sein Mitgefühl für die Armen zu stärken. Bei mir bedeutet das vor allem, alles einen Gang runterzuschalten. Aber ich kann mich durchaus abends mal mit Freunden treffen und ins Kino gehen.

Worauf verzichtest du besonders ungern?

In den ersten drei Tagen fällt mir die Umstellung, ohne Kaffee am Morgen fit zu werden, besonders schwer. Manche Gläubige bereiten sich darauf vor, indem sie bereits einen Monat vor Ramadan beginnen, sporadisch einige Tage zu fasten. Bei mir funktioniert das aber von einem Tag auf den anderen. Eigentlich freue ich mich schon auf den Ramadan.

Wieso denn das?

Ramadan bedeutet für mich, viel Zeit mit meiner Familie zu verbringen. Wenn ich abends von der Uni komme, wird dann zusammen gegessen. Danach gehen wir jeden Abend zusammen zum Gemeinschaftsgebet in die Moschee.

Ist es schwer, hier in Deutschland zu fasten?

Ich habe mit meiner Familie fünf Jahre in Saudi-Arabien gelebt, wo es natürlich einfacher ist zu fasten, weil sich dort das gesamte öffentliche Leben am Ramadan orientiert. So haben dann auch die Geschäfte bis spät in die Nacht geöffnet und es herrscht eine ganz besondere Atmosphäre. In Deutschland ist das schon etwas komplizierter, weil die normalen Arbeitszeiten ja auch während des Ramadan eingehalten werden müssen. In unseren Breitengraden ist es im Sommer besonders schwer zu fasten, weil die Tage länger sind, so dass – wenn der Ramadan beispielsweise im August ist – man bis zu 20 Stunden fastet.

Das Leben im Ramadan

- Usama erzählt sowohl von einem »weniger« als auch von einem »mehr«, das er mit dem Ramadan verbindet. (Zum Gedanken des Verzichtens vgl. S. 72–73)
- Fasten ist auch für manche Nichtmuslime attraktiv: Sammelt Gründe für das Fasten und diskutiert darüber!

Von Mekka …

info

Geschichtlicher Hintergrund

- Die arabische Halbinsel ist ein nur dünn besiedelter Landstrich. Ihre Bewohner lebten in Stammesverbänden als Nomaden, d. h. sie hatten keinen festen Wohnsitz und betrieben überwiegend Viehzucht. Im 6. Jh. lagen in Arabien zahlreiche Volksstämme in ständigem Krieg miteinander. Nur während einer heiligen Zeit von drei Monaten ruhten die Waffen. Dann pilgerten viele Leute zum damaligen Vielgötter-Heiligtum der Handelsstadt Mekka, der sogenannten Kaaba*.
- Die Bewohner der Städte lebten vor allem vom Handel. Während es dadurch einige Reiche gab, waren viele sehr arm. In Mekka herrschte der Stamm der Kuraisch, der die Wirtschaft der Stadt sowie das kultische Zentrum der Kaaba beherrschte und dadurch große Reichtümer angehäuft hatte. Das traditionelle Verantwortungsgefühl für die Armen und Schwachen blieb dabei auf der Strecke. In diese Zeit wurde Muhammad 570 geboren.

So unterdrücke die Waise nicht
und fahre den Bettler nicht an.

SURE 93,9 f

Wehe jedem Stichler und Nörgler,
der sein Vermögen zusammenbringt
und es zählt und damit meint,
sein Vermögen würde ihn unsterblich machen!

SURE 104,1-3

Der Beginn einer neuen Zeit

Was Muhammads Leben so spannend und abenteuerlich macht, beginnt eigentlich erst mit der Offenbarung (im Jahr 610). Die Leute von Mekka waren zunächst sehr verwundert über das, was Muhammad ihnen sagte. Nur wenige glaubten, dass er wirklich Offenbarungen von Gott empfing.

Da diese Offenbarungen in einer schönen Sprache vorgetragen wurden, glaubten viele Mekkaner, Muhammad sei ein Dichter. Aber Muhammad wehrte sich dagegen und behauptete, dass das, was er sagte, von Gott komme. Da hielten ihn die Mekkaner für einen Seher, der Zaubersprüche vortrug. Aber auch das wurde von Muhammad abgelehnt. Stattdessen verlangte Muhammad, dass die Mekkaner ihm und seinen Geboten folgen.

Das gefiel den Mächtigen von Mekka natürlich ganz und gar nicht. Die Kuraisch, die Mekka beherrschten, dachten: »Was ist das für ein eingebildeter Waisenjunge, der uns vorschreiben will, was wir zu glauben und wie wir uns zu benehmen haben? Der uns rätselhafte Verse vorträgt, aber behauptet, kein Dichter zu sein, sondern der Gesandte Gottes?«

Einer der wichtigsten Gründe, warum die Mekkaner auf Muhammad wütend wurden, war aber gar nicht religiöser Art, sondern hatte mit Geld zu tun. Mekka war ja ein wichtiger Handelsplatz und es gab dort einen großen Markt. Auf dem Markt wurde viel Geld verdient und die Mekkaner als Herren der Stadt verdienten daran kräftig mit. Eine andere Einnahmequelle der Mekkaner waren die Kaaba und verschiedene andere Tempel. Egal, welche Götter man anbeten wollte, in Mekka gab es den entsprechenden Tempel dafür. Auch dadurch verdienten die Mekkaner Geld, ganz wie heute eine Stadt damit Geld verdient, wenn Touristen kommen und die Sehenswürdigkeiten bestaunen. Und nun kam dieser Muhammad daher und wollte alle Gesetze ändern und alle Götter abschaffen bis auf den einzigen Gott, Allah! Muhammad bedrohte damit nicht nur die althergebrachte Ordnung in Mekka, sondern auch die wirtschaftliche Existenz der Mekkaner, ihre Einnahmequellen. Dass die Mekkaner nicht begeistert waren, versteht sich von selbst. Zu dieser Zeit hatte Muhammad aber schon einige Freunde und Gefährten gefunden, die ihm vertrauten und glaubten. Als er im Laufe der Zeit immer mehr Anhänger um sich sammelte und immer mehr Offenbarungen verkündete, waren die Mekkaner mit ihrer Geduld am Ende.

Jetzt übten sie Druck auf Muhammad aus und beleidigten und bedrohten seine Anhänger. Für viele Mitglieder seiner Sippe, die nicht an den Islam glaubten, wurde die Situation mit der Zeit unerträglich. Und schließlich starben auch die beiden Menschen, auf deren Schutz Muhammad bis dahin am meisten hatte zählen können, seine Frau Khadidscha und sein Onkel Abu Talib. Da Muhammad nicht nachgeben wollte, beschloss er, gemeinsam mit seinen Anhängern Mekka zu verlassen und in eine andere Stadt zu gehen. Die Wahl fiel auf Medina, eine Stadt ungefähr 350 Kilometer nördlich von Mekka.

Die Auswanderung Muhammads und seiner Anhänger nach Medina ist eines der wichtigsten Ereignisse der frühen arabischen Geschichte. Diese Auswanderung heißt auf arabisch Hidschra. Sie fand im Jahre 622 der christlichen Zeitrechnung statt. Mit der Hidschra beginnt nun die islamische Zeitrechnung.

Wie es weiterging

In Medina gelang es Muhammad, einen alten Konflikt zwischen zwei verfeindeten Stämmen zu schlichten, und so gewann er großes Ansehen. Bald war er politischer Führer und Heerführer, Richter und Prophet in einem. Nun konnte er eine Gemeinschaft nach seinen Idealen, die er bereits in Mekka gepredigt hatte, errichten. Der Gemeinschaft der Muslime (arab. Umma*) konnte sich jeder anschließen, der sich mit der Schahada* zur neuen Religion bekannte, egal aus welchem Stamm er kam. Innerhalb der Umma galt die Gleichheit aller Mitglieder und Muhammad schuf ein Rechtssystem, in dem das Verzeihen das Prinzip der Vergeltung ablöste. Gegen Juden, die sich der neuen Religion nicht anschlossen, ging er allerdings auch kriegerisch vor.

Obwohl Muhammad Medina zur heiligen Stadt erklärt hatte, wollte er nach wie vor seine Botschaft auch in seiner Heimatstadt Mekka verbreiten. Es kam daher zu zahlreichen kriegerischen Auseinandersetzungen zwischen den Anhängern Muhammads und den weit überlegenen Kuraisch. Indem er 628 eine friedliche Wallfahrt zur Kaaba unternahm, konnte er die Bevölkerung Mekkas für sich gewinnen. Als er 630 mit 10 000 Mann gegen Mekka zog, war der Widerstand der Stadt daher nicht mehr groß. Nach seinem militärischen Erfolg reinigte Muhammad als Erstes die Kaaba von den vielen Götterbildern, indem er sie auf den Boden warf.

Zwei Jahre später starb er in Medina.

Muhammad

- Bringe die Suren (S. 98) in Verbindung mit der Geschichte »Der Beginn einer neuen Zeit«!
- Wenn man die Geschichte kennt, merkt man, dass der Text der Schahada* sich auch gegen konkrete Gegner wendet!
- Erstelle einen tabellarischen Lebenslauf Muhammads mit den wichtigsten Daten zu seinem Leben!
- Viele Einzelheiten im Bild stellen dar, dass Muhammad in seinem Wirken erfolgreich ist.

Von Mekka in die Welt

Die Mezquita Catedral in Cordoba

Die Alhambra in Granada

- Eine Moschee, die zu einer Kirche wurde: Informiere dich, wie es dazu kam (du kannst deine/n Geschichtslehrer/in fragen oder im Internet nach Cordoba forschen)!
- Informiere dich über die wissenschaftlichen Errungenschaften in der islamischen Welt im Mittelalter! Evtl. könnt ihr eine Ausstellung gestalten.
- Beschreibe mit Hilfe der Liste einiger Fremd- und Lehnwörter aus dem Arabischen bzw. Persisch-Türkischen den Einfluss der islamischen Kultur auf Europa: Admiral, Alchemie, Alkohol, Aprikose, Arabeske, Basar, Bronze, Dolmetscher, Fanfare, Giraffe, Gitarre, Horde, Jacke, Jasmin, Joghurt, Kaffee, Kaliber, Kandis, Karussell, Kiosk, Laute, Limonade, Magazin, Marzipan, Maske, massieren, Matratze, Natron, Orange, Papagei, Risiko, Schach, Schal, Scheck, Sirup, Sofa, Spinat, Tarif, Tasse, Tulpe, Watte, Zenit, Ziffer, Zucker.

info

Die Ausbreitung des Islam

Die von Muhammad in Mekka* und Medina eingeführte Religion verbreitete sich wie ein Lauffeuer, so dass binnen eines Jahrhunderts ein von Indien bis zum Atlantik reichendes wirtschaftlich und kulturell einheitliches islamisches Gebiet entstand. Hier konnten große Städte mit enormer Wirtschaftskraft entstehen, Kunst und Kultur aufblühen und große wissenschaftliche Erfolge etwa in der Mathematik, der Astronomie oder der Medizin errungen werden. In dieser Hinsicht war die islamische Welt im Mittelalter Europa weit voraus. Muhammad verfolgte mit seiner religiösen Bewegung das Ziel, sozial gerechtere Verhältnisse herzustellen, wenn nötig auch durch kriegerische Auseinandersetzungen. Auch unter seinen Nachfolgern blieben Politik und Religion eng miteinander verwoben. Kriegerische Eroberungen und die Einführung des Islam waren oft nicht zu trennen. Den Christen und Juden in so eroberten Gebieten begegneten Muslime mit wechselnder Toleranz.

Die erste islamische Eroberungswelle betraf Westeuropa, vor allem Spanien, wo sich die Araber bis 1492 halten konnten. Hier hat die muslimische Periode architektonische Spuren in Gestalt des maurischen Stils hinterlassen. Die zweite Eroberungswelle begann 1354 und führte über Konstantinopel bis an die Tore Wiens (1529 und 1683).

In der Neuzeit wurden viele außereuropäische islamische Gebiete zu europäischen Kolonien. Dies hat die Machtverhältnisse auf der Welt nicht nur zu Ungunsten der muslimischen Welt verschoben, sondern es wirkt sich bis heute auch belastend auf das Selbstbewusstsein von Muslimen aus.

- Betrachtet die vier Bilder und versucht sie anhand architektonischer Merkmale einer Region auf der Karte unten zuzuordnen! Auch eine deutsche Moschee ist dabei! (Lösung siehe S. 162)
- Informiert euch über die unterschiedliche Ausübung des Islam in verschiedenen Ländern (Türkei, Iran, Saudi-Arabien, Indonesien, Deutschland, Frankreich etc.)! Achtet dabei z. B. auf die Rolle der Fünf Säulen in der Öffentlichkeit, den Einfluss der Religion auf die Politik oder die Position der Frau!
- Zur Zeit der Entstehung dieses Buches gab es Modellversuche für einen islamischen Religionsunterricht an öffentlichen Schulen. Erkundigt euch nach dem aktuellen Stand!

info

Den Islam gibt es nicht

Der Islam weist eine erhebliche Vielfalt auf, die in manchen Punkten in Widersprüchlichkeit übergeht. »Den« Islam als einheitliche Größe gibt es heute nicht. Seine Vielgestaltigkeit erklärt sich zum einen durch die regionalen, kulturellen und historischen Prägungen, die der Islam in seinem Verbreitungsgebiet erhalten hat. In der arabischen Wüste oder in afrikanischen Slums sieht er anders aus als in einem indonesischen Dorf oder in einem Stadtteil von Berlin. In Bosnien wird er anders gelebt als in Persien oder Palästina. Viele Muslime leben in unvorstellbarer Armut an der Grenze des Existenzminimums, andere gehören als Ölmilliardäre zu den reichsten Leuten der Welt. Zum anderen geht die Vielfalt im Islam auch auf verschiedene, teilweise widersprüchliche religiöse Interpretationen von Rechtsgelehrten zurück. Auch in Deutschland gibt es sehr unterschiedliche islamische Gruppierungen, v. a. Sunniten*, Schiiten* und Aleviten*.

Zaun-Gespräche ...

Am Zaun

Nachbarn
neugierig sein
Fragen stellen
das Eigene zeigen
das Fremde beobachten
sehen, was man hat
gemeinsam und anders
einander begegnen
sich begegnen

- Berichtet von Zaungesprächen von Nachbarn, Freunden, Feinden, Jungen, Alten!
- Stellt eigene Schattenspiele nach (ein Overheadprojektor hilft) und macht Fotos! Bringt dabei verschiedene (Gesprächs-) Haltungen zum Ausdruck, die Menschen einnehmen, die Zaungespräche führen!
- Nicht alle Zäune eignen sich für Zaungespräche!

Über heilige Nächte

Wir haben ihn [den Koran]
in der Nacht der Bestimmung hinabgesandt.
Woher sollst du wissen,
was die Nacht der Bestimmung ist?
Die Nacht der Bestimmung ist
besser als tausend Monate.
Voller Frieden ist sie
bis zum Aufgang der Morgenröte.

SURE 97,1–3.5

»Nachtlicht.«

»Lichternacht.«

»Licht ist nachts anders.«

»Licht verändert die Nacht.«

»Die Nacht verändert alle Wahrnehmung.«

- Findet weitere Assoziationen zu Nacht und Licht!
- Die Nacht der Bestimmung ist besonders. Lies die Beschreibung in Sure 97 sorgfältig und suche Worte, die beim Leser den Eindruck erzeugen, dass diese Nacht eine heilige Nacht ist!
- Sprecht über besondere Nächte im Christentum! Berichtet von besonderen Feiern!
- Besondere Nächte in den beiden Religionen – skizziert mögliche Zaungespräche zwischen Christen und Muslimen, in denen darüber geredet wird, warum das, was in diesen Nächten gefeiert wird, so wichtig ist für den jeweiligen Glauben! Überlegt, was in den Nächten »ans Licht kommt«!

info

Heilige Nächte

Die letzten zehn Nächte des Fastenmonats Ramadan* gelten als besonders heilig. Muslime verbringen dabei viel Zeit in der Moschee, lesen den Koran und beten. Eine besondere Nacht in dieser Zeit ist die Nacht der Bestimmung am 27. Tag des Ramadan. Für Muslime ist es die Nacht, in der der Prophet Mohammed die erste Offenbarung des Koran empfängt.

Die Nacht der Bestimmung gilt als die heiligste Nacht im Islam. Nach alter Überlieferung glauben Muslime auch, dass Allah in dieser Nacht das kommende Jahr festlegt, daher auch der Name »Nacht der Bestimmung«.

… zwischen Muslimen und Christen

- Sammle Textbausteine für ein »Zaungespräch« mit Andersgläubigen, die die nebenstehenden Empfehlungen berücksichtigen!
- Ordne die Tipps möglichen Haltungen der Zaungespräche (vgl. S. 102) zu!

Was evangelische Kirchen für einen Dialog mit Muslimen empfehlen:

– Es ist die Bereitschaft gefordert, dem Partner auf gleicher Augenhöhe zu begegnen.
– Dialog ist auch eine Chance zur Überprüfung und Festigung des eigenen Standortes und zur Verbesserung der Kenntnisse und Auskunftsfähigkeit zu zentralen christlichen Glaubensaussagen.
– Es ist wichtig, eine Balance zu halten zwischen der Suche nach Gemeinsamkeiten und dem Festhalten von Unterschieden.
– Im Dialog mit Muslimen ist der Glaube an Jesus Christus ein zentraler Punkt, an dem sich Anknüpfungspunkte, aber auch grundlegende Differenzen zeigen.
– Es ist eine zentrale Frage, wie der Wahrheitsanspruch des eigenen Glaubens vertreten, aber gleichzeitig dem Gegenüber sein Anspruch auf Wahrheit zugestanden werden kann.
– Für Kritik offen und zu Selbstkritik fähig zu sein, setzt Vertrauen voraus. Dieses muss in Zusammenarbeit wachsen.

Über Jesus

Info

Jesus im Koran

- Über 500 Jahre nach den ersten neutestamentlichen Schriften wird im Koran an mehreren Stellen auf das Neue Testament und auf Jesus Bezug genommen. Jesus wird dabei als ein Prophet vorgestellt. Es wird erzählt, dass Jesus von Mose mit einer Offenbarung zu den Menschen gesandt wird. Jesus wird als der wichtigste Prophet nach Mohammed bezeichnet. Wie in den Evangelien wird von Maria als der Mutter Jesu berichtet, außerdem von Wundern und davon, dass Jesus das Evangelium predigt.
- Daneben gibt es große Unterschiede, so z. B. in der Schilderung der Passionsgeschichte: Demnach wurde Jesus nicht gekreuzigt, weil er vorher von Gott gerettet und in den Himmel aufgenommen wurde.

Christus Jesus, der Sohn der Maria,
ist nicht Gottes Sohn.
Er ist nur der Gesandte Gottes.
Darum glaubt an Gott und an seine Gesandten
und sagt nicht von Gott,
dass er in einem drei sei.

SURE 4,171

Und die Christen sagen:
›Christus ist der Sohn Gottes.‹
So etwas wagen sie offen auszusprechen.

SURE 9,30

MERKe: Darin sind sich Christen und Muslime einig: Gott ist größer.

- Vergleiche die Koranstelle über Jesus mit christlichen Glaubensaussagen zu Jesus, wie du sie im Glaubensbekenntnis oder in Bibelstellen wie Markus 14,61 f und Philipper 2,6–11 findest! Versuche, die Unterschiede in eigene Worte zu fassen! ⑥ !
- Entwerft ein Zaungespräch über Jesus!
- Jesus ≙ Muhammad, Bibel ≙ Koran. Diese Gleichungen gehen nicht auf!
- »Sagt nicht von Gott, dass er in einem drei sei!« – Philosophiert miteinander, was man Muslimen darauf antworten könnte! Erinnert euch dabei an die drei Artikel des Glaubensbekenntnisses!

Diskussion

»Ich bedecke meinen Kopf nur, wenn ich eine Moschee betrete – und im Monat Ramadan.«

»Das Kopftuch gehört zu meiner Identität. Es zeigt meine Zugehörigkeit zum Islam, die ich auch im Westen nicht aufgeben möchte.«

Und sprich zu den gläubigen Frauen, sie sollen ihre Blicke senken und ihre Scham bewahren, ihren Schmuck (d. h. die Körperteile, an denen sie Schmuck tragen) nicht offen zeigen. (Sure 24,31)

Prophet! Sag deinen Gattinnen und Töchtern und den Frauen der Gläubigen, sie sollen, wenn sie austreten, sich etwas von ihrem Gewand über den Kopf herunterziehen. So ist es am ehesten gewährleistet, dass sie als ehrbare Frauen erkannt und daraufhin nicht belästigt werden. (Sure 33,59)

»Ich trage kein Kopftuch, weil es für die Unterdrückung der Frau steht.«

»In meinem Land ist es Sitte, dass Frauen ein Kopftuch tragen. Alle Frauen tragen eines, auch christliche.«

»Mein Kopftuch schützt mich vor Belästigungen.«

»Für mich ist das Kopftuch auch ein Ausdruck meiner Freiheit. Da soll mir keiner reinreden!«

info

Kopftuch

Geht es in Sure 33 überhaupt um ein Kopftuch? Die Übersetzer sind sich nicht einig (wie überhaupt viele arabische Ausdrücke vieldeutig sind). In einigen muslimischen Ländern (Iran, Saudi-Arabien) ist das Kopftuchtragen für Frauen verpflichtend, in nordafrikanischen und nahöstlichen Ländern ist es Sitte. In Zentralasien und in Westafrika sieht man das Kopftuch hingegen seltener, in der muslimisch geprägten Türkei besteht seit 1925 sogar ein Kopftuchverbot in öffentlichen Institutionen. In Deutschland kam es zum sog. Kopftuchstreit. Mittelpunkt der Auseinandersetzung ist die Frage, ob Lehrerinnen im Unterricht ein Kopftuch tragen dürfen.

- Sieh dir die Bilder von der Frau mit und ohne Kopftuch an und berichte von deinen Eindrücken!
- Das Kopftuch als religiöses, soziales, politisches, kulturelles Zeichen: Ordne die Aussagen zu! Welche Meinung man in der Auseinandersetzung um das Kopftuch vertritt, hängt wesentlich davon ab, welche Bedeutung man ihm gibt.

und Konflikte

Gespräch zwischen Tochter und Vater

Papa, bin ich eine Muslimin? Ja, genau wie deine Eltern. Aber du hast doch im Fernsehen gesehen: Die Muslime sind bösartig, sie haben viele Menschen getötet, ich will keine Muslimin sein. Und? Was willst du nun tun? In der Schulkantine werde ich jetzt auch Schweinefleisch essen. Wie du willst. Aber bevor du aufhörst, eine Muslimin zu sein, muss ich dir erst mal erklären, dass die Bösen, von denen du redest, keine wahren Muslime sind. Allah untersagt, genau wie der Gott der Juden und der der Christen, sich selbst zu töten, also Selbstmord. Er untersagt auch, andere Menschen zu töten. Deshalb sind diese Leute, die in Flugzeuge gestiegen sind, die Piloten mit Messern umgebracht und die Maschinen in die Hochhäuser in New York gelenkt haben, Ignoranten, die die islamische Religion nicht kennen. Und es sind Fanatiker. Was sind Fanatiker? Einer, der immer Recht zu haben glaubt, er will der Stärkste sein. Wenn du nicht seiner Meinung bist, wird er sehr bösartig. Für mich sind es Verrückte. Aber wieso sind sie verrückt? Als sie noch klein waren und zur Koranschule gingen, hat man ihnen beigebracht, dass Allah sie auffordere, die Feinde des Islam zu töten, und ihnen nach getaner Arbeit zur Belohnung einen Platz im Paradies garantiere. Und die glauben das auch noch! Erklär mir mal, wie man sie dazu bringt. Man wiederholt immer wieder das Gleiche, führt als Beispiele Soldaten an, die im Kampf gefallen sind oder zitiert einen Koranvers: »Und sagt nicht von denen, die um der Sache Gottes willen getötet werden, (sie seien) tot. (Sie sind) vielmehr lebendig (im Jenseits)« Sure 2, Vers 154. Am Ende glauben sie, was man ihnen Tausende von Malen vorgebetet hat. Aber das ist ja wirklich bösartig. Leute umbringen, um ins Paradies zu kommen. Aber warum erzählen ihnen ihre Anführer all diese Dinge? Weil sie Krieg führen gegen Andersdenkende. Sie lieben das Leben nicht, deshalb opfern sie ihr eigenes Leben, sofern sie möglichst viele andere Menschen dabei mit in den Tod reißen können. Es sind Terroristen. Papa, was ist ein Terrorist? Im Begriff Terrorist steckt das Wort »Terror«, das heißt ein großer Schreck, eine gewaltige Angst in einer Gemeinschaft, ein Entsetzen, eine kollektive Furcht, etwas, das Zittern und Panik hervorruft. Ich verstehe nicht, warum Leute, die ins Paradies wollen, sich nicht alleine dorthin aufmachen. Warum töten sie und versetzen alle, die sie nicht umbringen, in großen Schrecken? Das weiß ich nicht, meine Liebe. Da geht es mir wie dir. Sie schaden damit ihren Familien, dem Islam und allen Muslimen. Das ist keine Religion mehr, die dahinter steht, denn keine Religion fordert das Töten Unschuldiger. Islam bedeutet, »sich dem Frieden unterordnen«, es bedeutet nicht, »Unschuldige töten«. Das ist Wahn, den weder du noch ich verstehen.

Tahar Ben Jelloun

info

Jihad (Dschihad, Djihad)

Auch Jihad ist ein vieldeutiges Wort: Es bedeutet eigentlich Anstrengung, Kampf. In der deutschen Sprache wird der Begriff oft mit »Heiliger Krieg« wiedergegeben. Ziel des Jihad ist die Ausbreitung des islamischen Glaubens. Der Glaubenskampf wird bisweilen als moralische Anstrengung verstanden. Darunter fallen Fasten, Spenden und die Pilgerfahrt. Teilweise ist der Jihad, wie er im Koran beschrieben wird, ein Kampf mit der Waffe gegen die Ungläubigen.

- Die Tochter hat eine Menge Fragen. Diskutiert die Antworten des Vaters!
- Unterscheide Islamisten und Muslime!
- Lies in einer Koranübersetzung die Suren 2,190.191; 2,136; 16,125; 4,74.89 und 10,99 und prüfe, welche der in der Info beschriebenen Bedeutungen hier gemeint sein könnte!
- In der Geschichte der Religionen hat Gewalt oft eine Rolle gespielt – tragt euer Wissen aus dem Geschichtsunterricht zusammen! Diskutiert: Wäre die Welt ohne Religion friedlicher?
- Ein Fanatiker ist einer »der immer recht zu haben glaubt«, sagt der Vater. Woher nimmt er selbst die Gewissheit, recht zu haben?

i m Zusammenhang

»Ernsthaft glauben und dabei locker bleiben« ist das Motto eines Designerteams, das unter dem Label Styleislam T-Shirts mit flotten islamischen Sprüchen herstellt und damit den Islam auch jungen Leuten nahebringen will. Dabei entstehen Motive wie die folgenden:

- Entschlüsselt die Motive auf der Grundlage eures Wissens zu den Fünf Säulen und zum Islam (Hinweis: salah: beten). Achtet dabei auf Grafik und Inhalt!
- Spekuliert über mögliche Reaktionen, die diese Motive bei unterschiedlichen Gruppen von Menschen hervorrufen könnten!
- Diskutiert, inwieweit die Gestaltungen einen Beitrag zum Dialog mit Muslimen (siehe Seite 102, Zaungespräche) leisten können!
- Wie könnte ein entsprechendes christliches T-Shirt-Motiv aussehen? Du kannst einen Entwurf versuchen, kannst aber auch eine Begründung formulieren, warum du das nicht für sinnvoll / möglich hältst.
- Kann und soll man überhaupt für Religion Werbung machen? Erinnere dich an Paulus, die Christen in Rom, Bonifatius: Mit welchen Methoden und welchem Erfolg haben sie für das Christentum geworben?

ÜBER SICH HINAUSWACHSEN

Welche Augenfarbe hat meine Freundin oder mein Freund?

Wer ist mein Nächster?

Hat Liebe Grenzen?

Was ist schwieriger: Helfen oder sich helfen lassen?

Zur Liebe verpflichtet sein – geht das überhaupt?

Hilft Spenden?

Ist Helfen typisch für Christen?

Kapitel 6

Mensch...

...unter Menschen

Bad Normheim-West

1 Hier wohnt Frau Bauer. Sie ist immer sehr elegant angezogen und geschminkt, wenn sie mit ihrem Aktenkoffer früh das Haus verlässt. Meist kommt sie spät nach Hause und dann brennt oft noch lange Licht in ihrem Arbeitszimmer.

2 Hier wohnt Herr Fritsch. Er ist 87 Jahre alt. Seine Frau ist schon 15 Jahre tot. Seine Kinder besuchen ihn gelegentlich, sie haben selbst Familie. Man sieht ihn selten draußen.

3 Hier wohnt Susanne, 13 Jahre alt. Sie geht ins Gymnasium. Seit den Osterferien lernt sie immer bis spät in die Nacht.

4 Am Park liegt das Altenheim. Bei schönem Wetter sitzen die Bewohner auf den Parkbänken und beobachten, wie die Eltern mit ihren kleinen Kindern an ihnen vorbei zum nahe gelegenen Spielplatz gehen.

5 Hier liegt die Behindertenwerkstatt mit Wohnheim. Meist sind die Behinderten mit ihren Betreuern unter sich. Am Weihnachtsmarkt gibt es jedes Jahr einen Stand mit Holzspielzeug aus der Werkstatt.

6 An diesem Platz sitzen oft Menschen in kleinen Gruppen. Es wird viel Alkohol getrunken. Manchmal hört man sie laut lachen oder zanken.

7 Hier wohnt Martin. Bis vor drei Wochen bekam er regelmäßig Besuch von einem hübschen Mädchen. Mit dem ist er oft händchenhaltend spazieren gegangen und war viel unterwegs. Seit der letzten Schulparty sieht man die beiden nicht mehr zusammen. Martin ist viel zuhause und man hört oft laute Musik aus seinem Zimmer.

8 Hier wohnt Familie Walter mit drei Kindern. Das Jüngste ist gerade geboren. Im Garten hört man die Kinder oft kreischen und toben.

9 Hier wohnt Frau Bertold. Ihre Nachbarn kennt sie an manchen Tagen nicht beim Namen, manchmal findet sie ihre Haustür nicht mehr.

Wahrnehmungen

Weggestöpselt

- Tauscht eure Eindrücke zu dem Mädchen auf S. 108 aus! Spielt eine Szene, in der jemand versucht, sie anzusprechen!
- Manchmal will man sich einfach wegstöpseln!
- Auch wer sich wegstöpselt, hört hin!

Hinsehen: Wahrnehmungsspiele

- Ihr könnt spielerisch testen, wie genau ihr hinseht: Eine/r geht hinaus. Eine/r oder mehrere verändern etwas an sich (z. B. Jackentausch, Brille ...). Bemerkt es der/die wieder hereingekommene Schüler/in?
  Oder umgekehrt: Eine/r geht hinaus; zuvor hat er/sie drei Fragen über sich auf einen Zettel geschrieben, z. B.: Welche Augenfarbe habe ich? Welche Farbe haben meine Schuhe? Die anderen notieren ihre Vermutungen.
- Auch beim genauen Hinsehen kann man Dinge unterschiedlich wahrnehmen. Recherchiere im Internet nach Vexierbildern!

Hinhören: das Vierohrenmodell

- Wie könnte die Szene auf dem Bild unten weitergehen, je nachdem, auf welchem Ohr der Sohn hört?
- Der Sohn sagt: »Der Kühlschrank ist leer«; die Lehrerin: »Du hast mit der letzten Schulaufgabe Schwierigkeiten gehabt.« Interpretiere die Sätze nach dem Vier-Ohren-Modell! Finde weitere Beispiele!
- Beobachte dich eine Zeit lang: Mit welchem Ohr hörst du am liebsten? Probiere es aus, mit mehreren Ohren zu hören – welche Erfahrungen machst du?
- Und wie ist es mit dem Sprechen? Hat man auch vier Münder?

info

Wahrnehmung

Grundsätzlich ist es für uns unmöglich, alles, was um uns herum passiert, aufzunehmen und zu verarbeiten. Unser Gehirn besitzt sozusagen einen Filter für Hinschauen und Wegschauen, Hinhören und Weghören etc. Es hat durch Erziehung und Erfahrungen gelernt, welchen Reizen es größere und welchen weniger Aufmerksamkeit schenken sollte.

Vier Ohren

Allerdings nehmen wir – genau betrachtet – auch die meisten Reize, die ins Bewusstsein kommen, nicht einfach wahr, »wie sie sind«. Besonders im Umgang mit anderen wird dies deutlich: Wir hören nicht mit des anderen Ohren und sehen nicht mit des anderen Augen, weshalb derselbe Sachverhalt ganz verschieden »ankommen« kann. In Bezug auf das Miteinanderreden haben Psychologen sogar die Theorie aufgestellt, dass jeder Mensch mit vier Ohren hört: Sie sagen, je nachdem, ob man in einer Äußerung eher die sachliche Information, eine Aussage über die gegenseitige Beziehung, eine Aussage über den Sprecher oder eine Aufforderung zum Handeln heraushört, reagiert man auf diese Äußerung unterschiedlich. Dabei kann es zu komischen Situationen, Missverständnissen, aber auch zu Ärger und Streit kommen. Kommunikation gelingt am besten, wenn man versucht, auf möglichst vielen Ohren zu hören und dem Partner zurückspiegelt, was man gehört hat.

Das Vierohrenmodell nach Schulz von Thun

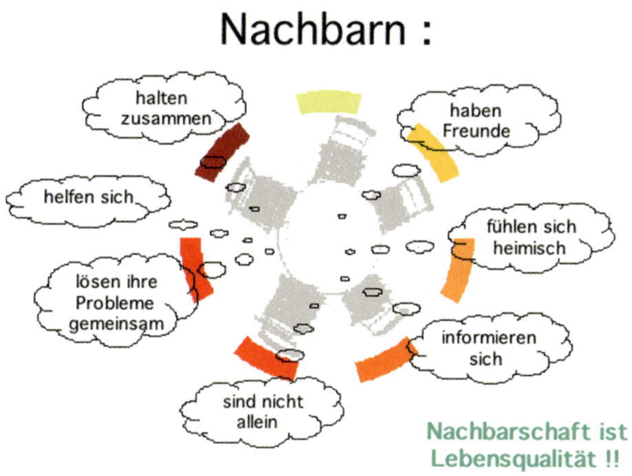

»Die Kirche sagt, du sollst deinen Nächsten lieben. Ich bin überzeugt, dass sie *meinen* Nachbarn nicht kennt.«
Peter Ustinov, Schauspieler

»Ich störe doch nicht?«

»Ein komisches Gefühl, dieses Warten, nachdem man geklingelt hat ...«

»E-Mail-Schreiben fällt mir leichter als Telefonieren.«

Aufstehn, aufeinander zugehn

Nachbarschaft

- Nachbarschaft – schön und schwierig: Vergleicht das Nachbarschaftsplakat mit dem Zitat von Peter Ustinov und sprecht über eigene Erfahrungen!
- Begebt euch nach »Bad Normheim« (S. 109)! Stellt euch vor, ihr sollt eine Reportage erarbeiten: »Menschen in Bad Normheim«. Sucht euch zu zweit eine Wohnung aus! Worüber möchtet ihr mit dem Bewohner/der Bewohnerin sprechen? Was könnte er/sie von euch brauchen? Was könnte euch die Begegnung mit ihm »bringen«?
- Mache einen Spaziergang durch dein eigenes Wohnviertel oder setze dich auf den Schulhof, beobachte die Menschen um dich herum und versuche herauszufinden, welche Gefühle und Wünsche sie vielleicht haben! Unterscheide dabei zwischen der äußeren Wahrnehmung und deinen Deutungen! Beobachten
- Überlege, woran andere merken, wie es dir geht! Gibt es typische Signale?
- In dem Lied steckt viel Bewegung ⑥. Aufeinander zugehen – das ist nicht immer leicht. Was gibt einem Schwung?

Schon geMERKt:
Wahrnehmung hat Grenzen – und überwindet welche.

Nah am Nächsten

Und siehe, da stand ein Schriftgelehrter auf, versuchte ihn und sprach: Meister, was muss ich tun, dass ich das ewige Leben ererbe? Er aber sprach zu ihm: Was steht im Gesetz geschrieben? Was liest du? Er antwortete und sprach:
»Du sollst den Herrn, deinen Gott, lieben von ganzem Herzen, von ganzer Seele, von allen Kräften und von ganzem Gemüt, und deinen Nächsten wie dich selbst« (nach 5. Mose 6,5; 3. Mose 19,18). Er aber sprach zu ihm:
»Du hast recht geantwortet; tu das, so wirst du leben.« Lk 10,25–28

info

Liebe zu Gott und dem Nächsten

- In der 5. Klasse hast du vom Bund Gottes mit den Israeliten erfahren: Gott geht eine liebevolle und vertrauensvolle Beziehung zu den Menschen ein und will, dass die Menschen sie erwidern. Der Satz 5. Mose 6,5 ist bis heute ein Teil des jüdischen Glaubensbekenntnisses.
- Weil Gott die Menschen liebt, sollen sie auch untereinander gerecht leben (Schalom*) und den Schwächeren helfen. Dies ist in 3. Mose 19,18 ausgedrückt. »Nächster« meint hier: Derjenige, der zur Volksgemeinschaft gehört, aber auch der Fremde. Man kann den Satz auch übersetzen: »Liebe deinen Nächsten, denn er ist wie du!« Dass beides zusammengehört, die Liebe zu Gott und zum Menschen, drückt Jesus im Doppelgebot der Liebe aus. Wer das ist, der oder die Nächste, und was »lieben« bedeutet, erklärt er mit der Geschichte vom Barmherzigen Samariter (S. 113).

»Nächstenliebe«

- Tragt zusammen, wofür man das Wort »Nächste/r« im Alltag verwendet!
- Der Spruch »Nah. Am Nächsten!« steht auf den Autos eines weit verbreiteten Pflegedienstes. Entschlüssele das Wortspiel!
- Mein Nächster: Mein Banknachbar? Meine Lehrerin? Gestalte in konzentrischen Kreisen, wer dir näher und wer dir ferner steht! Bis wohin reicht für dich der Begriff »Nächster«? Und bis wohin der Begriff »Liebe«?
- Gestalte ein Mindmap zum Thema »Liebe«! Markiere alle Begriffe, die zu »Nächstenliebe« passen!
- Spiele mit den Elementen des Doppelgebots der Liebe (z. B. durch Umstellen, logische Verknüpfungen, kleine Änderungen, wie »du sollst / du kannst« …)! Was ändert sich, je nachdem, welche Übersetzung (siehe Info) man verwendet?
- Jesus hat nicht nur von der Gottes- und Nächstenliebe *gesprochen*, sondern er hat sie auch gelebt ⑥!

»Da muss man sich ja selbst mögen!«

»Jeder ist sich selbst der Nächste!«

»Komm mir nicht zu nah.«

Wie du!

Überfall in der S-Bahn – Fahrgäste sahen tatenlos zu

Zwei unbekannte Jugendliche haben einen 15-jährigen Schüler in einem Wagen der S-Bahn-Linie 1 zur Herausgabe seiner Jacke gezwungen, ohne dass andere Fahrgäste dies verhindert hätten. Der Schüler war um 20.50 Uhr in Richtung Moosach unterwegs, als zwei etwa 17 und 20 Jahre alte Jugendliche ihn aufforderten, seinen Pullover und seine Jacke auszuziehen. Aus Angst gab der 15-Jährige seine Jacke her. Keiner der im Abteil sitzenden Fahrgäste kam ihm zu Hilfe. Die Täter flüchteten.

Thomas Zacharias, Der Samariter

Wegschauen oder nicht?

- Wegschauen – Zupacken: Sammelt Beispiele!
- Jeder hat seinen persönlichen Grund wegzuschauen!
- Überlege dir Möglichkeiten, wie man helfen kann, ohne sich selbst in Gefahr zu bringen!
- Informiere dich über den Straftatbestand der »unterlassenen Hilfeleistung«!

Der barmherzige Samariter*

- Lies Lk 10,25–37 und vergleiche die Stelle mit dem S-Bahn-Überfall!
- Kläre schwierige Begriffe sowie die historischen Hintergründe dieser Geschichte mit Hilfe des Lexikons!
- Auch hier gibt es Gründe wegzuschauen. Lest die Geschichte noch einmal laut, langsam und mit Pausen und gebt den einzelnen Personen, ggf. auch Tieren und Gegenständen eine Stimme!
- Im Begriff »Nächster« steckt eine räumliche Komponente! Beschreibe, wie Thomas Zacharias in seinem Bild Räume gestaltet und Grenzen zieht; beziehe deine Beobachtungen auf die Geschichte vom Barmherzigen Samariter!
- »Wer ist mein Nächster« – und was heißt »lieben«? Versuche Jesu Antwort in wenigen Sätzen möglichst präzise zu formulieren. Erinnere dich dabei an das Bild von den konzentrischen Kreisen (S. 112)!

Eine Geschichte als »MERKe« – typisch für Jesus!

Wie aufmerksam!

Höflichkeit macht Schule!
Wir sind dabei!

Logo eines Wettbewerbs an Oberpfälzer Schulen

Info

Knigge

- Seitdem Baron von Knigge 1788 sein Buch »Vom Umgang mit Menschen« veröffentlichte, steht der Name Knigge für höfliches und aufmerksames Verhalten im Zusammenleben. Die neueste Auflage des »Knigge« (2007) wird vom Verlag folgendermaßen angekündigt:
- *»Für den ersten Eindruck bietet sich Ihnen keine zweite Chance: Schon innerhalb der ersten drei Sekunden entscheidet sich, wie Sie auf Ihre Mitmenschen wirken. Ihre berufliche und gesellschaftliche Stellung erfordert, dass Sie in jeder Situation sicher und angemessen auftreten. Souverän. Taktvoll. Wer die modernen Umgangsformen beherrscht, hat Erfolg.«*
- Baron von Knigge selbst formuliert sein Anliegen allerdings anders: Es geht ihm um *»Vorschriften, wie der Mensch sich zu verhalten hat, um in dieser Welt und in Gesellschaft mit anderen Menschen glücklich und vergnügt zu leben und seine Nebenmenschen glücklich und froh zu machen.«* Seine wichtigste Regel: *»Interessiere Dich für andre, wenn du willst, dass andre sich für Dich interessieren sollen! Wer unteilnehmend, ohne Sinn für Freundschaft, Wohlwollen und Liebe, nur sich selber lebt, der bleibt verlassen, wenn er sich nach fremdem Beistande sehnt.«*

Ich MERKe schon: Man muss andere gar nicht besonders mögen, um aufmerksam miteinander umzugehen.

Höflichkeit, ein Fall von Nächstenliebe?

- »Höflichkeit – wieder in?« – Tauscht euch über dieses Thema aus und macht ggf. eine Umfrage (Befragen) an eurer Schule!
- Stellt Höflichkeitsregeln pantomimisch dar und lasst die anderen raten!
- Unter www.knigge.de kannst du dich testen – beherrschst du die Benimmregeln? Diskutiert über das Beispiel zum »Grüßen« und übertragt es auf eure Schule!
- Lies die Info über Knigge und vergleiche seine eigene Begründung von Höflichkeit mit derjenigen der modernen Herausgeber!
- Aufmerksamkeit, Achtsamkeit, Anstand, Rücksicht, Anteilnahme, Respekt, Freundlichkeit … sammelt weitere Begriffe, die im Sinne Knigges zur Höflichkeit passen, und findet Beispiele!
- Manchmal ist Höflichkeit das Gegenteil von Nächstenliebe!
- »Höflichkeit macht Schule« – vielleicht fallen euch auch für eure Schule Aktionen für ein aufmerksameres Miteinander ein (z. B. Vereinbarungen aushandeln und veröffentlichen, »Warnschilder« an besonders gefährdeten Stellen wie Pausenverkauf …).

»Ich fahre immer eine S-Bahn früher, da sind die Schüler noch nicht drin.«

»Keine Kinderstube mehr!«

Nachgeschaut bei knigge.de: Wer grüßt wen?

»Im geschäftlichen Umgang wird die Rangordnung von der beruflichen Hierarchie bestimmt. Gleichwohl bleibt es dem 40-jährigen Chef unbenommen, auf sein Vorrecht zu verzichten und seine kurz vor der Pensionierung stehende, im Dienst ergraute Sekretärin zuerst zu grüßen oder auch die 19-jährige Auszubildende. Schaden wird es ihm nicht, wenn er damit den Wunsch nach Zuvorkommenheit übermitteln möchte.«

Loriot

»Na klar helfe ich.
Keine Ahnung, warum.«

»Der ist nicht zu helfen.«

»Ich habe nicht gemerkt,
was los ist.«

»Was bringt es mir?«

»Hoffentlich mache
ich nichts falsch.«

»Der will mich
veräppeln!«

»Bin ich Jesus?«

»Ich meine es doch nur gut!«

»Jemand braucht mich!
Da kann ich zeigen,
was in mir steckt!«

»Warum bin ich immer so gemein zu ihr –
dabei hilft sie mir doch!«

»Armer Kerl – er tut mir leid . . .«

AngeMERKt: Grenzen überwinden, ohne Grenzen zu verletzen – das ist die Kunst beim Helfen!

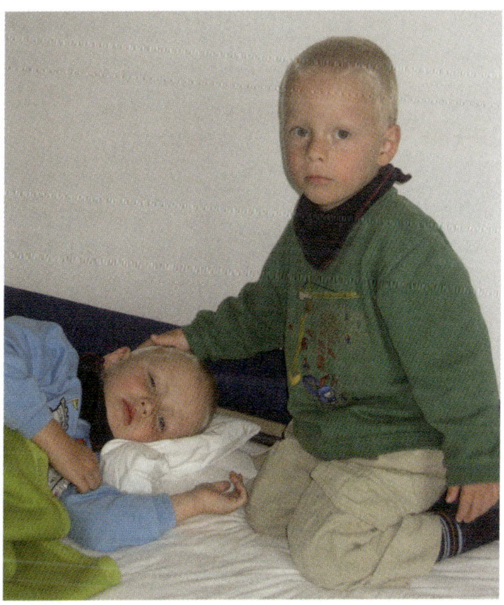

Manche Wissenschaftler sind der Ansicht, dass Mitgefühl und Hilfsbereitschaft angeboren sind.

Helfen hat viele Gesichter

- Nimm dir ein paar Minuten für dich und notiere, welche Erfahrungen du mit Helfen gemacht hast, z. B.: Hast du einmal dringend Hilfe gebraucht? War da jemand für dich da? Wie war das für dich? Hilfst du gerne? Gab es schon einmal eine besondere Situation, in der jemand deine Hilfe gebraucht hat? Denkst du gern daran zurück?
- »Helfen Sie mir bitte auf die Beine«! – Stellt in Gruppen Standbilder zum Auf-die-Beine-Helfen! Sprecht darüber; achtet besonders darauf, wie Helfende und Hilfsbedürftige/r zueinander stehen!
- Sprecht die Zitate in unterschiedlichen Tonlagen! Menschen haben verschiedene Einstellungen zum Helfen!
- Erarbeitet in Gruppen Regeln: »Helfen hilft nur, wenn . . .«!
- Überlegt, wie man anderen Lust machen könnte, sich für andere einzusetzen! Vielleicht fallen euch Werbesprüche ein oder ihr entwerft Werbeplakate.
- Gestaltet in eurer Schülerzeitung unter der Rubrik »Mensch für Menschen« eine Serie über Mitschüler, die sich für andere einsetzen!

Füreinander …

Sieger Köder,
Ihr habt mir zu essen gegeben

... im Raum der Liebe Gottes

»Das habt ihr mir getan«

- Mt 25,31–46 ist wie eine Theaterszene gestaltet; stellt die dort geschilderte Konstellation nach und lest den Text mit verteilten Rollen!

- Spielt mögliche Fortsetzungen (jemand verteidigt sich, Lösungen werden gesucht ...)!
- Führt ein Schreibgespräch! Lasst euch von den folgenden Statements anregen:
  - »Die Geschichte macht Angst.«
  - »So streng – das passt nicht zu Jesus.«
  - »Kommt drauf an, wer sie hört.«
  - »Die Guten haben gar nicht gemerkt, wie gut sie sind.«
  - »Ich möchte nicht geholfen kriegen von jemandem, der bloß in den Himmel kommen will.«
  - »Für diese Dinge gibt es heute Institutionen.«
  - »Die beiden Hälften der Geschichte sind nicht ganz gleich.«
  - »Himmel und Hölle: Hier steht viel auf dem Spiel!«
  - »Man darf nicht vergessen, dass es Jesus ist, der diese Geschichte erzahlt.«

Sieger Köder, Ihr habt mir zu essen gegeben

- Beschreibt das Bild auf S. 116 genau (Farben, Formen, Motive); achtet besonders auf die Hände!
- Identifiziert die Elemente von Mt 25,31–40! Entdeckt ihr auch den Gedanken »Das habt ihr mir getan«?
- Bezieht das Bild auf eure Diskussion (s.o.)!

»Werke der Barmherzigkeit – heute«

- Eure Ideen sind gefragt! (Geschichten und Gedichte, Reportagen und Fotos, Umfragen und Aktionen, z.B. Talentbörse, Schüler helfen Schülern ...)

> Gott ist die Liebe. Und wer in der Liebe bleibt, der bleibt in Gott und Gott in ihm.
>
> 1. Joh 4,16

info

Die sieben Werke der Barmherzigkeit

Abgeleitet von Mt 25 entwickelte sich im Mittelalter die Lehre von den sechs, später sieben Werken der Barmherzigkeit: Hungrige speisen, Durstige tränken, Nackte bekleiden, Fremde beherbergen, Gefangene besuchen, Kranke besuchen und Tote begraben. Die sieben Werke stellen Grundtypen hilfsbereiten, mitfühlenden und solidarischen Handelns dar – sie können und sollen auch in andere Lebenssituationen übertragen werden. Dabei geht es nicht darum, vor den Menschen und vor Gott gut dazustehen. Aus dem Gefühl heraus, von Gott angenommen und geliebt zu sein, wächst die Fähigkeit, solche Barmherzigkeit zu üben.

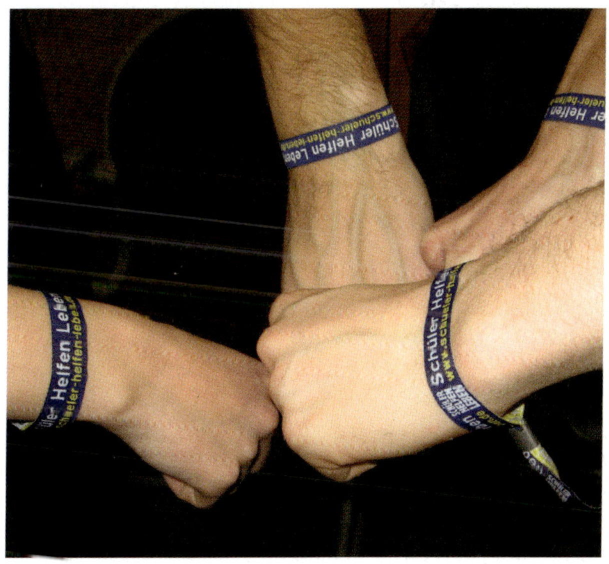

Schüler Helfen Leben (SHL) ist eine Initiative von Jugendlichen für Jugendliche. SHL führt in Südosteuropa Projekte für Jugend-, Bildungs- und Versöhnungsarbeit durch umd veranstaltet in Deutschland den Sozialen Tag, an dem Schülerinnen und Schüler einen Tag lang arbeiten, anstatt zur Schule zu gehen und ihren Lohn an die Hilfsprojekte spenden.

BeMERKenswert:
Einfach nur »bleiben« –
mehr nicht!

Haste mal 'nen Euro?

Hans Wulz, Der Bettler, 1949

– Ein paar Groschen it was a beautiful morning ...

Da stehe ich heute Morgen an der Bushaltestelle, hab noch Zeit, bis mein Bus kommt.

Ich lass meinen Blick und meine Gedanken schweifen. Genieße den Morgen, auch wenn es kühl ist.

Ich beobachte die Menschen – die auf ihren Bus warten, zur Arbeit hetzen, miteinander reden, gemütlich schlendern ... – Ich liebe es, Menschen zu beobachten.

Da entdecke ich einen (ich würde ihn als »Obdachlosen« bezeichnen, er sieht eben aus, wie man sich so jemand vorstellt; ob er wirklich obdachlos ist, weiß ich natürlich nicht), der des Wegs schlappt. Er sieht heruntergekommen aus, müde ... und es ist ihm wohl kalt, denn er zittert.

Er läuft in meine Richtung ... würde mich interessieren, was er für eine Nacht hatte und wo er jetzt hin will ...

Sein Weg führt direkt an mir vorbei. Als er näher kommt, blickt er auf – er lächelt. Ich bin heute gut gelaunt – lächle zurück.

Gedanklich freue ich mich mit ihm über diesen schönen Tag.

Er hält vor mir an, zeigt mir den Inhalt seiner zitternden Hand: ein kleiner Berg Ein- und Zwei-Cent-Stücke. Und fragt mich, ob ich ihm ein paar Groschen hätte. Ich verneine (WESHALB??) – er schlappt weiter ...

... dieser Morgen hat seinen Glanz verloren!

info

Eine kleine Geschichte des Spendens (1)

- Spenden ist seit der Entstehung der ersten christlichen Gemeinde eine zentrale Aufgabe von Christen. Früher sprach man von »Almosen«. Das Wort ist von dem griechischen Wort für Mitleid abgeleitet und bezeichnet Gaben zur Unterstützung von sozial Schwachen und freiwillig Armen (z.B. Bettelmönchen). In den nunmehr fast 2000 Jahren Christentum war und bleibt es ein zentrales Anliegen, seinen Nächsten mit Sachen und Geld zu unterstützen, um ihm ein ähnlich gutes Leben zu ermöglichen, wie man selbst es führt.
- In einigen der ersten christlichen Gemeinden ging man so weit, dass man seinen Besitz zusammenlegte und in Gütergemeinschaft gemeinsam davon lebte. Zur ersten uns bekannten großen Spendenaktion rief der Apostel* Paulus auf. Er bat damals in den neu gegründeten heidenchristlichen Gemeinden um Hilfe für die völlig verarmte judenchristliche Gemeinde in Jerusalem* (S. 23).

Spenden und Almosengeben gehörte durch das gesamte Mittelalter hindurch zur Verpflichtung eines jeden Christen. Ohne solche guten Werke schien es unmöglich, in den Himmel zu kommen. Sie waren die Hauptquelle der Versorgung der in Armut Lebenden. Es entwickelte sich ein umfängliches Stiftungswesen, durch das nicht nur Kirchen und ihre Innenausstattung finanziert wurden, sondern auch Spitäler, Schulen, Armenhäuser etc.

Spenden helfen! – Helfen Spenden?

- Zwischen den letzten drei Zeilen von »Ein paar Groschen« lässt sich eine Menge an Gefühlen und Gedanken lesen!
- Zu Spenden wird man ständig aufgefordert. Sammelt Beispiele! Beteiligt sich eure Schule auch an Spendenaktionen?
- Informiere dich im Internet über das DZI-Spendenprüfsiegel und die Grundsätze, auf die Spendenorganisationen dadurch verpflichtet werden!
- Überprüft anhand der Tipps für Spendende die Spendenaufrufe, die ihr gesammelt habt!
- Vergleicht die abgedruckten Spendenwerbungen! Informiert euch über die betreffenden Organisationen!

Deutsches Zentralinstitut für soziale Fragen/DZI

dzi ®

DZI Spenden-Siegel: Geprüft+Empfohlen

Das DZI vergibt das sog. Spendensiegel, das Spendenorganisationen zur Einhaltung fester Leitlinien verpflichtet.

Tipps für Spendende (nach DZI):

- Sich nicht unter Druck setzen lassen!
- Gezielt spenden!
- Übertriebener Dringlichkeit misstrauen!
- Informiert spenden!
- Bei Fördermitgliedschaften auf Rücktrittsbedingungen achten!
- Geld- oder Sachspenden unterscheiden!
- Über zweckgebundene oder freie Spende entscheiden!

info

Eine kleine Geschichte des Spendens (2)

- Der Reformator Martin Luther* hob durch seine Erkenntnis, dass das Seelenheil nicht von guten Werken abhängt, vorübergehend das gesamte mittelalterliche Wohlfahrtssystem aus den Angeln. Allerdings muss ein Christ auch aus Luthers Sicht gute Werke tun, aber nicht als Voraussetzung für sein Heil, sondern aus freien Stücken als Reaktion auf Gottes gnädige Zuwendung. Luther führte in den protestantischen Gemeinden den sogenannten »Gemeinen Kasten« ein, in den Spenden eingelegt und aus dem Bedürftige unterstützt wurden.
- Im islamisch und hinduistisch-buddhistisch geprägten Kulturraum spielt die religiös motivierte Fürsorge durch Spenden auch heute noch die entscheidende Rolle (S. 95). Im westlich geprägten Kulturkreis übernimmt der Staat heutzutage wesentliche Teile der Wohlfahrtspflege. Unser Gesundheitssystem finanziert sich über die Krankenversicherungen, es gibt eine Renten-, Arbeitslosen- und Pflegeversicherung. Wer nicht in der Lage ist, für seinen Unterhalt zu sorgen, erhält Sozialhilfe. Aber auch die Kirchen engagieren sich weiterhin als Träger z.B. von Krankenhäusern, Altenheimen, Kindergärten oder Behinderteneinrichtungen. Die Unterstützung von Menschen in Not und in sozial ungerechten Verhältnissen ist und bleibt ein zentrales Anliegen christlicher Nächstenliebe.

Berühmte …

info

Elisabeth von Thüringen

- 1207 wurde Elisabeth in Ungarn geboren und bereits im Alter von vier Jahren dem 11-jährigen zukünftigen Landgrafen Ludwig von Thüringen als Braut versprochen. Sie kam nach Eisenach unterhalb der Wartburg und wurde zusammen mit ihrem zukünftigen Gemahl standesgemäß erzogen. Sie soll ein lebensfrohes Kind gewesen sein, das aber ebenso in tiefer Ehrfurcht vor Gott lebte. Man erzählt, sie habe aus Ehrerbietung Gott gegenüber ihr Krönchen in der Kirche nicht auf dem Kopf behalten wollen und damit ihre fürstliche Umgebung provoziert.
- Ungewöhnlich für die Zeit war auch, dass sich Elisabeth und Ludwig als Eheleute sehr liebten. Ludwig zeigte viel Verständnis für seine Frau und tolerierte oft, dass sie wohl zum Teil bewusst die Standesgrenzen missachtete: Sie soll nur gegessen haben, was von den Bauern rechtmäßig erworben und nicht erpresst worden war. Von ihren Mägden wollte sie nicht als »Herrin« angesprochen werden und sie aß mit ihnen aus derselben Schüssel. Bei einer Hungersnot in Thüringen ließ sie die Vorräte aus dem landgräflichen Getreidespeicher verteilen und verkaufte ihre Juwelen und Kleider. Elisabeths Begeisterung für den Dienst am Nächsten wurde im Laufe der Zeit immer stärker. Der Tod ihres Mannes im Jahr 1227 brach ihr fast das Herz. Trotz großer Anfeindungen ihrer Verwandten, die Angst hatten, sie könnte das gesamte Familienvermögen verschenken, und sie für verrückt erklärten, entschied sie sich wie Franz von Assisi in Armut zu leben. Um ihren Kindern eine Zukunft zu ermöglichen, übergab sie diese mit großem Schmerz in die Obhut einer klösterlichen Erziehung und gründete in Marburg aus ihrem Witwenvermögen ein Hospital – sehr zum Ärgernis ihres Schwagers Konrad, der ihr, wo er konnte, Steine in den Weg legte.
- Die ehrfürchtige Liebe zu Gott, ihre leidenschaftliche Liebe zu ihrem Ehemann und ihre fürsorgliche Liebe zu den Bedürftigen prägten Elisabeths Leben. Sieger Köder nimmt in seine Darstellung von Elisabeth eine Legende auf: Als Elisabeth einmal auf dem Weg von der Wartburg in die Stadt und mit Brot für die Armen unter dem Gewand von ihrer Schwiegermutter zur Rede gestellt wurde, was sie verberge, hob sie ihr Gewand und das Brot hatte sich in Rosen verwandelt.

- Versuche, Elisabeth durch passende Adjektive zu charakterisieren. Holt ggf. weitere Erkundigungen ein!
- Elisabeth wird in der katholischen Kirche als Heilige verehrt. Was fasziniert Menschen an dieser Frau?
- Beschreibe und deute das Bild! Man merkt, dass es vom selben Maler wie das Bild auf S. 116 stammt!
- Brot und Rosen – das Lied (S. 121) spricht noch von weiteren wunderbaren Verwandlungen! Es hilft, Mt 25,31–40 (S. 117) besser zu verstehen!

Sieger Köder, Frauenaltar von Wasseralfingen (Ausschnitt)

Ihr sollt in diesem Jahr zwei Personen aus der Kirchengeschichte des Mittelalters genauer behandeln. Elisabeth könnte eine von ihnen sein! (vgl. Kapitel 4)

- Sammelt Informationen zum Leben und Wirken der auf dieser Seite abgebildeten berühmten Persönlichkeiten; unter ihnen sind auch die Personen, mit denen die Geschichte der Diakonie als Institution begonnen hat. Ggf. könnt ihr eine Ausstellung »Berühmte Helferinnen und Helfer« gestalten.
- Diskutiert, wofür die Person jeweils berühmt ist! Ist sie berühmt, weil sie hilft? Hilft sie, weil sie berühmt ist? Hilft sie, um berühmt zu werden?
- Elisabeth von Thüringens Vorbild Franz von Assisi* ist der geistige Vater einer Reformbewegung in der Kirche. Informiert euch über sein Leben und sein Wirken!
- So möchte ich sein – welche der abgebildeten Personen könnte für dich Vorbild sein, welche eher nicht? Sprecht über die Gründe eurer Wahl!

Wenn das Brot, das wir teilen

T.: Claus-Peter Marz, M.: Kurt Grahl, Rechte bei den Urhebern

Mutter Theresa

Lady Di

Friedrich Bodelschwingh

Gerald Asamoah

Wilhelm Löhe

Madonna

Albert Schweitzer

Johann Hinrich Wichern

Rigoberta Menchú

Diakonie

Nachbarschaftshilfe – eine diakonische Einrichtung

Frau Brinckmann, Sie leiten die Nachbarschaftshilfe der Kreuzkirche. Erzählen Sie doch bitte darüber!
Wir knüpfen mit am sozialen Netz unserer Gemeinde und unseres Stadtteils. Wir begleiten Menschen z. B. zum Arzt oder zum Einkaufen, wir besuchen sie, reden mit ihnen, spielen, lesen vor oder erledigen Besorgungen. Wir unterstützen auch Menschen, die einen Angehörigen pflegen. Unsere Nachbarschaftshelfer arbeiten ehrenamtlich, jeder kann sich in die Helferkartei aufnehmen lassen. Die Helfer treffen sich einmal im Monat zum Gespräch, auch zu Fortbildungen.

Sie haben ein reines Ehrenamtlichen-Modell? Wir helfen bei der Vermittlung von Haushaltshilfen oder Pflegedienst. Unser Schwerpunkt liegt aber bei den sozialen Kontakten.

Und die Helfer? In unserem Helferkreis sind viele Menschen, die für die Zeit nach dem aktiven Berufsleben eine Aufgabe suchen, aber auch einige, die neben ihrem Job bei uns mitarbeiten.

Könnten Jugendliche auch mitarbeiten? Selbstverständlich: – wenn sie Spaß an Brettspielen, am Versorgen von Haustieren oder am Hundeausführen haben. Andere Nachbarschaftshilfen haben auch Babysitting im Programm.

Erläutern Sie doch bitte Ihr Motto »Nachbar schaf(f)t Hilfe«: Wir hatten mal das Motto »Zeit für andere …«, aber eigentlich bieten wir Zeit *mit* anderen, denn unsere Helfer bekommen ganz viel zurück und sie erwarten dies auch. Der Slogan »Nachbar schaf(f)t Hilfe« bringt Nähe zum Ausdruck. Man hört ja oft, es müsse irgendeine Institution geben, die zuständig ist. So schiebt man vieles von sich weg. Doch nicht irgendjemand, sondern der Nachbar ist gefragt. Zudem geht es nicht um aufopferndes Sich-Aufreiben. Unsere Helfer bringen ihre ganze Kreativität ein, sie schaffen Hilfe und zwar mit ihrem Gegenüber im Blick. Deswegen sind auf unserem Logo auch Herz und Auge zu sehen und keine Hände.

Welche Bedeutung hat für Sie und Ihre Helfer der diakonische Auftrag an Christen? Der Gedanke dem nachzufolgen, was Jesus vorgelebt hat, steht theoretisch im Raum, aber er wird unter den Helfern nicht direkt thematisiert. Über Nächstenliebe wird nicht gesprochen, sie wird gelebt.

Wie sehen einen die anderen, wenn man Nachbarschaftshelferin ist? Manchmal stößt man auf Unverständnis. Aber ein Ehrenamt ist meist auch nicht zweckfrei, sondern jeder Helfer hat seine persönliche Motivation und will kein Geld, aber doch etwas für sein Engagement haben – vielleicht Bestätigung durch eine sinnvolle Tätigkeit. Manchmal wollen Menschen kostenlose Hilfe nicht annehmen und fragen nach, wo und was sie bezahlen können. Ich verweise dann immer auf die Spendenprojekte unserer Kirchengemeinde und auf unseren Diakonieverein.

Was macht Ihnen an Ihrer Arbeit besonders Freude? Zu sehen, wie nicht nur zwischen Helfern und Bedürftigen Beziehung entsteht, sondern wie sich das soziale Netz innerhalb des Helferkreises weiterknüpft und so eben das diakonische Handeln weiter seine Kreise zieht.

info

Diakonie als Gabe des Heiligen Geistes

- »Diakonie« leitet sich vom griechischen Wort für Dienst und Dienen ab. Die Fähigkeit, Dienst am Nächsten zu tun wird im neuen Testament als Gabe des Heiligen Geistes verstanden (S. 17); der Glaube an Christus und die praktizierte Nächstenliebe gehören zusammen. Bei den ersten Christen wird alsbald das Amt des Diakons eingeführt, der diesen Dienst innerhalb der Gemeinde zu organisieren hat. Aus solchen Anfängen entwickelte sich die Diakonie als Organisation.
- Diakonie als Institution ist die soziale Arbeit der evangelischen Kirche. Sie will Menschen in Not und in sozial ungerechten Verhältnissen helfen und versucht, die Ursachen dieser Notlagen zu beheben. Dazu sind im Bereich von Kirchengemeinden, aber auch überregional unterschiedliche Einrichtungen entstanden, in denen Menschen sowohl als Ehrenamtliche als auch als bezahlte Mitarbeiter tätig sind. Die Diakonie ist neben der katholischen Caritas der zweitgrößte Arbeitgeber in Deutschland.

Die von Wilhelm Löhe gegründete Diakonie Neuendettelsau (www.diakonieneuendettelsau.de) ist eine der ältesten diakonischen Einrichtungen Deutschlands.

Besonders Menschen, die aus unterschiedlichen Gründen am Rande der Gesellschaft leben, brauchen unsere Hilfe. Im letzten Jahr habt ihr schon über Menschen mit Behinderung und über Außenseiter nachgedacht. ⑧
Auf den folgenden Seiten geht es um die Probleme von Menschen, die in Armut leben, und Menschen, die unter Demenz leiden. Ihr könnt eines der Themen bearbeiten (ggf. als Projekt), könnt euch aber auch für andere Arbeitsbereiche der Diakonie entscheiden.

AngeMERKt:
So weit muss man gar nicht über sich hinauswachsen!

Diakonie

- »Dienen« – ein merkwürdiger Ausdruck für Helfen! Erinnere dich an Mk 9,33-35 ⑥!
- Verfasse ein Bewerbungsschreiben für die Nachbarschaftshilfe, in dem du deine Fähigkeiten, Talente und deine Einsatzbereitschaft vorstellst und anbietest!
- Führt gemeinsam eine Internetrecherche über diakonische Einrichtungen durch (www.diakonie.de und www.diakonie-bayern.de)! Verschafft euch zunächst einen Überblick, teilt dann die einzelnen Menüpunkte geeignet unter euch auf und präsentiert euch am Ende gegenseitig die Ergebnisse z. B. auf Plakaten! Über die folgenden Punkte solltet ihr mehr in Erfahrung bringen: das Selbstverständnis, das Leitbild, die Geschichte, die Organisation, die Finanzierung der Diakonie; die Angebote und Zielgruppen, die Möglichkeiten für Engagement, der Arbeitgeber Diakonie.
- Finde heraus, welche diakonischen Aktivitäten und Einrichtungen es an deinem Wohnort gibt. Stellt gemeinsam einen »diakonischen Stadtführer« zusammen! Wo und wie könntest du dich selbst engagieren? Wo könntest du selbst einmal Hilfe bekommen? Vielleicht könnt ihr eine/n Mitarbeiter/in in euren Religionsunterricht einladen.
- Diskutiert: »Helfen als Beruf – das wär was für mich.« – »Fürs Helfen Geld nehmen – das passt nicht.«

Wenn Armut …

Wie ein Bettler …

Ich hatte noch knapp 10 Euro im Portemonnaie, eine Fleischdose und ein paar Scheiben Brot, die Milch war schon alle. Wenn das weg ist, hab ich gedacht, was machste dann? Da fiel mir der Artikel ein über die Berliner Tafel, die Zeitung hatte ich noch. Die Ausgabestelle einer Kirchengemeinde war hier in der Nähe. Aber es war ein schwerer Weg. Bisher hatte ich doch immer mein Auskommen gehabt – und jetzt gehst du dahin wie ein Bettler!

Dabei habe ich mein ganzes Leben gearbeitet. Lange in einer Fabrik für Metallschilder – stanzen, Gewinde schneiden, Löcher bohren. Zuletzt habe ich in Büros geputzt. Dann machte der Rücken nicht mehr mit. Und auch weil ich was an der Lunge habe, wurde ich immer langsamer. Da haben sie mich dann entlassen.

Deshalb lebe ich seit einem Jahr von Frührente. Vom Sozialamt kommt noch was dazu. Das meiste ist aber gleich wieder weg, für Miete, Strom, Versicherung, Telefon, den Lottoschein, das Monatsticket. So bleiben mir 100 Euro zum Leben.

Die amtlichen Bescheide musste ich als Nachweis mitnehmen. Das alles ist schon beschämend. Denn ich finde, ich habe mich da nicht selbst reingeritten. – Du wirst nicht die Einzige sein, habe ich mir immer wieder gesagt. Ja, es waren wirklich viele Leute da. Wenn man seinen Euro bezahlt hat, bekommt man eine Wartenummer. Dann geht man der Reihe nach in einen Raum, wo die Sachen auf Tischen stehen. Dahinter zwei Leute, die einen fragen: Was möchten Sie denn? Das tut gut, dass sie so nett sind, man fühlt sich nicht so als Bittsteller.

Was ich in den Tüten hatte, weiß ich noch genau: Salat, ein Glas Sauerkraut, Joghurt, Äpfel, eine Tiefkühlpizza. Und es gab Bananen, die waren reif und mussten weg. Damit habe ich mir einen Milchshake gemacht – zum ersten Mal in meinem Leben! Ein großes Brot war auch dabei. Das habe ich scheibchenweise eingefroren, damit es nicht verschimmelt. Mir etwas holen und dann wegwerfen, das würde mir wehtun. Die Leute geben mir das doch, weil ich nichts habe! Ich komme nur hierher, wenn es gar nicht anders geht. Du musst auskommen mit dem, was du hast! So bin ich auch erzogen.

Wenn das Geld nicht reicht …

- Macht eine Aufstellung, wofür ihr wie viel Geld im Monat verbraucht! Informiert euch, wie viel Geld z. B. ein/e Sozialhilfeempfänger/in bekommt und wie viel Geld ihm/ihr für ein Kind zur Verfügung steht! Vergleicht das mit eurem finanziellen Monatsbedarf!
- Wenn das Geld kaum für das Nötigste reicht, … führt den Satz weiter!

Was hilft?

- Oft ziehen sich Menschen, die in relativer Armut leben, zurück. Sucht nach Gründen dafür! Überlegt, was man selbst tun kann, wenn man solche Menschen kennt!
- Es gibt auch professionelle Hilfsangebote, zum Beispiel die sogenannten »Tafeln«, die in ganz Bayern entstanden sind. Informiert euch über dieses Hilfsangebot im Internet! Sucht heraus, wo es in eurer Nähe eine »Tafel« gibt; vielleicht könnt ihr sie besuchen oder eine/n Mitarbeiter/in zu euch einladen.

Info

Armut in Deutschland

Man unterscheidet absolute von relativer Armut. Bei absoluter Armut fehlen lebensnotwendige Dinge wie Essen oder ein Dach über dem Kopf. Von relativer Armut spricht man, wenn jemand weniger als die Hälfte des wohnortüblichen Durchschnittseinkommens zur Verfügung hat. In Deutschland leben Schätzungen zufolge inzwischen mehr als 2,5 Millionen Kinder auf oder unter dem Sozialhilfeniveau von 207 Euro pro Monat (2007). Offiziell gelten 14 Prozent aller Kinder in Deutschland als arm. Seit der Einführung des Arbeitslosengelds II am 1. Januar 2005 hat sich die Zahl der auf Sozialhilfe oder Sozialgeld angewiesenen Kinder verdoppelt.

In der Schuldenfalle

»Markenkult und Handys« gelten als wichtigste Ursache für die Verschuldung Jugendlicher. Jeder 5. Jugendliche in den alten und jeder 7. in den neuen Bundesländern ist bereits verschuldet.

Minderjährige stehen vor allem bei Eltern, Geschwistern und Freunden im Minus. Mit 18 ist man voll geschäftsfähig, kann Verträge abschließen und Kredite aufnehmen – und ist für seine Schulden selbst verantwortlich.

Die Verschuldung beginnt für die meisten mit ein paar 100 Euro. Weil der Betroffene nicht weiß, wie er das Geld zusammenbekommen soll, wird das Thema einfach verdrängt. Auf die nicht bezahlte Rechnung folgen Mahnungen. Häufig wird eine sogenannte Inkassogesellschaft eingeschaltet, die das Geld eintreiben soll und dafür heftige Aufschläge fordert.

Philipp z. B. ignorierte jahrelang seine finanziellen Probleme: Er häufte immer mehr Schulden an, die Rechnungen schmiss er in den Müll. »Man gewöhnt sich an alles.« Zwei Jahre lang verdrängte Philipp seine ständig wachsenden Schulden. »Aber irgendwann konnte ich nicht mehr schlafen.« Inzwischen hat Philipp dazugelernt. Gemeinsam mit seiner Schuldnerberaterin bereitet er jetzt ein privates Insolvenzverfahren vor. Das bedeutet, dass sein Einkommen regelmäßig überprüft wird. Knapp 1000 Euro darf er im Monat für sich behalten. Was Philipp mehr verdient, geht an die Gläubiger. Wenn alles gut geht, ist er in sechs Jahren schuldenfrei. Philipp will sein Leben endlich in den Griff kriegen: »Es klingt vielleicht doof, aber man muss sich selbst disziplinieren, weil es sonst keiner macht.«

24 Schuldnerberatungsstellen unterhält die Diakonie in Bayern. Sie helfen, aus dem Teufelskreis des Schuldenmachens herauszukommen – allerdings müssen die Betroffenen konsequent mitarbeiten.

Mauern begrenzen

- Schulden – selbst schuld? Diskutiert!
- Beschreibt das Plakat der Diakonie genau; untersucht seine Gestaltung und Aussageabsicht!
- Die »Mauern«, die Armut baut, könnt ihr in den Texten dieser Seiten entdecken. Kopiert das Plakat und schreibt in das Bild hinein, woraus die »Mauern« bestehen – dabei geht es nicht nur um Geld!
- Ihr findet auf diesen Seiten auch Beispiele, wie die Mauern – Stück für Stück – abgetragen werden können. Dabei müssen Helfende und Hilfsbedürftige zusammenhelfen!

MERKwürdig: Ein reiches Land, in dem es doch an vielem fehlt!

An den Grenzen …

info

Alter und Demenz

Schenkt man der Werbung Glauben, dann gibt es vor allem junge und attraktive Menschen und die wenigen älteren sind fit und lebenslustig. Die Wahrheit ist jedoch, dass wir in einer immer älter werdenden Gesellschaft leben. Unsere medizinische Forschung ist so erfolgreich, dass die Lebenserwartung ständig steigt. Aber die Forscher warnen. Eine Altersbeschwerde betrifft potenziell jeden, nämlich die Demenz. Unser menschliches Gehirn produziert fortlaufend spezielle Ablagerungen, die, wenn man nur alt genug wird, zu Gedächtnisproblemen führen. Demente Menschen erkennen etwa oft ihre eigenen Verwandten nicht mehr, finden nicht mehr nach Hause oder springen in ihrem Gedächtnis zwischen den Zeiten, die sie erlebt haben, hin und her. Im Verlauf ihrer Erkrankung können sie sich immer weniger selbst helfen. Weil es uns alle betrifft, ob nun als Verwandte oder irgendwann in Zukunft einmal selbst, ist es wichtig, sich mit dem Thema Altwerden und Demenz zu beschäftigen. Eine besonders häufige Form von Demenz ist Alzheimer*. Was du auf dieser Doppelseite erfährst, gilt mehr oder weniger auch für andere Formen von Demenz.

Menschen werden alt

- Anti-Aging-Werbung und Werbung, die Jugend und Fitness verspricht, stehen derzeit hoch im Kurs, sammelt Beispiele! Lassen sich auch Beispiele für Pro-Aging-Werbung finden?
- »Ein alter Mensch, der besonders wichtig für mich ist« – schreibe deine Gedanken dazu auf! Du kannst, musst aber nicht in der Klasse darüber sprechen.
- Alte Menschen brauchen Hilfe. Informiere dich im Internet über die Angebote der Diakonie für alte Menschen in eurer Nähe!
- Alte und junge Menschen können einander viel geben: Vielleicht könnt ihr ein Projekt zusammen mit einem Altenheim planen: »Alt trifft Jung« – überlegt, womit ihr den alten Menschen eine Freude machen könnt, was ihr sie fragen wollt, was sie euch erzählen könnten!

»Verstehen Sie Alzheimer?«

- Die Alzheimer Gesellschaft München hat mit der Kampagne »Verstehen Sie Alzheimer?« versucht, diese Krankheit in München auf die Tagesordnung zu setzen. Eine Reihe von Postkarten konnte man z. B. in der U-Bahn mitnehmen. Betrachte die Bilder und Kartensprüche: Du erfährst einiges über das Verhalten Alzheimerkranker.
- Wähle dir eine Karte aus, die dich besonders anspricht! Tausche dich mit deiner Banknachbarin, deinem Banknachbarn über deine Gedanken und Empfindungen aus, vielleicht auch über Erfahrungen, die dir in den Sinn kommen!
- Alzheimer Gesellschaften gibt es in verschiedenen deutschen Städten. Informiere dich im Internet über ihre Hilfsangebote!

Skelly und Jake

So lange Jake denken kann, war sein Großvater Skelly für ihn da. Wann immer Jake Schutz, Rat oder Zuwendung brauchte, war Skelly an seiner Seite. Er konnte so fest an einen glauben, dass man irgendwann selbst an sich glaubte, egal wie groß die Zweifel vorher waren. Eines Tages verliert Skelly seine Stärke. Er vergisst Dinge, er verwechselt Wörter, seine Erinnerung trügt ihn. Plötzlich sind die Rollen vertauscht: Nun ist es Skelly, der Hilfe und Verständnis braucht.

Alma Russell trägt immer eine Schwesterntracht. Ich meine wirklich: immer. Zum Beispiel auch an ihrem freien Tag, wenn sie den Rasen mäht oder den Wagen wäscht, immer trägt sie ein weißes Kleid, weiße Schuhe und diese weißen schicken Schwesternstrümpfe. Doch so viel sie mir auch auf die Nerven geht, ich schulde ihr so viel, dass ich es ihr nie werde zurückzahlen können. Es war Mrs. Russell, die an jenem schrecklichen Nachmittag zu Skellys Rettung erschien, als ich ihn im Müllcontainer unserer Schule sah. Es ist verrückt, wie du, wenn du versuchst, an etwas nicht zu denken, nur umso stärker dran denkst. Die Einzelheiten habe ich alle noch ganz klar im Kopf. Zum Beispiel erinnere ich mich an den spöttischen Ton in den Stimmen der beiden anderen Jungen, als sie Skelly ihre Beleidigungen entgegenschrien. Und wie mein Großvater, als sie schließlich ab hauten, ihnen die ganze Zeit nachwinkte, bis sie um die Ecke bogen. Kurz danach entdeckte ihn der Hausmeister und lief hinüber, um ihm zu helfen. Er bedeutete ihm, rauszukommen. Aber mein Großvater kann manchmal stur sein. Er rührte sich nicht. Ich versuchte, mich immer noch zu zwingen hinüberzugehen und zu helfen, als die Aufsicht plötzlich Skellys Notfall-Kennkarte am Hals entdeckte. Der Mann zog sein Handy raus und rief unsere Nummer an. Da wir nur ein paar Häuser von der Schule entfernt wohnen, war Mrs. Russell in weniger als fünf Minuten zur Stelle. Ich kann dir nicht sagen, wie erleichtert ich war, als ich sie full speed um die Kurve fliegen sah. Es war das gleiche Gefühl, als wenn manchmal am Ende alter Westernfilme der Reitertrupp angestürmt kommt, um den Tag zu retten. So schnell, wie sie lief, dachte ich, sie würde vielleicht gleich hoch und in einem Satz über den Rand des Containers hechten. Aber als Skelly sie sah, bremste sie ab und fiel in einen normalen Schritt. Obwohl ich zu weit weg stand, um ihre Stimme zu hören, wusste ich, sie redete die ganze Zeit mit ihm. Und nach höchstens ein oder zwei Minuten kletterte Skelly aus dem Container heraus. Mrs. Russell drückte ihn an sich. Dann bürstete sie ihn sauber. Dann drückte sie ihn wieder an sich. Danach legte sie ihren Arm um Skellys Taille und führte ihn nach Hause.

An dem Abend machte Ma Skellys Lieblingsessen – Fleischkäse mit Kartoffelbrei. Während sie aß, füllten sich ihre Augen mit Tränen und sie nahm seine Hand und sagte ihm, wie »schrecklich und von ganzem Herzen« ihr leid tat, was geschehen war.

Es stellte sich heraus, es war ihre Schuld gewesen, dass Skelly von zu Hause weggelaufen war. Sie hatte vergessen, den Riegel an der Haustür zu schließen. Was Skelly betraf, so erinnerte er sich nicht mal daran, dass er im Container gewesen war. Was mich anging, so konnte ich mir nur ausmalen, wie stolz Ma gewesen wäre, wenn sie gewusst hätte, dass ich alles gesehen und nichts getan hatte, um zu helfen.

Ich würgte ein bisschen Fleischkäse runter und verließ den Tisch, sobald ich konnte. Ich ging an dem Abend früh zu Bett und wälzte mich Stunden um Stunden, so kam es mir vor, hin und her.

Barbara Park

Beim Helfen MERKe ich meine eigenen Grenzen.

- Eine Psychologin rät: »Einem Dementen helfen, das heißt, sich einmal in dessen momentane Gedankenwelt einfinden, also ein Stückchen ›Weg‹ mitgehen und ihn dann vorsichtig auf den Weg zurück in die Realität mitnehmen.« Erkläre, wie Mrs. Russell es geschafft haben könnte, Skelly zur Rückkehr zu bewegen!
- Angehörige von Dementen haben viele Fragen und machen sich oft Vorwürfe. Aber sie können nicht alles »richtig« machen. Schreibe Jake einen Brief!
- Für Jake hat sich etwas geändert nach diesem Erlebnis.

im Zusammenhang

- Setze das Motto der Fastenaktion in Verbindung zum Doppelgebot der Liebe! Finde weitere »Verschwendungsgedanken« in der Bibel! Kann man auch in den Zehn Geboten »Verschwendung« entdecken? (Es geht leichter, wenn ihr die Gebote positiv umformuliert.)
- Wählt euch in Gruppen ein Arbeitsfeld der Diakonie! Gestaltet mit Hilfe von passenden Infomaterialien und eigenen Gedanken ein Plakat, in dessen Mitte ihr das Motto der Fastenaktion schreibt! Was bedeutet »Verschwendung« zum Beispiel im Umgang mit behinderten, armen, alten, dementen Menschen?
- Schreibe einen Artikel für die Schülerzeitung: »Mehr Verschwendung an unserer Schule!« Natürlich musst du dabei klären, dass es nicht um das Wegwerfen von Schulbroten oder den gedankenlosen Umgang mit Eigentum/Energie ... geht.
- Große Visionen – kleine Schritte (S. 54–59): Kopiere das Luftballonplakat oder zeichne es ab und trage in die Luftballons Ideen ein, wie du in deinem alltäglichen Umfeld das Leben menschlicher gestalten könntest.

»7 Wochen ohne« heißt die alljährliche Fastenaktion der Evangelischen Kirche Deutschlands. Wer mitmacht, verzichtet zwischen Aschermittwoch und Ostersonntag auf Dinge, von denen er sich abhängig fühlt (von Schokolade bis zum Computerspiel). Das Motto des Jahres 2008 »Verschwendung« überraschte viele: Ging es doch einmal nicht um Entbehrung, sondern um die Verschwendung von Zeit, Aufmerksamkeit, Zuwendung.

Dein Grundwissens-Rucksack füllt sich:

Der dritte Glaubensartikel

Das Vaterunser

Eine Gestalt der mittelalterlichen Kirchengeschichte

Die fünf Säulen im Islam

Du kannst an einem Beispiel aus der Diakonie zeigen, wie das Doppelgebot der Liebe gelebt werden kann.

METHODEN

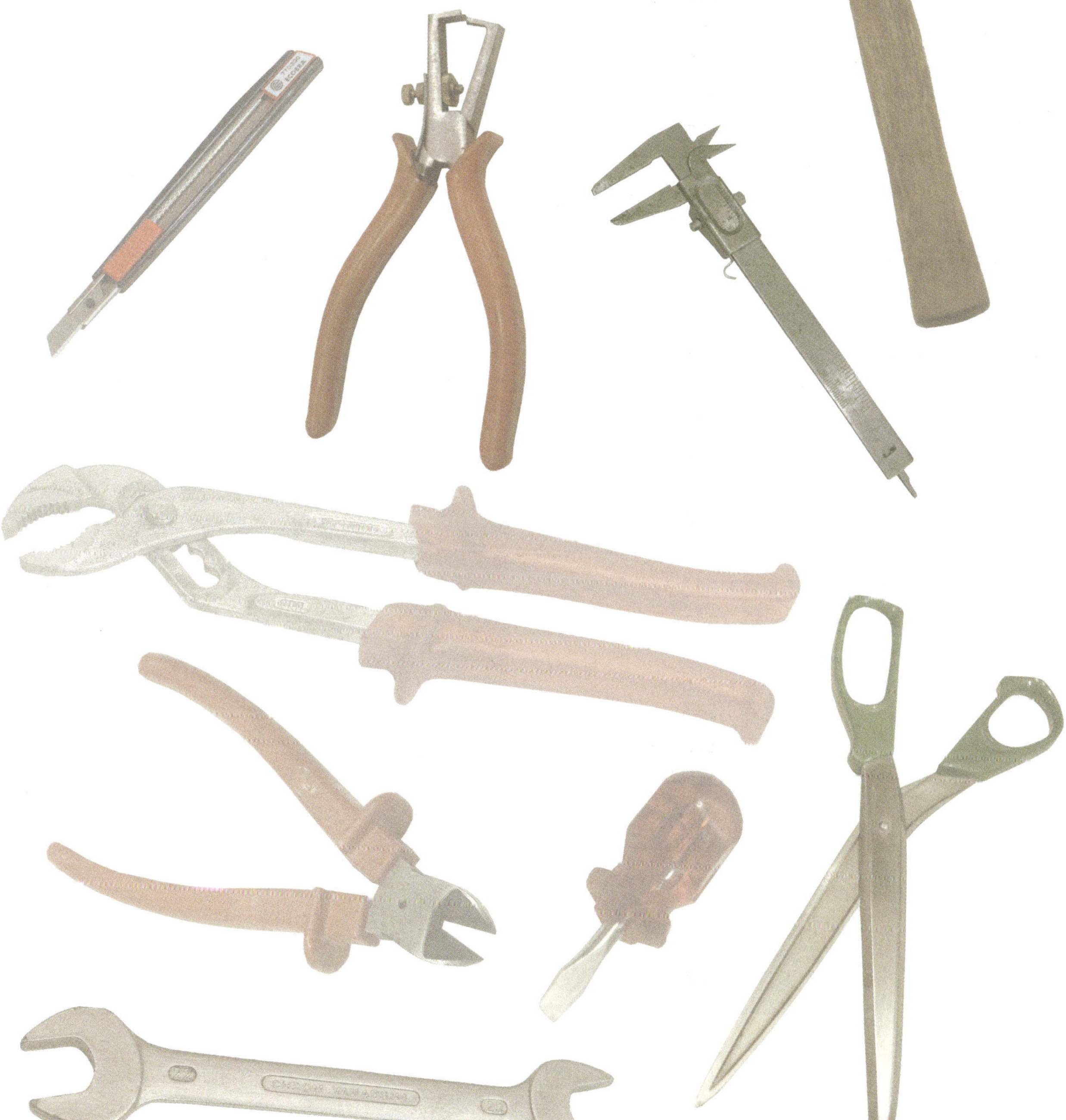

Architekturstile bestimmen

»O, schön …«

»Steine können doch reden!«

»Meine Mutter will im Urlaub immer Kirchen besichtigen – mein Vater bleibt lieber am Strand.«

»Und in was für einer Epoche leben wir?«

Jede Zeit hat ihren eigenen Stil. Das gilt für Kunst, Musik und Mode genauso wie für Architektur. Auch die Art und Weise, wie Kirchengebäude gebaut wurden, was man als schön empfand und womit man seinem Glauben Ausdruck verleihen wollte, hat sich in jeder Epoche* gewandelt. Wenn du einige typische Gestaltungsmerkmale der verschiedenen Baustile kennst, kannst du alte Kirchen, die du zu Hause oder im Urlaub besuchst, leicht einer bestimmten Epoche zuordnen. Im Folgenden findest du eine Übersicht einiger Stilmerkmale, die man auf den ersten Blick erkennen kann.

Blättere auch auf die Seiten 37–41 zurück und mache dich auf die Suche nach diesen Merkmalen bei den abgebildeten Bauwerken!

Romanik

Auffallend sind **Rundbögen** und **dicke Mauern**. Der Innenraum weist große ebene Flächen auf. Säulen werden häufig mit **Würfelkapitellen** abgeschlossen. Decken werden mit **Tonnengewölbe** (später auch Kreuzrippengewölbe, s. Gotik) gestaltet.

Gotik

Wichtigste Merkmale sind **Spitzbögen** und Mauern, die nicht mehr so schwer wirken (s. S. 39). Säulen werden häufig als **Bündelpfeiler** präsentiert.

Decken werden mit **Kreuzrippengewölbe** (später auch Netzgewölbe) gebaut.

Glasfenster werden kunstvoll gestaltet, über dem Westportal werden **Rosetten** eingebaut.

Gotik (von außen)

Strebepfeiler und Strebebögen unterstützen die Konstruktion und nehmen Schubkräfte auf, die von den feineren Mauern nicht mehr getragen werden.

Fialen, schlanke spitze Türmchen, unterstreichen die Ausrichtung »gen Himmel«, die für viele gotische Bauwerke kennzeichnend ist.

Wasserspeier leiten Regenwasser von den Kirchen ab. Ihr Furcht erregendes Aussehen soll Mächte des Bösen von der Kirche fernhalten.

Renaissance

Es dominieren ausgewogene Raummaße. Die Spitzbögen der Gotik verschwinden wieder, sie werden zu Rundbögen. In der Renaissance werden Kirchengebäude erstmals mit Kuppeln versehen. In Deutschland gibt es übrigens nur wenige klassische Renaissance-Kirchen. Die bedeutendsten Kirchen dieser Epoche finden sich in Rom, Venedig und Florenz.

Barock

Die klare Geometrie der Renaissance wird aufgegeben, es dominieren runde und ovale Formen. Die prachtvolle Ausgestaltung der Bauwerke soll beeindrucken.

Weitere Merkmale: Bauwerk, Malerei und plastischer (dreidimensionaler) Schmuck gehen ineinander über. Die dreidimensionalen Schmuckelemente sind häufig mit Gold überzogen. Die Decken sind mit großflächigen Gemälden versehen.

Jede Zeit hat ihren eigenen Stil … aber Vorsicht! Vor allem im 19. Jahrhundert war es schick, den Stil einer anderen Zeit nachzumachen. Während der Epoche des »Historismus« wurden Baustile vorangegangener Epochen einfach kopiert.

Beobachten …

»Manchmal sitze ich einfach nur da und schaue allen zu …«

»Ich glaube, der macht mir was vor.«

»Meinungsumfragen kann man manipulieren.«

»Es ist schwierig, hinter die Fassade zu blicken.«

»Was guckst du? Bin ich Kino?«

»Ich traue mich nicht zu fragen!«

Durch Forschen, Studieren und Experimentieren können die Wissenschaftler viel über die Welt erfahren. Aber wie bekommt man etwas über die Menschen, über ihre Meinungen, ihren Umgang miteinander heraus? Im Folgenden lernt ihr zwei Methoden kennen, die aus den Sozialwissenschaften (Wissenschaften vom Zusammenleben der Menschen) stammen und die ihr auch im Religionsunterricht brauchen könnt, etwa wenn ihr etwas über die religiösen Einstellungen anderer erfahren möchtet, wenn ihr über Helfen und Hilfsbedürftigkeit nachdenkt (Kap. 6) oder wenn ihr Menschen mit anderer Religion begegnet (Kap. 5).

1. Beobachten

Menschen »richtig« zu beobachten, ist gar nicht so einfach. Denn unser Gehirn steuert unsere Wahrnehmung, noch bevor sie uns als »Beobachtung« bewusst wird. Es lässt v. a. solche Reize ins Bewusstsein gelangen, die zu dem passen, was wir schon kennen, oder die uns eher fremd und damit interessant oder merkwürdig erscheinen. Vor allem, wenn es um Menschen aus anderen Kulturen geht, kann das ein Problem sein. (So halten viele z. B. eine Frau mit Kopftuch für »typisch muslimisch«, während ihnen eine anders gekleidete Muslimin gar nicht auffallen würde.) Beim Beobachten kommt es darauf an, sich seine Vor-Urteile bewusst zu machen und Menschen, Dinge, Situationen, Zusammenhänge möglichst unvoreingenommen zu betrachten.

Wenn man gezielt Informationen gewinnen will, muss man sich überlegen, ob die Beobachtung »verdeckt« oder »offen« ablaufen soll und was das jeweils für Auswirkungen haben könnte. Darüber hinaus ist zu entscheiden, ob aus einer Außen-Position heraus wahrgenommen wird (nichtteilnehmende Beobachtung) oder ob die Beobachtenden Teil des beobachteten Zusammenhangs sind (teilnehmende Beobachtung). Neben der Möglichkeit »direkt«, also live, zu beobachten, können z. B. mithilfe von Videoaufnahmen auch »indirekte« Beobachtungen durchgeführt werden.

Tipps zum Vorgehen beim Beobachten:

- Vereinbart mit den anderen, wen bzw. welche Situation etc. ihr beobachten wollt!
- Überlege dir, welches Ziel du mit der Beobachtung verfolgst (erkenntnisleitendes Interesse)!
- Mache dir bewusst, welche Beobachtungsergebnisse du erwartest!
- Überlege, worauf du besonders achten willst (Beobachtungskategorien): Was macht …, nachdem …? Wie reagiert …, wenn …? Was passiert bei …? etc. Versucht zunächst möglichst nur wahrzunehmen und noch nicht zu deuten!
- Um Vergleichbarkeit beim Beobachten und Auswerten herzustellen, ist es hilfreich, die Beobachtungen nach einem vorher gemeinsam festgelegten Muster mitzunotieren.

Tipps zum Wiedergeben und Interpretieren von Beobachtungsergebnissen:

- Formuliere die Ergebnisse deiner Beobachtungen und die Interpretationsversuche als Ich-Botschaften und nicht als allgemeingültige Aussagen: Ich habe gesehen / beobachtet …; ich meine, dass …

- Suche immer nach mehreren Möglichkeiten, das Beobachtete zu deuten, und sprich mit anderen über die verschiedenen Interpretationen!
- Überprüfe, wie gut du im Beobachten bist, indem du auch mal nachfragst und dem Beobachteten Gelegenheit gibst, sich zu äußern: Ich habe beobachtet ...; ist es richtig, dass ...?

2. Umfrage

Durch mündliche oder schriftliche Umfragen kann man sich ein gewisses Bild von der Meinung einer Gruppe machen (z. B.: »Was denkt man an unserer Schule über ...? Wie halten es Jugendliche mit ...?«). Fragebögen mit geschlossenen Fragen können z. B. so gestaltet werden, dass sich die Befragten zwischen Alternativantworten entscheiden müssen (Multiple-Choice) oder auf einer Skala etwas ankreuzen sollen. Sie bieten sich vor allem an, wenn man sich über die zahlenmäßige Verteilung informieren möchte. Durch Umfragen mit offenen Fragen erhält man einen größeren Aspektreichtum und mehr inhaltliche Tiefe, allerdings lassen sich die Antworten nicht so leicht vergleichen. Für beide Formen gilt, dass man sehr vorsichtig sein muss, aus den Ergebnissen allgemeine Schlüsse zu ziehen.

Tipps zur Durchführung einer Umfrage

- Es empfiehlt sich, die Fragebögen vorher an einer kleinen Gruppe zu testen.
- Bei der Anzahl der Befragten sollte man berücksichtigen, wie viel Zeit die Auswertung in Anspruch nimmt.
- Bei »Straßenumfragen«, die auf Band aufgenommen werden, stellt man sich zunächst vor und nennt das Ziel der Befragung, bevor man die Fragen stellt. Diese sollten für alle Befragten gleich sein.
- Ergebnisse von Umfragen mit geschlossenen Fragen können mit Hilfe von Diagrammen visualisiert werden; Umfragen mit offenen Fragen lassen sich gut journalistisch weiterverarbeiten.

3. Interview

Ziel eines Interviews ist es, in einem Gespräch Informationen zu gewinnen, entweder über ein Thema, über das der Befragte gut Bescheid weiß (Experteninterview), oder auch über seine Persönlichkeit. Wichtig ist, vorab zu klären, wofür das Interview verwendet wird: z. B. als Informationsquelle für den Unterricht oder als Beitrag für die Schülerzeitung. Interviews sollten sorgfältig vorbereitet werden: Nur wer bereits etwas weiß, kann wirklich interessante Fragen stellen!

Tipps zum Vorbereiten eines Interviews

- Die Fragen werden vorher notiert. Trotzdem sollte man nicht an seinem Fragenkatalog kleben, sondern aufmerksam zuhören und die Antworten durch weiterführende Fragen aufnehmen. Schließlich soll sich der / die Interviewte nicht fühlen wie in einem Verhör, sondern wie in einem Gespräch.
- Es hat sich bewährt, mit einer einfachen »Aufwärmfrage« zu beginnen. Dann sollte eine zentrale Frage kommen, die dem Gespräch die richtige Richtung gibt. Die anderen Fragen sollten nach dem Inhalt geordnet werden. Besonders kritische Fragen werden erst am Schluss gestellt.
- Auch hier gilt: Übung macht den Meister! Es bringt sehr viel, Interviews in Partnerarbeit zu üben, indem ihr abwechselnd beide Rollen spielt.

Tipps zum Führen eines Interviews

- Ein Interview wird interessanter, wenn möglichst offene Fragen gestellt werden, auf die man nicht nur mit »Ja« oder »Nein« antworten kann.
- Die Fragen sollten präzise formuliert werden. Doppelfragen und Suggestivfragen (z. B. »Sind Sie nicht auch der Meinung, dass ...?«) sind zu vermeiden.
- Der / die Fragende sollte die Antworten nicht aus eigener Sicht kommentieren oder eine Diskussion beginnen. Und man darf natürlich dem / der Interviewten nicht ins Wort fallen!
- Bei Interviews, deren Ergebnisse später in einen Artikel, z. B. für die Klassen- oder Schülerzeitung, einfließen sollen, ist es notwendig, wichtige Kernsätze wortwörtlich mitzuschreiben, damit man sie später zitieren kann.

Internet (2): Internetseiten bewerten

»Wenn ich etwas nicht weiß, schaue ich einfach in Wikipedia nach.«

»Ein Leben ohne Internet?«

»Kann im Internet eigentlich jeder schreiben, was er will?«

»Auf unserer Schulhomepage kannst du nachschauen, wann genau das Theaterstück beginnt.«

Du hast schon einige Erfahrungen mit dem Recherchieren im Internet gesammelt und sicher schon gemerkt, dass die Informationen, die du dort findest, von unterschiedlicher Qualität sind. Hier bekommst du einige Hinweise, wie man Internetseiten bewerten und Manipulationen durchschauen kann.

Tipps zum Bewerten des Seitenaufbaus:
Einen gewöhnlichen Internetauftritt könnte man mit einem Buch vergleichen, dessen Inhaltsverzeichnis immer zu sehen ist: Mithilfe der Navigationsleiste kann man zwischen den verschiedenen Seiten hin- und herwechseln. Auf der Startseite (Homepage) wird der Titel genannt bzw. eine Zugehörigkeit (z. B. zu einer Organisation) ausgedrückt. Wer für die Seite verantwortlich ist, sollte im Impressum stehen, das sich oft unten auf der Seite befindet.
Die Struktur einer Internetseite hilft, deren Qualität einzuschätzen. Deshalb lohnt es sich, kritisch hinzuschauen:

- Ist die Seite übersichtlich aufgebaut?
- Welche Informationen oder Bereiche werden durch den Aufbau in den Vordergrund gerückt? Passt dies dazu, worum es in diesem Auftritt gehen soll(te)?
- Ist eindeutig erkennbar, wer die Seite und ihre Inhalte zu verantworten hat? – Fehlt ein Impressum, sollte dich das immer stutzig machen, auch wenn es für private Seiten zurzeit nicht vorgeschrieben ist.
- Welche Gestaltungselemente (Bilder, Farben, Animationen etc.) werden hauptsächlich eingesetzt?

Tipps zum Bewerten von Informationen:
Sowohl Autorinnen und Autoren von Internetseiten als auch deren Betreiber verfolgen bestimmte Zielsetzungen. Dies sollte man berücksichtigen, um Informationen nicht falsch einzuordnen und um nicht manipuliert zu werden.

- Am besten fragt man ähnlich wie beim Vier-Ohren-Modell S. 110: Worüber informiert die Seite? Wozu fordert sie auf? Welche Gefühle oder Haltungen sollen beim Leser dadurch erzeugt werden? Was sagt sie über Autoren bzw. Betreiber aus?
- Versuche, Genaueres über Autor/in bzw. Betreiber der Seite herauszubekommen: Ist es eine Einzelperson, eine Organisation, eine Institution oder ein Unternehmen, das für etwas wirbt? Wie seriös und kompetent wirken der oder die Urheber auf dich? Gibt es z. B. Links auf brauchbare andere Veröffentlichungen, die nicht mit dieser Seite zusammenhängen? Wie steht es mit der Genauigkeit der Zitate? Was beabsichtigt der/die Verantwortliche: Will er/sie z. B. informieren, eine bestimmte Meinung vertreten, andere beeinflussen oder sich selbst darstellen?
- Wie aktuell ist die Seite (Datum der Erstellung bzw. letzten Bearbeitung)?
- Sind die Informationen sachgemäß? Das kann man z. B. durch Vergleich mit anderen Informationsquellen (Internetseiten, Zeitungen, Bücher, Lexika etc.) überprüfen.

Zum Verwenden von Internetinformationen in Referaten:
Verwende nur Quellen, die du sorgfältig geprüft hast, und gib immer die genaue und vollständige Internetadresse mit dem Datum des Aufrufs der Seite an!
Wichtig: Wenn du von Zuhause aus im Internet recherchierst, solltest du immer eine aktuelle Antivirensoftware verwenden, um die Gefahr von Schadprogrammen (z. B. Viren) zu verringern.

Präsentieren (2): Plakate gestalten

»Man lernt wie von selbst.«

»Das braucht man im Beruf!«

»Meistens kann man bei Präsentationen den Text nicht lesen.«

»Manches kann man nicht mit einigen wenigen SCHLAGWORTEN ausdrücken.«

Durch die Gestaltung und Präsentation von Plakaten und Collagen setzt man sich nicht nur selbst intensiv mit einem Thema auseinander, sondern man regt auch andere dazu an, sich damit zu beschäftigen.

Ein Plakat gestalten

Zunächst solltet ihr unterscheiden, ob ihr ein Plakat gestaltet, um euch einen Sachverhalt einzuprägen (Lernplakat), um andere über ein Thema zu informieren (Informationsplakat) oder um für etwas zu werben (Werbeplakat).

Je nach Zielsetzung kann man nun Material sichten, das für das Plakat geeignet ist. Denkbar sind Überschriften, Schlagzeilen, Bilder, Grafiken, Statistiken, Kommentare, Berichte, Leserbriefe.

Überlege dir, wie du dein Plakat aufbaust! Ist es sinnvoll, das Thema ins Zentrum zu stellen und die Materialien außen herum zu positionieren? Oder willst du das Thema mit Hilfe eines Weges von der linken zur rechten Seite des Plakats gestalten?

Damit ein Plakat gut verständlich ist, muss man außerdem auf die Größe der Bilder und der Schrift und ihr Verhältnis zueinander achten. Wenn die Texte auf dem Plakat zu lang und zu klein sind, sind die Betrachtenden überfordert. Man rechnet pro Meter Abstand zum Plakat etwa einen Zentimeter Schrifthöhe.

Besorgt euch, ggf. mit Hilfe der Kunstlehrkraft, die nötigen Arbeitsmaterialien, z. B. bunten Karton (eine Rolle Packpapier oder die Rückseite einer Tapete tut's auch!), Klebstoff, Scheren und Eddings in verschiedenen Größen und Farben.

Eine Collage gestalten

Mit Hilfe einer Collage kann man sich recht frei mit einem Thema auseinandersetzen und dabei seine Meinung und seine Gefühle zum Ausdruck bringen. Man sammelt dazu Bilder, Fotos, Texte und Schlagzeilen und ordnet sie zu einer Gesamtkomposition an. Bei Themen, die viel mit Gefühlen zu tun haben, bieten sich auch Naturmaterialien wie Steine, Blätter, Holz und Stoffe zur Gestaltung an.

Anregungen zur Weiterarbeit

Hat man sich erst einmal viel Arbeit mit den Plakaten gemacht, will man sie auch länger ansehen. Das kann entweder im Rahmen eines Galeriegangs oder in Form einer Ausstellung im Klassenzimmer oder in der Eingangshalle der Schule sein. Eine solche Ausstellung verlangt eine klare Gliederung. Man entwirft einzelne Kapitel, die aufeinander aufbauen, so dass der/die Betrachtende durch das Thema geführt wird.

Man kann nun zusätzlich ein Aufgabenblatt erstellen, das von den Besucherinnen und Besuchern mit Hilfe der Ausstellung gelöst werden kann. Sinnvoll ist es ferner, am Ende Gelegenheit zu geben, persönliche Eindrücke zu hinterlassen (z. B. auf einer Pinnwand).

Schreibgespräch

»Endlich kommen auch einmal die zu Wort, die sonst nichts sagen.«

»Ich finde, es muss zum Thema passen. Dann darf man auch lustige Sachen schreiben.«

»Schön, wenn es mal eine Zeitlang ganz ruhig ist in der Klasse.«

»Und was macht man hinterher mit den Plakaten?«

Manche Unterhaltungen lassen sich am besten schriftlich führen. Vielleicht haben einige von euch diese Erfahrungen schon beim Chatten oder beim Schreiben von E-Mails gemacht. Gerade bei eher persönlichen Themen im Religionsunterricht kann man sich sehr gut mit einem **»stummen Schreibgespräch«** bzw. einem »stummen Dialog« untereinander austauschen. Viele trauen sich eher, etwas zu schreiben, als es vor allen laut zu sagen. Zu dieser Methode gibt es sehr viele Varianten. Folgende Elemente gehören meist dazu:

- Auf mehreren großen Papierbögen wird in der Mitte je eine Frage, ein Thema, eine These, ein Zitat oder ein anderer Impuls notiert. Viele der »philosophischen Fragen« am Anfang eines Kapitels eignen sich hierfür sehr gut.
- Je nach Klassengröße bzw. Thema können alle den gleichen Impuls bearbeiten oder auch verschiedene Fragestellungen behandeln.
- Bei absoluter Stille schreiben die Teilnehmenden gleichzeitig ihre Gedanken, Assoziationen oder ihre weiteren Fragen dazu. Diese werden dann von anderen kommentiert, ergänzt, kritisiert oder in anderer Weise fortgeführt. Bei Partnerarbeit sitzen die Gesprächspartner einander gegenüber, bei Gruppenarbeit in einem Kreis, der in eine Richtung weitergedreht wird.
- Vielleicht wollt ihr neben Worten und Sätzen auch Symbole und Zeichnungen zulassen.
- Es kann hilfreich sein, die Einzel-Beiträge zu strukturieren (S. 138 f), z. B. sie wie bei einer Mindmap einzukreisen und grafisch zu verknüpfen. Pro- und Contra-Argumente kann man, ggf. in Form von Sprechblasen, auf beiden Seiten des Papierbogens anordnen.
- Um möglichst viele am Gespräch zu beteiligen, können die Zettel an andere Gruppen weitergegeben und dort weiterbearbeitet werden.
- Man kann die Schreibdiskussion auch als Parcours gestalten: Die Papierbögen sind auf Tischen ausgelegt bzw. an der Wand befestigt. Entweder teilt jeder seine Zeit und seine Wegstrecke frei ein oder ihr vereinbart, dass nach einer bestimmten Zeit (Signalton!) jeweils die Station gewechselt wird.
- In kleineren Gruppen ist es auch möglich, die Diskussion an der Tafel zu führen (wer einen Beitrag leisten möchte, schreibt ihn – ebenfalls stumm – an die Tafel).
- Leise Musik kann die ruhige Atmosphäre unterstützen.
- Nachdem das Schreibgespräch beendet worden ist (Ablauf der vereinbarten Zeit, Verebben des Schreibflusses), sollte noch Zeit sein, die Ergebnisse gemeinsam zu betrachten, mündlich Fragen zu stellen und sich über die Ergebnisse und Konsequenzen zu verständigen.

»Es ist immer so laut.«

»Herumschreien macht aber auch Spaß.«

»Lasst mich doch einfach alle mal in Ruhe!«

»An unserer Schule gibt es einen Raum der Stille. In Religion gehen wir manchmal hinein.«

»Meditation – typisch Reli!«

Manchmal kann der Schulalltag ganz schön stressig sein – anstrengende Anfahrten in überfüllten Bussen, das Sich-Einstellen auf unterschiedlichste Stoffgebiete und Lehrerpersönlichkeiten, der Notendruck. Da ist es nicht immer leicht, einmal langsamer zu atmen, den Ohren Erholung zu gönnen und einfach zur Ruhe zu kommen. Stillephasen helfen einerseits, aufmerksamer, konzentrierter und leistungsfähiger zu werden. Aber sie können noch eine tiefere Bedeutung haben: Sie können helfen, sich auf das Wichtige im Leben zu besinnen, sich selbst wahrzunehmen, sich zu öffnen für Gott. Darum sind Stille und Meditation in vielen Religionen wichtig. Natürlich ist »Ruhig-werden« keine *Methode*, Beten erst recht nicht. Aber es gibt Übungen, die einem helfen können, zur Ruhe zu kommen.
Auch bei Stille-Übungen sind Regeln notwendig. Wichtig ist, dass du während dieser Stille-Übungen nicht sprichst und vor allem deine Klassenkameradinnen und -kameraden nicht ablenkst. Unter dieser Bedingung steht es denjenigen, die sich auf eine Übung nicht einlassen wollen oder können, frei, nicht mitzumachen.

Ganz Ohr sein
Eine Hilfestellung, zur Ruhe zu kommen, bietet der lang nachklingende Ton einer Klangschale, einer Stimmgabel oder Triangel. Schließe für diese Stille-Übung deine Augen und setze dich entspannt hin! Versuche dabei, gerade zu sitzen, deine Schultern und Arme sinken zu lassen, die Hände locker hinzulegen, den Atem ruhig fließen zu lassen! Dann ist jede/r so ruhig, dass man dem Ton so lange nachlauschen kann, bis er überhaupt nicht mehr zu hören ist. Welche anderen Geräusche hörst du in der sich anschließenden Stille, die du vorher nicht wahrgenommen hast? Ändert sich etwas an deinem Atem? Die Stille wird beendet mit einem erneuten Anschlagen des Instruments – wenn der Ton verklungen ist, könnt ihr euch über eure Wahrnehmungen austauschen.

Meditative Lieder singen
Um ruhig zu werden, muss man nicht seinen Mund halten. In allen Religionen gibt es meditative Lieder, die einem helfen können, innerlich ruhig zu werden. Vielleicht habt ihr Lust, einige der bekannten Taizé*-Lieder einzuüben und gemeinsam zu singen. Die ruhige Atmosphäre kann man durch geeignetes (Kerzen-)Licht unterstützen.

Sich auf eine Tätigkeit konzentrieren
Sicher kennst du das Gefühl, dass man sich so in eine Tätigkeit vertieft, dass man alles um sich herum vergisst und ganz darin aufgeht. Auch diese Art von Aufmerksamkeit und Konzentration kann man einüben – und die Ruhe dabei genießen. Ihr könnt euch z. B. in der Gruppe die Zeit nehmen, wie die Mönche in einem Skriptorium oder wie Kalligraphie-Künstler wichtige Texte besonders schön abzuschreiben. Oder ihr malt in Ruhe ein Bild (ab). Ruhige Musik im Hintergrund kann dabei helfen, sich voll auf seine Tätigkeit zu konzentrieren.

Beten
Ein Gebet ist kein Gebet, wenn es verzweckt wird, etwa als Entspannungsübung und als Methode, ruhig zu werden. Paulus sagt, dass »richtiges« Beten ein Geschenk Gottes ist (Röm 8,26). Vielleicht mögt ihr aber in eurem Schulalltag Inseln der Ruhe schaffen, in denen Raum ist für das Gebet: zum Nachsprechen von Psalmen und bekannten Gebetstexten, zum stillen persönlichen Gebet, zum Aufmerksam-Werden für Gottes Gegenwart. Dafür sind ganz unterschiedliche Formen denkbar, in denen keiner, der nicht beten möchte oder kann, sich dazu gedrängt fühlt.

Strukturieren und Visualisieren

»Du bringst es mal wieder auf den Punkt!«

»Manche Lehrer schreiben gar nicht mehr an die Tafel.«

»Mir fehlt der rote Faden!«

»Früher haben wir zu biblischen Geschichten immer gemalt.«

»Ich lerne am besten mit Stift in der Hand.«

»Man sagt: ›Ordnung ist das halbe Leben‹. – Und die andere Hälfte?«

Gehirnforscher gehen davon aus, dass das menschliche Gehirn auf zwei verschiedene Arten denkt: Das *begriffliche* Denken beruht auf Logik und Analyse und funktioniert oft linear, das *bildliche* Denken dagegen ist assoziativ und auf der sinnlichen Ebene empfänglich etwa für Farben, Klänge und Gerüche; es funktioniert vernetzt. Wenn man sich z. B. komplizierte Sachverhalte merken will, wenn man nach neuen Ideen sucht oder nach Lösungen für Probleme, empfiehlt es sich, beide Arten des Denkens zu nutzen. Dies geschieht, wenn man seine Gedanken strukturiert und visualisiert, z. B. durch Cluster oder Mindmaps.

Clustern

In die Mitte des Blattes wird ein Kernbegriff, ein Kernsatz (z. B. aus einem Text oder einer Diskussion) oder einfach ein Thema geschrieben und eingekreist. Rundherum werden möglichst rasch hierzu Einfälle notiert, jeweils eingekreist und mit der Mitte verbunden. Hängen diese Gedanken mit wieder anderen zusammen, werden diese ebenfalls aufgeschrieben und verknüpft. Cluster kann man mit »Büschel« oder »Traube« übersetzen. Traubenartig gruppieren sich also die Gedanken um die jeweiligen Stichwörter. Wichtig ist es, seine Gedanken erst einmal ganz entspannt fließen zu lassen und auch Gedankensprünge zuzulassen. Nach einer solchen Phase des assoziativen Denkens können die Gedanken leichter hierarchisch geordnet werden.

Mindmap

Dies kann z. B. durch eine Mindmap, also eine Gedächtnis- oder Gedanken(land)karte geschehen. Man schreibt (wie beim Clustern) sein Thema in die Mitte eines Blattes. Dann notiert man die wichtigsten Aspekte auf Äste um die Mitte herum. Wichtig ist dabei, zuerst Hauptäste und dann weitere Verzweigungen dieser Hauptäste aneinander zu hängen, so dass erst Ober- und dann Unterbegriffe dastehen. Beim klassischen Mindmapping soll auf jedem Ast nur ein Begriff stehen. Durch unterschiedliche Farben können Gruppierungen von Ästen gebildet werden. Aufgrund der Verbindung von Text und Visualisierung kann man sich Mindmaps leicht merken, man wird aktiv, erstellt eine übersichtliche Struktur und ist gezwungen, sich auf das Wesentliche zu konzentrieren.

Mindmapping ist besonders geeignet, um den Inhalt von Sachtexten und Lernstoff zu strukturieren, Vorträge und Präsentationen zu entwerfen, Gehörtes mitzuprotokollieren und Planung und Organisation zu veranschaulichen.

Für Mindmapping gibt es inzwischen auch leicht zu bedienende Computerprogramme. Sie ermöglichen es, die Bilder wiederholt umzustrukturieren oder Vergessenes leicht einzufügen, ohne dass die Übersichtlichkeit beeinträchtigt wird.

Da Mindmaps den persönlichen Gedankenprozess spiegeln und oft individuell gestaltet sind, ist es wichtig, sie anderen erklären zu können, sie also wiederum in zusammenhängende Sätze zurückzuverwandeln. Das folgende Beispiel zeigt eine einfache Gedankenlandkarte zum Leitthema dieses Buches: »Grenzen«. Versuche, nachzuvollziehen, wie es entstanden ist, und erkläre es in ganzen Sätzen!

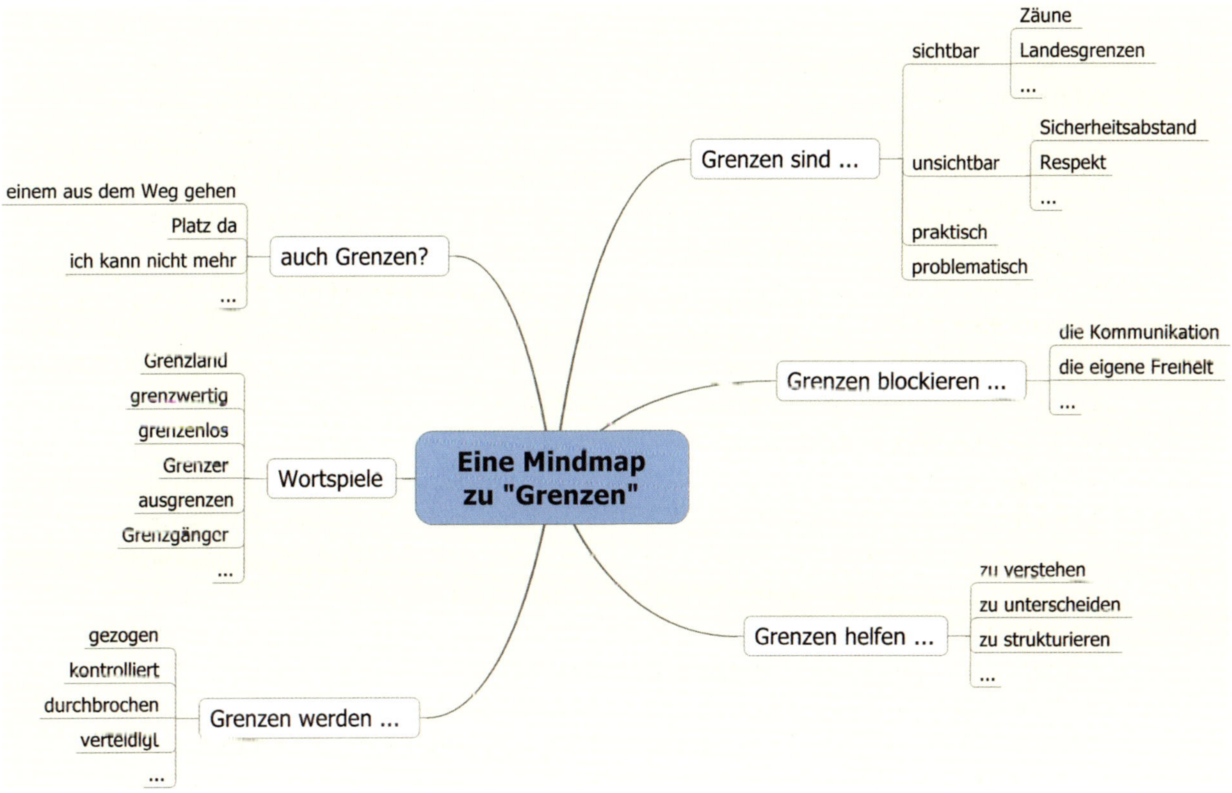

Andere Möglichkeiten, Gedanken zu ordnen und zu visualisieren, sind z. B. Baumdiagramm, Begriffshierarchie oder Flussdiagramm.

Texte erschließen

»Ohne Texte keine Religion!«

»Heilige Schrift?«

»Einmal lesen reicht nicht.«

»Wenn ein Lehrer sagt: ›Ich habe heute einen Text mitgebracht‹, stöhnen alle.«

»Texte sind eingefrorene Gespräche.«

»Text ist nicht gleich Text.«

»Verstehst du auch, was du liest?« (Apg 8,30)

Im Religionsunterricht liest man je nach Thema Geschichten, kurze Informationen, Dialoge, Gedichte, Tagebucheinträge oder Briefe und viele andere Textarten. Aus dem Deutschunterricht kennt ihr weitere Textsorten.
Außerdem habt ihr im Deutschunterricht die Unterscheidung zwischen Sachtext und fiktivem Text kennen gelernt und habt vielleicht schon entdeckt, dass fiktive Texte nicht einfach »erfunden« bzw. »erlogen« sind und dass Sachtexte nicht unbedingt »wahrer« sind als Märchen oder Romane. Diese Einsicht ist für religiöse Texte von besonderer Bedeutung. In den Religionen und auch in der christlichen Tradition sind etwa Mythen, Sagen und Legenden, aber auch Gedichte und Lieder von großer Bedeutung; sie können tiefe Glaubenswahrheit und Lebensweisheit enthalten, auch wenn sie keine historischen Fakten überliefern.

Ein Text hat im Religionsunterricht einen ganz besonderen Stellenwert: die Bibel. Ohne sie gäbe es keine christliche Religion. Sie prägt bis heute unsere christlich-abendländische Kultur. In Ortswechsel 5 hast du gelernt, wie die Bibel über einen langen Zeitraum mündlich und schriftlich überliefert wurde und hast darüber nachgedacht, wie man sie verstehen kann. Auch andere Religionen wie der Islam gründen auf überlieferten Texten und drücken sich in Texten aus.

Im Laufe der Religions- und Kirchengeschichte entstehen weitere Texte, die Auskunft über die Entwicklung der christlichen Religion und Kirche geben. Man nennt solche Texte Quellen (vgl. Geschichte). Aus historischen Quellen erfahren wir von einzelnen wichtigen Ereignissen und Personen in der Geschichte. Im Religionsunterricht haben wir es demnach oft mit Texten zu tun, die zum Teil schon Hunderte oder Tausende von Jahren alt sind.
Deshalb ist es kein Wunder, dass man diese alten Texte manchmal nur schwer verstehen kann. Bei Inschriften oder handschriftlich überlieferten Texten muss man oft erst einmal den Wortlaut rekonstruieren. (Das ist z. B. bei Texten wie dem römischen Opferedikt oder der Opferbescheinigung der Fall, die du in Kapitel 2 kennen gelernt hast.) Aber auch bei gedruckten Texten früherer Epochen sind uns vielleicht manche Wörter nicht mehr geläufig und man muss sie »übersetzen«, selbst wenn sie in deutscher Sprache verfasst sind (z. B. Luthers Erklärungen des Kleinen Katechismus). Um biblische und historische Quellen zu verstehen, ist es daher wichtig zu wissen, **wann** und **warum** sie entstanden sind, **wer** sie **mit welcher Absicht** verfasst hat, **welcher Textsorte** (s. o.) sie zuzuordnen sind und **wer** ihre möglichen **Leserinnen und Leser** waren. Über alte Texte hat man die Chance, ein Stück in die Geschichte zurückzublicken und sich in Menschen, die lange Zeit vor uns gelebt haben, einzufühlen. Es ist, als ob man sich auf Zeitreise begibt.

Um Texte zu erschließen, kann man in mehreren Schritten vorgehen:

1. Bei der **Textbegegnung** geht es darum, den Text erst einmal wahrzunehmen, ihm Raum und Stimme zu geben. Probiert aus, welche Texte man gut vorlesen kann und welche man besser still für sich liest! Überlegt auch, wer diesen Text am besten sprechen sollte: die Lehrerin, ein oder mehrere Schüler/innen? Eignet sich der Text, um ihn mit verteilten Rollen zu lesen oder sogar im Chor? (Dabei kann man auch einmal Experimente machen: z. B. Mädchen die Männerrollen übernehmen lassen und umgekehrt.) Man kann beim Vorlesen einzelne Wörter oder Teile erst einmal weglassen und dann von den anderen erraten lassen. Manche Geschichten möchte man vielleicht überhaupt nicht lesen, sondern man lässt sie sich lieber erzählen. Nehmt bei dieser ersten Begegnung auch eure ersten Eindrücke und Gefühle gegenüber dem Text wahr!

2. Die **Texterschließung** dient dazu, den Inhalt des Textes zu erfassen: Teste, welche Methode dir liegt! Man kann Texte gliedern, wichtige Sätze unterstreichen oder umgekehrt Unwichtiges löschen (natürlich braucht man dazu eine Kopie des Textes!). Man kann Texte kürzen oder zusammenfassen. Sinnvoll ist es, sich nach der ersten Lektüre zu den einzelnen Abschnitten Leitfragen zu überlegen oder Überschriften zu formulieren. Wenn es zur Textart passt, kann man Texte in eine Tabelle umarbeiten oder visualisieren (z. B. als Mindmap, vgl. S. 139). Eine Möglichkeit, einen erzählenden Text zu gliedern, kann sein, ihn in einen Comic zu verwandeln. In dieser Arbeitsphase müssen auch Verständnisschwierigkeiten (z. B. unbekannte Begriffe, schwierige Satzkonstruktionen und Zusammenhänge) geklärt werden.

3. Es ist wichtig, die Texterschließung und die eigene Meinung über den Text nicht miteinander zu vermischen. Erst wenn man geklärt hat, was im Text steht, ist Zeit für eine **Stellungnahme:** Wie beurteile ich die Aussage des Textes, was gefällt mir, was lehne ich ab, worüber muss ich noch nachdenken? Man kann den Text kommentieren, z. B. in Form von Sprechblasen am Rand des kopierten Textes, ihr könnt Gegen-Thesen formulieren, ein Streitgespräch mit dem Text inszenieren, einen Leserbrief formulieren, eine Pro- und Contra-Diskussion in der Klasse durchführen oder einen Antitext schreiben.

4. Vielleicht könnt ihr euch hin und wieder Zeit nehmen, einen Text kreativ zu **gestalten.** Dazu eignen sich besonders Erzählungen, Gedichte und »besondere« Texte (z. B. das Glaubensbekenntnis). Hier gibt es vielfältige Möglichkeiten: einen Text ganz oder teilweise umschreiben, eine Fortsetzung erfinden, eine Rahmenerzählung erfinden; eine Textcollage anfertigen (den Text zerschneiden und mit Ausschnitten aus anderen Texten zu einer Collage zusammenfügen) oder eine Text-Bild-Collage; Teile des Textes in besonders schöner Schrift schreiben (z. B. eine Postkarte gestalten); ein gegenständliches oder abstraktes Bild malen; einen Text musikalisch untermalen ⑥; eine Filmsequenz entwerfen.

5. Im letzten Schritt der **Textaneignung** entscheidet ihr, welche Elemente und Inhalte des Textes ihr behalten wollt. Aus Sachtexten merkt man sich die wichtigsten Informationen. Bei Texten, die für die christliche Tradition sehr wichtig sind (z. B. Ps 23, Glaubensbekenntnis), aber auch bei Texten, die euch besonders ansprechen, bietet es sich an, sie ganz oder teilweise auswendig zu lernen ⑤.

GRUNDWISSEN 7

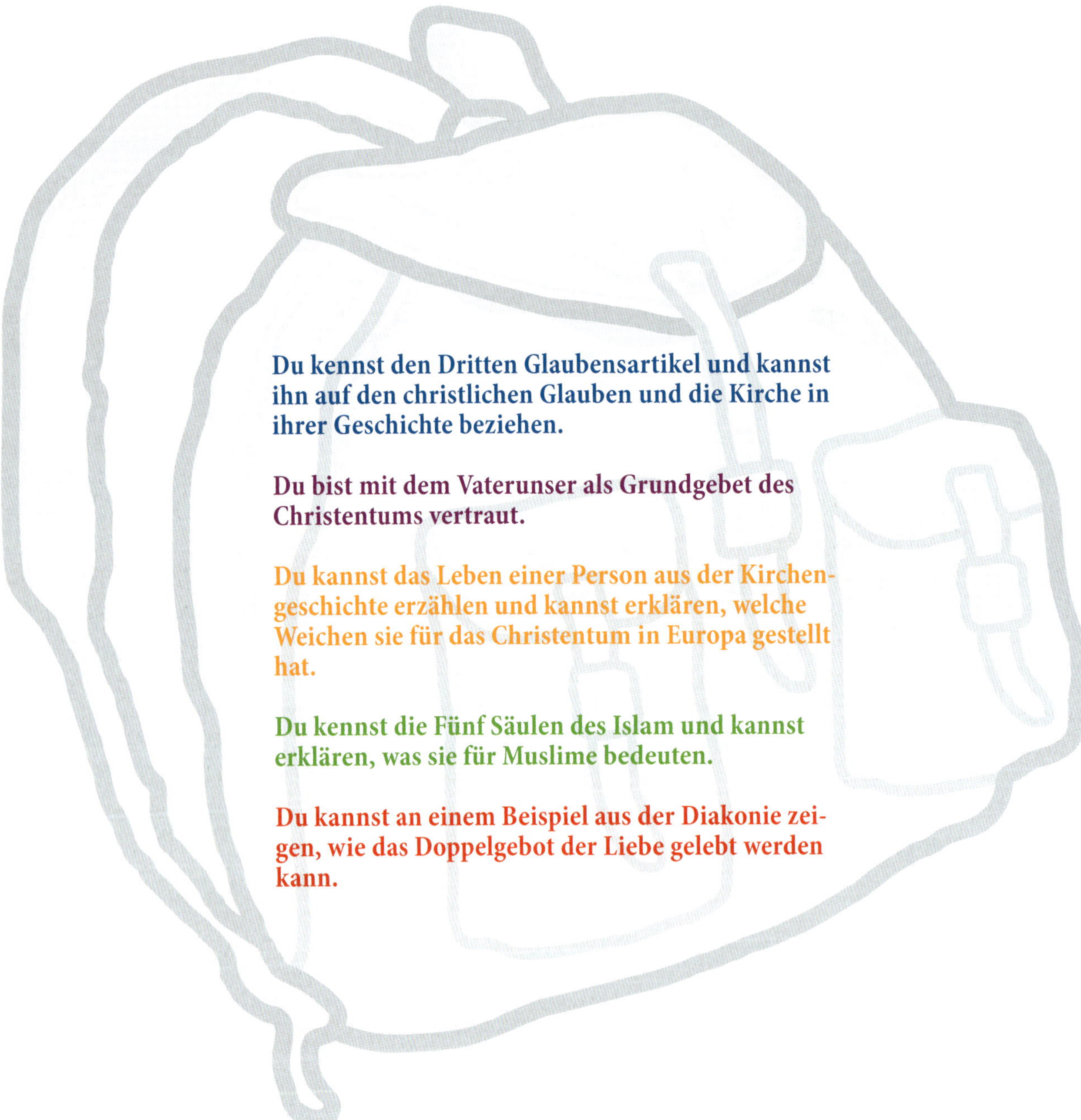

Du kennst den Dritten Glaubensartikel und kannst ihn auf den christlichen Glauben und die Kirche in ihrer Geschichte beziehen.

Du bist mit dem Vaterunser als Grundgebet des Christentums vertraut.

Du kannst das Leben einer Person aus der Kirchengeschichte erzählen und kannst erklären, welche Weichen sie für das Christentum in Europa gestellt hat.

Du kennst die Fünf Säulen des Islam und kannst erklären, was sie für Muslime bedeuten.

Du kannst an einem Beispiel aus der Diakonie zeigen, wie das Doppelgebot der Liebe gelebt werden kann.

LEXIKON

Lexikon

A

Abba ist im Aramäischen (der Sprache Jesu, einer Form des Hebräischen) eine zärtliche, liebevolle Bezeichnung für »Vater« (»Papa«).

Abraham ist der erste und wichtigste der Erzväter Israels. Die biblischen Sagen von Abraham, Isaak und Jakob erinnern an eine frühe Zeit (vielleicht ca. 2000 v. Chr.), in der die Vorfahren Israels als Kleinviehnomaden lebten. Das Alte Testament erzählt, dass Gott Abraham und seinen Nachkommen Segen verheißen und mit ihm einen Bund geschlossen hat. → Juden, Christen und Moslems verehren ihn als Stammvater des Glaubens. Die arabischen Stämme sehen sich als Nachkommen von Abrahams Sohn → Ismael.

Abt wird der Vorsteher eines Klosters genannt. Er entscheidet in allen wichtigen organisatorischen Fragen. Darüber hinaus sorgt er auch für das geistliche Wohl der Mönche. Das Wort Abt hat hebräische Wurzeln und bedeutet »Vater«. In Frauenklöstern heißt die Vorsteherin Äbtissin.

Aleviten: Diese freiheitliche Richtung des Islam lehnt die Scharia (das Religionsgesetz) sowie die → Fünf Säulen des Islam ab. Ihre Vertreter unterstützten die Gründung der modernen Türkei unter Kemal Atatürk, setzen sich für die Trennung von Staat und Religion sowie die Gleichberechtigung von Mann und Frau ein.

Alzheimer-Krankheit, benannt nach dem Neurologen A. Alzheimer (*1865, †1915); ist eine eher im höheren Lebensalter auftretende Erkrankung der Großhirnrinde, bei der die Funktion von Nervenzellen unwiederbringlich zerstört wird. Folge davon ist Demenz, die sich z. B. als hochgradige Vergesslichkeit äußert. Die Ursache ist im Wesentlichen unklar, man geht aber von einer genetischen Anlage aus, durch die ein natürlicher Stoffwechselvorgang, der Ablagerungen im Gehirn produziert, beschleunigt stattfindet.

Apostel waren die Prediger der ersten Christen. Sie erzählten die Botschaft von Jesus Christus weiter. Daher auch ihr Name, denn griechisch *apostolos* bedeutet »Gesandter«. Ursprünglich war der Kreis der Apostel geöffnet. Zu ihm zählten neben → Paulus und Petrus auch so unbekannte Männer wie Junias (möglicherweise war Junias eine Frau und hieß Junia) und Andron. Noch am Ende des 1. Jahrhunderts gibt es wandernde Apostel. Der → Evangelist Lukas jedoch spricht von zwölf Aposteln (zwölf Jüngern), die von Jesus gesandt worden sind. Sie bilden die erste Kirchenleitung.

Apostelgeschichte: Dieses biblische Buch folgt im Neuen Testament auf die vier → Evangelien und bildet die Fortsetzung des Lukasevangeliums, von dessen Verfasser es stammt. Es handelt – beginnend mit den Ereignissen um Himmelfahrt und → Pfingsten – von der Ausbreitung des Christentums von Jerusalem über Judäa, Samaria, Antiochien bis nach Rom. Eine wichtige Rolle spielt darin die sehr lebendige und spannende Schilderung der Reisen des → Paulus.

Bei der **Apostelversammlung** (Apostelkonzil), die um 48 n. Chr. in → Jerusalem stattfand, wurde die Entscheidung getroffen, dass nicht nur → Juden, sondern auch sog. → Heiden Teil der christlichen Gemeinde werden dürfen. Dieser Beschluss war entscheidend für die Ausbreitung des Christentums in der ganzen Welt.

apostolisch: Mit diesem Begriff soll ausgesagt werden, dass etwas im Sinne der → Apostel ist oder von ihnen ausgeht. Mit der Bezeichnung »apostolisches Glaubensbekenntnis« will man also sagen, dass es dem Glauben der → Apostel entspricht. In der katholischen Kirche bedeutet apostolisch oft auch päpstlich, weil sich der Papst als Nachfolger des Apostels Petrus sieht.

Arabisch: Da die Ursprache des → Korans Arabisch ist, erlangte diese Sprache durch die Ausbreitung des Islam (ab dem 7. Jh.) große Bedeutung. In der Regel wurde sie mit der Einführung des Islam als Schriftsprache übernommen. Seit dem Mittelalter entwickelten sich unterschiedliche Dialekte, unter anderem Irakisch, Syrisch-Palästinisch und Ägyptisch. Wie auch beim Hebräischen besteht die Schrift des Arabischen nur aus Konsonanten. Die Vokale werden mündlich hinzugefügt. Für die Umschrift arabischer Wörter existieren sehr unterschiedliche Schreibweisen, z. B. → Hadjj / Hadsch usw.

B

Baptisten: Mitglieder der größten evangelischen Freikirche; sie wurde im 17. Jh. in England gegründet und breitete sich besonders in den USA aus; in Deutschland leben 84.000 getaufte Baptisten in 836 Gemeinden. Wichtiges Kennzeichen dieser Kirche sind Erwachsenentaufe, Autorität der Heiligen Schrift, demokratische Kirchenstruktur und Trennung von Kirche und Staat.

Barock: Eine → Epoche der Kunst, die sich im 17. und 18. Jahrhundert in Werken der Architektur, Malerei, Musik und Literatur zeigte. So sind auch viele Kirchen nach dem Dreißigjährigen Krieg (1618–1648) im Barockstil erbaut. Sie sind häufig prächtig mit Gold und Marmor ausgestattet und wirkten auf die damaligen Menschen wie ein Stück Himmel auf Erden. Kennzeichnend für eine Barockkirche sind runde Grundformen, große, unbemalte Glasfenster, üppige Verzierungen aus Stuck (Masse aus Gips, Kalksteinmehl, Sand und Wasser), unzählige Putten (kleine, meist nackte Kinderengel mit oder ohne Flügel) und großflächige Deckengemälde.

Benedikt von Nursia wurde um 480 in Mittelitalien geboren. Nach einem kurzen Studienaufenthalt in Rom suchte er die Einsamkeit und lebte zunächst zurückgezogen in einer Höhle östlich von Rom. Bald leitete er eine kleine Siedlung von Klöstern, bevor er schließlich auf dem Monte Cassino, 150 km südöstlich von Rom, ein großes Kloster gründete. Die von ihm dort verfasste Mönchsregel hatte entscheidenden Einfluss auf die Gestaltung des Klosterlebens im westlichen Europa. Benedikt gilt als »Vater des abendländischen Mönchtums«.

Benediktiner: Mönchsorden, der der Regel → Benedikts folgt. Gegenwärtig gibt es weltweit rund 40.000 Mönche und Nonnen bzw. Schwestern, die zur benediktinischen Ordensfamilie gehören.

Berliner Mauer: Nach dem Zweiten Weltkrieg verlief die innerdeutsche Grenze auch mitten durch die Stadt Berlin. Während Ostberlin die Hauptstadt der → DDR war, gehörte Westberlin zur Bundesrepublik Deutschland, obwohl es von DDR-Gebiet umschlossen war. In den ersten Jahren flohen aufgrund der wirtschaftlich schlechten Situation und der zunehmenden Einschränkung von Freiheiten immer mehr DDR-Bürger in den Westen. Darum wurde am 13. August 1961 zunächst ein Stacheldrahtzaun errichtet. Später wurde eine Betonmauer gebaut und von einem »Todesstreifen« umgeben. Bei Fluchtversuchen starben an der Berliner Mauer viele Menschen.

Bilderverbot: Das zweite Gebot alttestamentlicher Zählung (2. Mose 20,4) bezog sich ursprünglich auf die Verehrung fremder Gottheiten. Im Judentum, im Islam und in einigen christlichen → Konfessionen wird dieses Bilderverbot ganz wörtlich befolgt. In der katholischen und evangelisch-lutherischen Kirche wird das Bilderverbot übertragen verstanden: Es verbietet, Gott auf eine bestimmte Vorstellung festzulegen, sich ein Bild von Gott zu machen, das fertig ist. (→ Zehn Gebote).
Der Islam kennt auch ein Bilderverbot, das sich auf lebendige Wesen bezieht. Es geht zwar nicht auf den → Koran zurück, sondern auf die prophetische Tradition, hat sich aber weitgehend durchgesetzt. Deswegen wollen sich manche Muslime auch nicht gerne fotografieren lassen. Dafür hat sich die Kunst der Ornamentik und der Kalligraphie (Schönschrift) zu einem bedeutenden künstlerischen Darstellungsmittel entwickelt. Ganz durchsetzen konnte sich das Bilderverbot aber nicht. Vor allem an den Höfen der Herrscher entstanden Buchmalereien und Miniaturen zu verschiedensten Themen. Diese Kunstwerke waren aber zunächst nicht öffentlich.

Bischof ist in vielen christlichen Kirchen ein geistlicher Würdenträger, der die Leitung eines bestimmten Gebietes innehat, das zahlreiche Gemeinden umfasst. Katholische Bischöfe werden vom Papst ernannt. In den evangelischen Landeskirchen wird ein Landesbischof vom Kirchenparlament gewählt. Er trägt ein goldenes Brustkreuz.

Bonhoeffer, Dietrich (*4. Februar 1906 in Breslau, †9. April 1945 im KZ Flossenbürg) war ein evangelischer Theologe, der sich zur Zeit des Nationalsozialismus aktiv am Widerstand gegen Adolf Hitler und dessen Diktatur beteiligte. Am 5. April 1943 wurde er deshalb verhaftet und kurz vor Kriegsende im Konzentrationslager Flossenbürg hingerichtet. Viele Menschen kennen sein Gedicht »Von guten Mächten wunderbar geborgen«, das er im Gefängnis für seine Verlobte schrieb.

Brot für die Welt ist die Hilfsorganisation der evangelischen Landes- und Freikirchen in Deutschland. Sie hat sich zur Aufgabe gemacht, Armut und Not zu bekämpfen und die Bemühungen für eine gerechtere Welt zu unterstützen. Unter dem Leitmotiv »Den Armen Gerechtigkeit« leistet »Brot für die Welt« in mehr als 1000 Projekten gemeinsam mit einheimischen Kirchen und Partnerorganisationen in Afrika, Asien, Lateinamerika und Osteuropa Hilfe zur Selbsthilfe.

Bürgerrecht: Wenn man das römische Bürgerrecht innehatte, durfte man wählen und sich selbst wählen lassen und war zum Kriegsdienst verpflichtet. Es schützte ferner vor einer harten Rechtssprechung. Insofern kam es auch dem Apostel Paulus zugute.

Christus → Messias

Danklied → Psalmen

DDR Von 1949 bis 1990 war Deutschland geteilt in die Bundesrepublik Deutschland (BRD) im Westen und die Deutsche Demokratische Republik (DDR) im Osten. Die DDR, die auf dem Gebiet der Sowjetischen Besatzungszone gegründet worden war, verstand sich als sozialistischer Staat. Sie wurde nicht demokratisch regiert, sondern es bestand eine Diktatur der Sozialistischen Einheitspartei Deutschlands (SED). Wesentliche Grundrechte wie das Recht auf Meinungs- und Reisefreiheit wurden nicht gewährt, die Menschen wurden mit Hilfe des umfangreichen Überwachungsapparats des Ministeriums für Staatssicherheit (Stasi) kontrolliert. Aufgrund der friedlichen Revolution 1989 wurde die → Berliner Mauer am 9. November 1989 geöffnet. Am 3. Oktober 1990 wurde Deutschland wiedervereinigt.

Diana war in der römischen Mythologie die Göttin des Mondes und der Fruchtbarkeit, Beschützerin der Frauen und Mädchen. Sie war Helferin bei der Niederkunft, hatte jedoch auch Züge einer Todesgöttin. Sie ging aus Jupiters Verbindung mit Latona hervor und war die Schwester des Apollo. Sie blieb Jungfrau und vermählte sich nicht.

Doppelgebot der Liebe: Jesus fand in seiner Bibel, dem Alten Testament, das Gebot, Gott über alles zu lieben (5. Mose 6,5), und das Gebot, den anderen Menschen, den »Nächsten«, zu lieben wie sich selbst (3. Mose 19,18). Für ihn gehörten diese beiden Gebote zusammen (Lk 10,27); in ihnen sind alle anderen Gebote und Regeln enthalten.

E

Die **ELKB (Evangelisch-Lutherische Kirche in Bayern)** ist eine von 22 Gliedkirchen der EKD (Evangelische Kirche Deutschlands), der zur Zeit ca. 2,6 Millionen Gemeindemitglieder in 1.540 Kirchengemeinden angehören. Genaue Informationen über Aktivitäten, Geschichte, Zahlen etc. findet man unter www.bayern-evangelisch.de. Auf S. 157 findest du eine Übersicht, wie die ELKB aufgebaut ist.

Epikureer sind Anhänger des Philosophen Epikur, der das persönliche Glück ins Zentrum seines Ansatzes stellte. Das persönliche Glück wird dadurch erzeugt, dass man Schmerz meidet und stattdessen tut, was einem Lust bereitet.

Epoche bezeichnet eine Phase der Geschichte, die sich durch bestimmte Merkmale von anderen Phasen abgrenzt. Diese Merkmale finden sich z. B. in Architektur, Kunst und Literatur und drücken aus, was den Menschen einer bestimmten Zeit wichtig war.

Evangelium: (gr. *euangelion:* gute Nachricht, pl. Evangelien) bezeichnete zunächst jede gute Botschaft. Dann wurde der Ausdruck übertragen auf die Kunde von Jesus → Christus und schließlich verwendet für die Schriften, die vom Leben Jesu erzählen. Das älteste Evangelium hat Markus ca. 70 n.Chr. geschrieben. Matthäus und Lukas haben ca. 80/90 n.Chr. ihre Evangelien aus Teilen des Markusevangeliums sowie aus anderen Quellen (v. a. einer Quelle mit Worten Jesu) zusammengestellt. Das Johannesevangelium entstand ca. 100 n. Chr. und ist in seinen Worten und Gedanken sehr eigenständig. Einen Vergleich der Evangelien nennt man »Synopse« (= Zusammenschau). Manchmal wird auch das gesamte Neue Testament als Evangelium bezeichnet.

F

Fisch: Das griechische Wort für Fisch, *ICHTHYS*, besteht aus den griechischen Anfangsbuchstaben von »Jesus Christus Gottes Sohn Retter«. Bereits die ersten Christen verwendeten dieses → Symbol als Erkennungs- und Geheimzeichen: Man findet es in den römischen Katakomben. Heutzutage ist es wieder vermehrt in der Öffentlichkeit präsent (z. B. als Autoaufkleber).

Frankenreich: Nach dem Zerfall des Römischen Reiches entwickelte sich ab dem 5. Jahrhundert ein neues politisches Machtzentrum, das Frankenreich. Von Nordgallien aus breitete es sich nach Süden und Osten aus und bestimmte das Geschehen in Mittel- und Westeuropa bis ins 9. Jahrhundert.

Franz von Assisi (*ca. 1181, † 1226), mit bürgerlichem Namen Giovanni Bernardone, entstammte einer wohlhabenden italienischen Kaufmannsfamilie. Seit seinem Bekehrungserlebnis nach schwerer Krankheit (etwa 1208) zog er als Bettler und Wanderprediger umher und pflegte Kranke. Aus den Anhängern, die sich ihm bald anschlossen, entstand der »Orden der Minderen Brüder«, die späteren Franziskaner. Christus nachzufolgen, bedeutete für Franz von Assisi ein Leben in Armut und Buße im Dienst am Menschen. Ihm wird große Einfühlsamkeit nachgesagt. Eines seiner bekanntesten Gebete ist der Sonnengesang (vgl. das Lied »Laudato si«, EG 515).

Fünf Säulen des Islam: Das Glaubensbekenntnis (→ Schahada), das Pflichtgebet (Salat), die → Wallfahrt nach → Mekka (→ Hajj), die Armensteuer (Zakat) und das Fasten im → Ramadan (Saum) sind die fünf Pfeiler des muslimischen Glaubens.

Fundamentalismus: Mit diesem Begriff fasst man weltanschauliche und religiöse Haltungen zusammen, die durch kompromissloses Festhalten an Grundsätzen (lat. *fundamentum:* Grundlage) und durch einen radikal vertretenen Wahrheitsanspruch gekennzeichnet sind. Am häufigsten hört man diesen Begriff heute im Zusammenhang mit islamistischen Gruppierungen, doch auch im Christentum sowie in anderen Religionen und Weltanschauungen finden sich fundamentalistische Strömungen.

G

Gleichnis: Im Gleichnis wird etwas mit Hilfe eines sprachlichen Bildes beschrieben, verständlich gemacht oder ausgedrückt. Jesus beschreibt das Wirken Gottes bildhaft zum Beispiel mit den Erfahrungen eines Bauern und seiner Saat (Mk 4,26 ff). Dabei erklärt er nicht nur das → Reich Gottes, sondern lässt es seinen Zuhörern auch anschaulich und lebendig werden. Was Gleichnisse aussagen wollen, steht nicht einfach fest. Sie müssen immer wieder neu gedeutet werden. Das macht sie so spannend.

Götzen: In der Bibel werden die nichtjüdischen bzw. nichtchristlichen Götter Götzen genannt. Im weiteren Sinne wird (z.B. von Martin Luther) auch als »Götzendienst« bezeichnet, wenn Menschen sich in gefährlicher Weise abhängig machen, wenn sie z.B. Stars oder Politiker »vergöttern« oder sich ganz auf materiellen Besitz verlassen.

H

Hajj / Hadsch nennt man die Pilgerreise oder → Wallfahrt eines Muslim nach → Mekka zu den heiligen Städten der Muslime (→ Kaaba). Der Hadsch ist eine der → fünf Säulen des Islam und sollte von jedem Muslim nach Möglichkeit einmal im Leben absolviert werden. Durch ihn wird ein Muslim von allen Sünden gereinigt. Er wird als das größte Ereignis im Leben eines Muslim gesehen. Wegen der Besonderheiten des → Arabischen gibt es in lateinischer Umschrift die unterschiedlichsten Schreibweisen von Hadsch: z. B. Hatsch, Haddsch, Hitschra, Hetschra, Hadjdj, Hagg etc.

Heiden: Die Bedeutung des Wortes entwickelte sich, als sich das Christentum im Römischen Reich ausbreitete. Es bezeichnet ursprünglich Menschen, die in abgelegenen Gegenden (in der Heide) lebten und im Gegensatz zu den Menschen in der Stadt oft noch den alten römischen Göttern anhingen. Später wurden Menschen unabhängig von ihrem Wohnort Heiden genannt, die weder der jüdischen noch der christlichen Religion angehören.

Hus, Jan (1370–1415) wollte schon 100 Jahre vor Martin → Luther die damalige Kirche erneuern. Er kämpfte gegen die Verweltlichung der Kirche und sah die Bibel, nicht den Papst, als letzte Instanz in Glaubensfragen an. Er wurde als Ketzer auf dem Scheiterhaufen verbrannt.

Hymnus (griech. *hymnos:* Tongefüge): ein Lobgesang oder Lobgedicht. Zahlreiche Psalmen und Kirchenlieder sind Hymnen. Heute kennt man den Ausdruck auch durch die Nationalhymne.

I

Ismael ist nach den Erzählungen im ersten Buch Mose der Sohn von → Abraham und Hagar, einer ägyptischen Sklavin. Weil Abrahams Frau Sara zunächst keine eigenen Kinder bekam, gebar Hagar Abraham einen Nachkommen an Saras statt (vgl. 1. Mose 16). Später, als Sara selbst Isaak geboren hatte, wurde Hagar mit Ismael von Abraham ausgesetzt. Gott verhieß Hagar für ihren Sohn eine große Nachkommenschaft. Ismael gilt den Muslimen als Ahnherr.

J

Jerusalem wurde von König David zur Hauptstadt Israels gemacht; Salomo ließ dort den ersten Tempel bauen. Jerusalem wurde 586 v. Chr. von den Babyloniern zerstört; ein großer Teil der Bevölkerung wurde nach Babylon ins Exil verschleppt. Unter römischer Herrschaft baute Herodes der Große Jerusalem prachtvoll aus. An den großen Festen pilgerten die Israeliten nach Jerusalem. Auch Jesus ging zum Pessachfest nach Jerusalem. Dort wurde er gekreuzigt und begraben. 70 n. Chr. wurden Stadt und Tempel von den Römern zerstört. Heute ist Jerusalem heilige Stadt von → Juden, Christen und Moslems; Palästinenser und Juden beanspruchen sie als ihre Hauptstadt.

Juden werden sowohl die Angehörigen des jüdischen Volkes (das ist, wer von einer jüdischen Mutter geboren wurde) als auch die Anhänger der jüdischen Religion genannt. Urvater der Juden ist → Abraham, als Stifter der jüdischen Religion gilt Mose. Jesus war Jude; er lebte und lehrte in der Tradition des Judentums. Nach der Zerstörung → Jerusalems 70 n. Chr. verließen die meisten Juden ihr Land. In Babylon, Afrika, Spanien, Mittel- und Osteuropa entstanden jüdische Gemeinden. Immer wieder mussten die Juden in den Ländern, in denen sie lebten, Verfolgungen und Vertreibungen erleiden. In der Zeit des Nationalsozialismus wurden im Auftrag Hitlers 6 Millionen Juden ermordet. Nach dem Zweiten Weltkrieg wurde der Staat Israel gegründet. Heute leben ca. 13,3 Millionen Juden auf der ganzen Welt, die meisten in den USA und Israel. In Deutschland wohnen ca. 220.000 Menschen jüdischen Glaubens.

K

Kaaba (→ arabisch: Würfel) ist das Hauptheiligtum im Islam und trägt den Beinamen »Haus Gottes«. Architektonisch handelt es sich um ein Gebäude in → Mekka, in das ein schwarzer Stein (Hadjar al-Aswad), ein Meteorit, eingebaut ist. An der Kaaba wurden schon in vorislamischer Zeit Stammesgötter verehrt, Muhammad bezog ihre Widmung auf

Allah und »reinigte« aus seiner Sicht damit insofern die Kaaba, als sie nur noch einem Gott gewidmet war. Heute ist sie Hauptziel der → Hadjj.

King, Martin Luther (*15. Januar 1929, † 4. April 1968): Der amerikanische Pfarrer Martin Luther King ist die wichtigste Symbolfigur der Bürgerrechtsbewegung in den USA. Diese kämpfte gewaltlos für die Gleichstellung der Schwarzen in der amerikanischen Gesellschaft. Mittel dieses gewaltlosen Widerstands waren neben dem Nichteinhalten ungerechter Gesetze Demonstrationen, Boykotts und Sitzstreiks. Das rednerische Geschick Martin Luther Kings hat wesentlich dazu beigetragen, dass die Proteste tatsächlich gewaltlos blieben und dass 1964 schließlich ein Gesetz erlassen wurde, das die Rassentrennung verbot. Ein entscheidender Schritt auf dem Weg zu diesem Erfolg war seine berühmte Rede »I have a dream«, die er im August 1963 bei einer Massendemonstration in Washington gehalten hat. Am 4. April 1968 wurde er in Memphis/Tennessee erschossen.

Kirchenväter sind Menschen, die sich in den ersten Jahrhunderten, als sich das Christentum ausbreitete, grundsätzliche Gedanken zum christlichen Glauben gemacht haben und dadurch entscheidend zur Ausbildung der christlichen Lehre beigetragen haben. Zu den bekanntesten gehören Augustinus, Tertullian, Hieronymus.

Klagepsalmen → Psalmen

Kleiner Katechismus: Der 1529 von Martin → Luther verfasste Kleine Katechismus sollte ursprünglich der Vermittlung des christlichen Glaubens innerhalb der Familie dienen. In der Form von Fragen und Antworten erläutert er die Zehn Gebote, das Glaubensbekenntnis, das Vaterunser, die Taufe und das Abendmahl. Als Bestandteil der lutherischen Bekenntnisschriften ist der Kleine Katechismus im Evangelischen Gesangbuch abgedruckt.

Knigge, Adolph Freiherr, (*1752, †1796) war Jurist und Schriftsteller und wurde vor allem durch die Sammlung von Lebensregeln »Vom Umgang mit Menschen« (1788), kurz »Knigge« genannt, weit über seinen Zeit hinaus berühmt. Knigge selbst ging es in seinem Buch um ein mitmenschliches Miteinander, heute wird sein Anliegen oft verkürzt verstanden, als ginge es nur um »Benimmregeln«.

Konfession (lat.: Bekenntnis) nennt man im allgemeinen Sprachgebrauch die Untergruppe einer Religion. So spricht man z. B. von römisch-katholischer, russisch- bzw. griechisch-→ orthodoxer, evangelisch-lutherischer und evangelisch-reformierter Kirche.
Konfession im theologischen Sinn bezeichnet eine Zusammenfassung von wichtigen Glaubensinhalten.

Konfirmation (lat. *confirmatio:* Befestigung, Bekräftigung): Über die Taufe eines kleinen Kindes entscheiden die Eltern gemeinsam mit den Patinnen oder Paten. Mit der Konfirmation (meist im Alter von 14 Jahren) sagen die Konfirmandinnen und Konfirmanden selbst bewusst »Ja« zu ihrer Taufe. Im Konfirmandenunterricht beschäftigen sich die Jugendlichen mit dem christlichen Glauben, bereiten Gottesdienste vor und prüfen dabei für sich, ob sie der Kirche angehören wollen. In einem festlichen Konfirmationsgottesdienst werden die Konfirmandinnen und Konfirmanden eingesegnet. Die Kirche überträgt den Jugendlichen alle Rechte, die jedes Kirchenmitglied hat, und die Gemeinde verspricht, sich für die Interessen der Jugendlichen einzusetzen.

Koran: (arab. *Qur'an*: Lesung) heißt das heilige Buch der Muslime, das nach muslimischem Glauben dem → Propheten Muhammad in → arabischer Sprache zwischen 610 und 632 durch den Engel Gabriel offenbart wurde.

Korbinian: (*ca. 680; † ca. 725), erster Bischof von Freising; er lebte zunächst als Einsiedler, wurde dann vom Papst zum Bischof geweiht und arbeitete als Missionar in der Schweiz, Bayern und Norditalien. In Freising gründete er die spätere Abtei Weihenstephan.

Konstantin (um 280–337 n. Chr.): Im Kampf gegen seine Rivalen um die Herrschaft im Römischen Reich ging Konstantin 312 aus der Schlacht an der Milvischen Brücke vor Rom als Sieger hervor. Es wird überliefert, dass Konstantin vor der Schlacht das Kreuzeszeichen erschienen ist. Nachdem Konstantin nach der entscheidenden Schlacht Kaiser des Westens war, erließ er 313 das Mailänder Toleranzedikt, das den Christen im ganzen Reich freie Religionsausübung zusicherte. Als er 324 den Rivalen aus dem Osten des Römischen Reiches besiegt hatte, war er Alleinherrscher über das gesamte Römische Reich. Er verlegte seinen Regierungssitz von Rom nach Byzanz, das fortan Konstantinopel hieß. Von der Kirche erwartete er Einheit und Unterstützung seiner Herrschaft und beteiligte sich deshalb rege an den kirchlichen Auseinandersetzungen, wobei er sich selbst erst kurz vor seinem Tod taufen ließ.

Konvertit nennt man einen Menschen, der sein ursprüngliches religiöses Bekenntnis aufgibt und sich zu einem anderen bekennt, also z. B. vom Christentum zum Islam konvertiert. Auch wenn jemand zwischen christlichen → Konfessionen wechselt, spricht man von Konvertieren.

L

Luther, Martin (*10. November 1483, †18. Februar 1546 jeweils in Eisleben) ist der wichtigste Mitbegründer der Reformation und damit der evangelischen Kirche. Luther hatte ursprünglich nicht vor, eine eigene Kirche zu gründen. Es ging ihm vor allem darum, Missstände zu überwinden, zum Beispiel den sogenannten Ablasshandel. Dabei dachten Menschen, sie könnten sich die Gnade Gottes mit Geld oder guten Taten erkaufen. Luther lehrte dagegen, dass man Gottes Liebe einfach vertrauen darf. Damit sich jeder Christ selbst von dieser frohen Botschaft überzeugen kann, hat Luther die Bibel in die deutsche Sprache übersetzt.

M

Märtyrer (von griechisch *martyrion:* Zeugnis, Beweis) sind Menschen, die verfolgt werden oder den Tod erleiden, um ihren Glauben zu bezeugen. Darüber hinaus werden auch Menschen »Märtyrer« genannt, die wegen ihrer (z. B. politischen) Überzeugung verfolgt und umgebracht werden. Der Märtyrerbegriff wird missbraucht, wenn damit Gewalt gegen Andersdenkende gerechtfertigt werden soll (z. B. im Fall von terroristischen Selbstmordattentaten).

Meditation (lat. *meditari:* nachsinnen, sich besinnen): In vielen Religionen kennt man Übungen, die der völligen Entspannung, Achtsamkeit und Konzentration sowie der Öffnung für besondere Bewusstseinszustände dienen. Eine zentrale Bedeutung hat Meditation in den fernöstlichen Religionen, aber auch im Christentum spielen Besinnung und meditatives Gebet eine wichtige Rolle. Bekannt und auch unter Jugendlichen beliebt sind die meditativen Gesänge aus → Taizé.

Mekka: die Geburtsstadt des → Propheten Mohammed im heutigen Saudi-Arabien gilt als heiligster Ort des Islam und ist Ziel der → Hadjj.

Messias (hebr. *Maschiach*) bedeutet »der gesalbte (König)«. Im alten Israel wurden Könige durch eine Salbung mit Öl in ihr Amt berufen. Zur Zeit Jesu erhofften sich die → Juden, dass Gott den von den → Propheten verheißenen Messias schicken möge, der die Römer aus ihrem Land vertreiben und immerwährenden Frieden bringen würde. Es gab ganz unterschiedliche Vorstellungen vom Kommen des Messias: Die Zeloten wollten durch ihren eigenen Einsatz im Kampf gegen die Römer bei der Errichtung des Friedensreichs mithelfen. Die → Pharisäer waren der Ansicht, dass man nur durch das Halten der → Tora, nicht aber durch Gewalt das Kommen des Messias bewirken könne. Christen sehen im gekreuzigten und auferstandenen Jesus Christus den erhofften Retter. Das griechische Wort christos bedeutet ebenfalls »der Gesalbte«. Der Name Jesus Christus ist also ein Bekenntnis: Jesus ist der Messias.

Minarett (→ arabisch: Platz, wo Feuer oder Licht ist) nennt man den Turm einer Moschee, meist mit einem Balkon oder eine Galerie, von dem aus der → Muezzin die Muslime zum Gebet ruft.

Mission kommt aus dem Lateinischen und bedeutet »Sendung«. Gemeint ist damit die Sendung der Jünger Jesu und der Christen, die seinen Auftrag weiter führen und die Botschaft vom → Reich Gottes in Worten und Taten zu den Menschen tragen. Evangelische Kindergärten, Beratungseinrichtungen, Krankenhäuser und viele andere Angebote sind damit auch Teil der »Mission«. Mission im christlichen Sinn zeigt Respekt gegenüber Menschen anderen Glaubens; dies schließt auch mit ein, dass man von seinem eigenen Glauben erzählt.

Mose gilt als Anführer der Israeliten bei ihrer Flucht aus Ägypten und bei ihrer Wüstenwanderung ins gelobte Land. Er empfängt von Gott die Gebotstafeln; die fünf Bücher Mose, die nach heutiger Erkenntnis aus vielen mündlichen und schriftlichen Quellen stammen, tragen seinen Namen.

Muezzin ist der Gebetsrufer, der die Muslime fünfmal täglich vom → Minarett der Moschee aus zum Gebet ruft. Heute wird dazu oft auch ein Tonband verwendet.

O

orthodox (griech.: rechtgläubig) Kann ganz allgemein strenggläubig meinen. Der Begriff steht aber auch für eine der drei großen christlichen Hauptkonfessionen, »die« orthodoxe Kirche, die wiederum in viele Teilkirchen untergliedert ist, wie z.B. in die griechisch-orthodoxe oder die russisch-orthodoxe Kirche.

P

Palästina: Nach der Niederschlagung des letzten jüdischen Aufstands 135 n.Chr. benannte der römische Kaiser Hadrian die Provinz Judäa in Palästina um (ein Name, der ursprünglich »Philisterland« bedeutet). Heute bezeichnet man als Palästinenser die arabischen Bewohner der teilweise noch von Israel besetzten Gebiete (Ostjerusalem, Westjordanland, Gazastreifen).

Passion (von lat. *passio:* Leiden) bezeichnet in christlichen Zusammenhängen den Leidens- und Sterbensweg Jesu in → Jerusalem. Die entsprechenden Berichte der → Evangelien nennt man die Passionsgeschichten. Ihre musikalischen Vertonungen (z. B. von Heinrich Schütz oder Johann Sebastian Bach) werden ebenfalls Passion genannt. In der Alltagssprache kann das Wort auch »Leidenschaft« oder »starke Vorliebe« bedeuten.

Paulus wurde in Tarsus in der heutigen Türkei geboren. Ursprünglich Zeltmacher studierte er später die jüdische Überlieferung bei seinem Lehrer Gamaliel in → Jerusalem und rechnete sich zu den → Pharisäern. Im aufkommenden Christentum sah er eine Bedrohung für die alte Ordnung und verfolgte deshalb die Christen. Auf dem Weg nach Damaskus, wo er ebenfalls gegen die Christen vorgehen wollte, hatte er um 33 n. Chr. ein Berufungserlebnis, das sein Leben von Grund auf änderte. Er begann als → Apostel auf → Missionsreisen zu gehen, um die christliche Botschaft zu verkünden, und gründete dabei zahlreiche Gemeinden, denen er Briefe schrieb, die im Neuen Testament überliefert sind. Auf einer Reise nach → Jerusalem wurde er inhaftiert und nach Rom überführt, wo er wahrscheinlich etwa 60 n. Chr. den → Märtyrertod starb.

Pfingsten: An Pfingsten wird daran erinnert, wie die → Apostel 50 Tage nach Ostern (*pentecoste:* fünfzig), am jüdischen → Schawuot-Fest, den Heiligen Geist empfangen haben. Denn daraufhin begannen die Jünger die Botschaft Jesu Christi öffentlich zu verkünden, so dass die Kirche entstand. Man nennt deshalb Pfingsten auch den Geburtstag der Kirche.

Pharisäer: Die Bezeichnung kommt vermutlich von hebr. *paroschim* und bedeutet »die genau Unterscheidenden«; ihnen war wichtig, die → Tora ganz genau einzuhalten, etwa was den Schabbat oder die Speisegebote betraf, und alles Unreine zu vermeiden. Das bedeutete, dass sie sich auch von der römischen Besatzungsmacht und ihrer Kultur konsequent fernhielten; jedoch lehnten sie den gewaltsamen Widerstand ab. Die Pharisäer betonen die Wichtigkeit des → Tora-Lernens und des Streitgesprächs – viele unter ihnen waren ausgezeichnete Schriftgelehrte, die kritisch miteinander umgingen, wenn es um die Frage ging, welche Art von Lebensführung am ehesten dem Willen Gottes entspreche. Obwohl die Pharisäer im Neuen Testament vielfach sehr negativ dargestellt werden (zum Beispiel Mt 23,13 ff), stehen sie in vieler Hinsicht den Lehren Jesu nahe und werden auch an einigen Stellen positiv erwähnt (z. B. Lk 13,31, Joh 3,1 ff). Gerade die kritische Auseinandersetzung um Glaubensfragen zeigt, dass Jesus sie als ernsthafte Gesprächspartner geschätzt hat. Auf der Grundlage der Lehren der Pharisäer beruht noch heute das gesetzestreue Judentum.

Prophet: Ein Prophet tritt mit dem Anspruch auf im Namen Gottes zu sprechen. Im Alten Testament beginnt oft seine Rede mit »So spricht der Herr« (»Botenformel«). Der Prophet vertritt das Recht Gottes (die → Tora) wie ein Anwalt. Deshalb beobachtet er, was im öffentlichen Leben geschieht, prangert begangenes Unrecht an und benennt, was für Folgen es haben wird. Er sagt also weniger etwas »vorher«, sondern mehr etwas »offen heraus«. In Zeiten großer Not haben Propheten auch getröstet und Rettung angesagt.
Im Islam werden die alttestamentlichen Pro-

pheten anerkannt; auch Jesus wird als Prophet (nicht aber als Sohn Gottes) verehrt. Muhammad gilt als der größte und letzte Prophet.

Psalmen Das Psalmenbuch (Psalter) ist das biblische Gebet- und Gesangbuch der jüdischen und christlichen Gemeinde. Es stellt eine Sammlung unterschiedlicher Lieder dar – unter anderem von → Hymnen, Dankliedern, Bittpsalmen und Klagepsalmen. In Hymnen und Dankliedern wird Gott als Schöpfer der Welt und als Retter aus der Not gepriesen. Klagepsalmen bestehen in der Regel aus dem Anruf Gottes, der eigentlichen Klage – einer Schilderung der eigenen Not wie z. B. Krankheit und Anfeindungen durch andere Menschen, und einer Bitte an Gott. Viele Klagepsalmen geben der Gewissheit Ausdruck, dass das Gebet von Gott erhört werden wird. Bekannte Beispiele sind etwa Ps 3, Ps 22 und Ps 69.

Psalter → Psalmen

R

Ramadan heißt der muslimische Fastenmonat, während dessen fromme Muslime 29 Tage lang von Sonnenaufgang bis -untergang weder essen noch trinken.

Reich Gottes oder Herrschaft Gottes: Diese Begriffe fassen in bildhafter Weise die Hoffnungen der Menschen auf ein friedliches, erfülltes Leben in Gottes Gegenwart zusammen. Mit diesen Hoffnungen verbinden sich viele Fragen: Wird Gott erst noch herrschen oder herrscht Gott jetzt schon? Führt Gott seine Herrschaft selbst herauf oder müssen Menschen sie durchsetzen? Wirkt Gott überhaupt wie ein König oder doch eher wie ein Vater oder ein Freund? Jesus stellte die Verkündigung der Herrschaft Gottes in den Mittelpunkt seiner Botschaft. Für seine Jünger ist sie mit ihm, mit seinem Leben, seiner Kreuzigung und Auferstehung, schon angebrochen.

Ritual (lat.) bedeutet ganz allgemein, dass eine bestimmte Handlung immer wieder nach einem gleichen Muster wiederholt wird. Rituale gibt es fast überall, beispielsweise bei Begrüßungen und Abschieden, bei Sportwettkämpfen, am Mittagstisch, im Gottesdienst, beim Übertritt in eine neue Lebensphase etc. Es beinhaltet meist bestimmte Wortformeln und Gesten. In Cliquen spielen Rituale oft eine große Rolle. Sie können z. B. dem Gruppenzusammenhalt oder dem Aufzeigen und Zuweisen von bestimmten Rollen dienen.

S

Samariter / Samaritaner: Eine Bevölkerungsgruppe im alten Israel, die nach der Stadt und dem Landstrich Samaria benannt ist. Zwischen ihnen und den übrigen Juden herrschten Feindschaft und Misstrauen. Denn die Samariter galten als Mischvolk mit assyrischem Einfluss und sie hatten andere religiöse Bräuche: Sie glaubten zwar an denselben Gott wie die übrigen Juden, erkannten aber nur die 5 Bücher Mose als heilige Schrift an und errichteten einen eigenen Tempel auf dem Berg Garizim.

Schahada, das muslimische Glaubensbekenntnis, lautet: »Ich bezeuge, dass es keinen Gott außer Gott gibt und dass Muhammad sein Gesandter ist.« Es begleitet muslimische Männer und Frauen von der Geburt bis zum Tod. Wer zum Islam übertritt (→ Konvertit), muss es vor Zeugen sprechen.

Schalom (hebr.) meint Friede, Gerechtigkeit, Freiheit, Glück, ein rundum gutes Leben. Es wird in der Bibel als Gabe Gottes angesehen. Indem die Menschen die → Zehn Gebote und das → Doppelgebote der Liebe befolgen, entsprechen sie in ihrem Verhalten diesem Geschenk Gottes.

Schawuot (Wochenfest) ist im Judentum das »Fest der ersten Feldfrüchte«. Vor allem aber erinnert man sich an diesem Tag an die Offenbarung der → Zehn Gebote auf dem Berg Sinai. Zusammen mit Pessach und dem Laubhüttenfest (Sukkot) gehört es zu den Wallfahrtsfesten, die zur Zeit der beiden Tempel mit einer Pilgerfahrt nach Jerusalem begangen wurden. An Schawuot (also zu einer Zeit, als ganz Jerusalem überfüllt von »Touristen« war) fand nach Apg 2 das Pfingstereignis statt. Die Offenbarung des Heiligen Geistes ausgerechnet an dem Tag, an dem man der Offenbarung der Tora gedachte: Das hat eine hohe symbolische Bedeutung.

Schiiten → Sunniten

Sunniten und Schiiten sind weltweit die beiden Hauptrichtungen im Islam. Die Sunniten, welche zahlenmäßig die große Mehrheit bilden (fast 90 Prozent; in manchen Ländern, v.a. Irak, sind allerdings Schiiten in der Mehrzahl), nehmen neben dem Koran auch die Sunna (die mündliche Überlieferung von Leben, Wirken und Aussprüchen Muhammads) als Glaubensquelle an. Sie erkennen auch die Kalifen als Glaubensführer an, die nicht der direkten Nachkommenschaft Muhammads entstammen. Schiiten akzeptieren hingegen einzig Nachkommen von Muhammads Vetter Ali als religiöse Führer (Imame). Die meisten Muslime in Deutschland sind Sunniten; die zweitgrößte Gruppierung bilden die → Aleviten.

Stoiker sind Philosophen, die in Einheit mit sich und der Natur leben wollen und alles ablehnen, was gegen die Vernunft ist.

Symbol (griech.: Bild, Sinnbild, Zeichen): Zeichen, Dinge, Worte oder Handlungen, deren Bedeutung über das, was man im ersten Moment sieht oder hört, hinausreicht, nennt man Symbole. Hinter der äußeren, sichtbaren Gestalt eines Symbols gibt es eine andere, unsichtbare Wirklichkeit, die wir nicht mit den Augen, sondern mit dem Herzen wahrnehmen und / oder mit dem Verstand zu erschließen versuchen. Ein Tisch ist beispielsweise in seiner sichtbaren Gestalt ein Möbelstück, das aus einer Platte und einem oder mehreren Beinen besteht. Er kann aber mehr sein – ein Treffpunkt, wo sich die Familie und Freunde versammeln, miteinander essen und reden. Für diese Familie ist ihr Esstisch zu einem Symbol für Gemeinsamkeit geworden. Weil es in den Religionen immer auch um eine Wirklichkeit geht, die man nicht unmittelbar sehen kann, spielen hier Symbole eine besonders große Rolle.

Synagogen, d.h. »Versammlungshäuser«, gab es schon in neutestamentlicher Zeit. Jesus hat in Synagogen gepredigt. Doch erst nach der Zerstörung des Tempels bekamen sie ihre große Bedeutung als Gebets- und Lehrhäuser der → Juden bis heute. In der Synagoge wird die → Tora gelesen und ausgelegt, wird gebetet und gesungen und werden die großen Feste gefeiert.

T

Taizé An die 200.000 junge Menschen aller → Konfessionen und Nationalitäten kommen alljährlich zu Jugendtreffen nach Taizé in Frankreich. Sie werden von der ökumenischen Ordensgemeinschaft von Taizé eingeladen, mit ihnen zusammen zu beten und zu singen, sich Zeit für Stille und persönliches Nachdenken zu nehmen, sich mit biblischen Texten auseinanderzusetzen und darüber nachzudenken, wie christliche Lebensgestaltung konkret im Alltag aussehen kann. Andachten mit → meditativen Gesängen aus Taizé werden mittlerweile in vielen Gemeinden in Deutschland gefeiert.

Tora: Das Wort bedeutet wörtlich »Lehre, Weg-weisung, Lebensorientierung« und meint vor allem die ersten 5 Bücher Mose. Diese enthalten die verbindliche Gesetzesüberlieferung, wobei es neben dieser »schriftlichen« auch eine »mündliche« Tora (Mischna) gibt. → Juden betrachten das Gesetz nicht als Zwang, sondern als Lebenshilfe, als Geschenk Gottes, der sein Volk aus Ägypten befreit hat und der die Freiheit aller Menschen will.

U

Umma (→ arabisch: Volk, Gemeinschaft) bezeichnet nach dem Sprachgebrauch des → Korans die Weltgemeinschaft, zu der neben Muslimen auch Nichtmuslime und z. B. Tiere gehören. Das Wort wird aber auch für die religiöse Einzelgemeinschaft (Umma der Muslime oder der Christen) oder die Nationalität (Umma der Ägypter) verwendet.

Urgemeinde: Kurz nach den Ereignissen von Karfreitag und Ostern entstand in → Jerusalem die erste christliche Gemeinde. Ihre Mitglieder waren Judenchristen, also → Juden, die nach ihrem Selbstverständnis auch als Christen Juden blieben. Sie pflegten ein geregeltes Gemeindeleben mit gemeinsamen Mahlzeiten in den Häusern der Gemeindemitglieder, Lehrtätigkeit der → Apostel, Brotbrechen und Gebet. Der Gottesdienst, der in der Synagoge stattfand, bestand aus Gebet, Schriftlesung und Lehre.

V

Vision (lat. *visio*: Gesicht, Schau) meint im religiösen Sinn eine oft nur für eine bestimmte Person sichtbare Erscheinung eines Bildes oder Ereignisses. Durch Visionen teilt Gott in der Bibel Menschen Botschaften und Aufträge mit (→ Propheten). Im Gegensatz zu einem Traum sind die Personen dabei immer in einem wachen Zustand. Darüber hinaus kann Vision auch eine Vorstellung der Zukunft bedeuten, die man ersehnt und für die man sich begeistert.

W

Wallfahrt: Eine Wallfahrt ist eine Reise zu einem heiligen Ort, die oft zu Fuß gemacht wird. Nicht nur das Ziel ist wichtig, sondern vor allem auch das Unterwegs-Sein. Wallfahrten gibt es in vielen Religionen. Zu Jesu Zeit kamen die Menschen zu den großen Wallfahrtsfesten nach → Jerusalem. Im Islam gehört die Wallfahrt nach → Mekka zu den → fünf Säulen der Religion. Berühmte katholische Wallfahrtsorte heute sind z. B. Altötting oder Santiago di Compostella.

Werke der Barmherzigkeit: Barmherzig sein bedeutet: die Not des Anderen wahrnehmen, sich ihm zuwenden, ihm helfen. Weil sich Christen von Gott geliebt wissen dürfen, können und sollen sie diese Liebe weitergeben. Im Anschluss an Mt 25,35 f wurden in der christlichen Tradition sieben Werke der leiblichen Barmherzigkeit besonders hervorgehoben: Hungrige speisen, Durstige tränken, Nackte bekleiden, Fremde beherbergen, Gefangene besuchen, Kranke besuchen und Tote begraben. Daneben bildete sich die Tradition der sieben Werke geistiger Barmherzigkeit: Sünder zurechtweisen, Unwissende belehren, Zweifelnden recht raten, Betrübte trösten, Lästige geduldig ertragen, gern verzeihen, für Lebende und Tote beten.

Z

Zehn Gebote kann man an den Fingern abzählen. Das ist wahrscheinlich der Grund dafür, dass es ausgerechnet zehn sind! Obwohl es viele andere Gesetze und Regeln in der Bibel gibt, haben diese zehn Sätze die christliche Kultur geprägt. Im 2. Buch Mose (Exodus) wird erzählt, dass → Mose sie auf zwei Steintafeln von Gott selbst empfangen hat. Martin → Luther hat später einiges verändert und gekürzt. Er hat sowohl die »Überschrift« der Gebote »Ich bin dein Gott, der dich aus Ägyptenland geführt hat« als auch das ursprüngliche zweite Gebot, das → Bilderverbot gestrichen. Dieses ist auch in der katholischen Zählung der Zehn Gebote nicht dabei. Stattdessen wurde das letzte Gebot aufgeteilt.

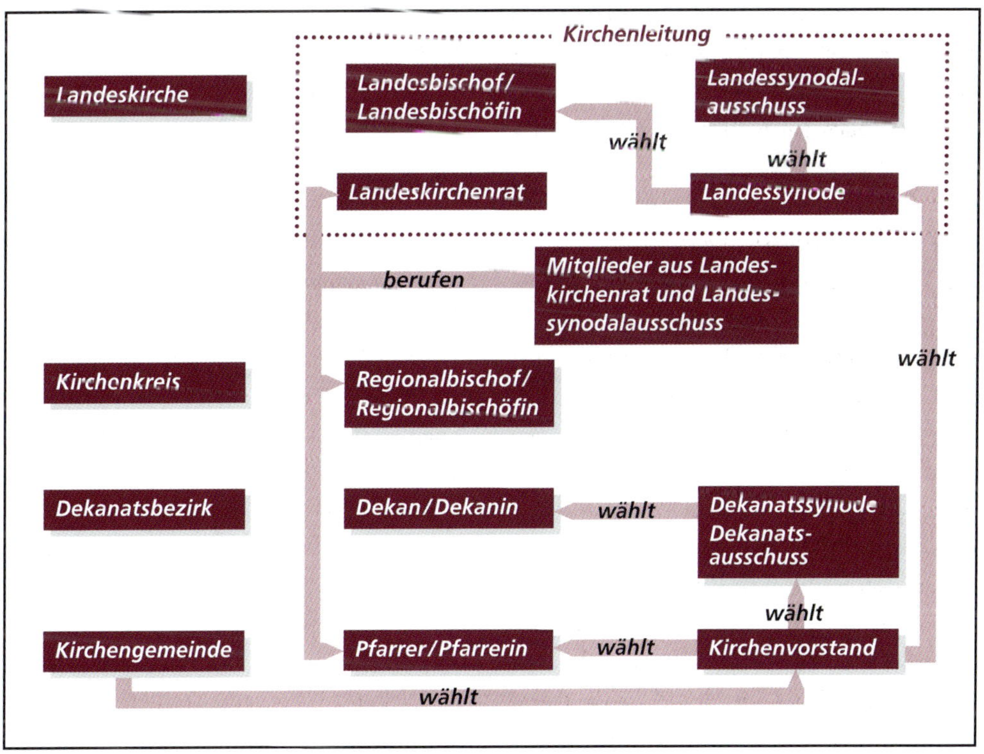

Die Evangelisch-Lutherische Kirche in Bayern

ORTSWECHSEL INS INTERNET!

»Was sollte man in einer Internetcommunity beachten? Und wer war nochmal Konstantin von Tischendorf? Und was genau ist außer den Zehn Geboten noch Grundwissen?«

Die Internetseite zur Ortswechselreihe www.claudius.de/ortswechsel hilft dir weiter. Schau doch einmal hinein. Wenn du möchtest, kannst du sogar den Verfassern eine E-Mail schreiben!

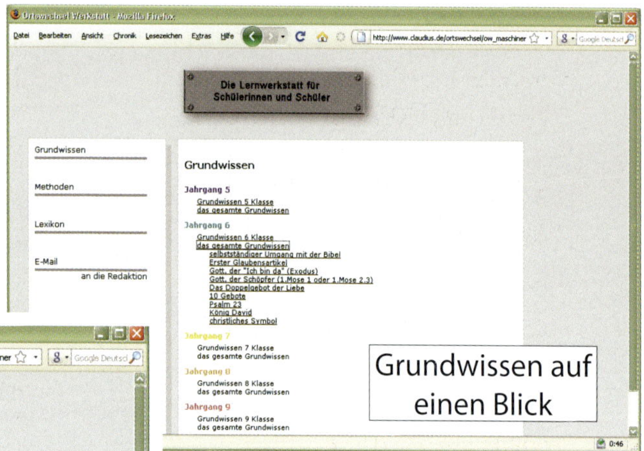

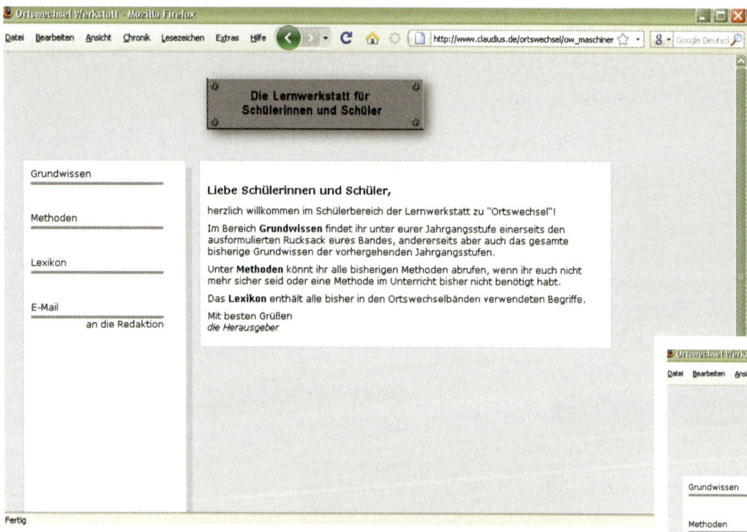

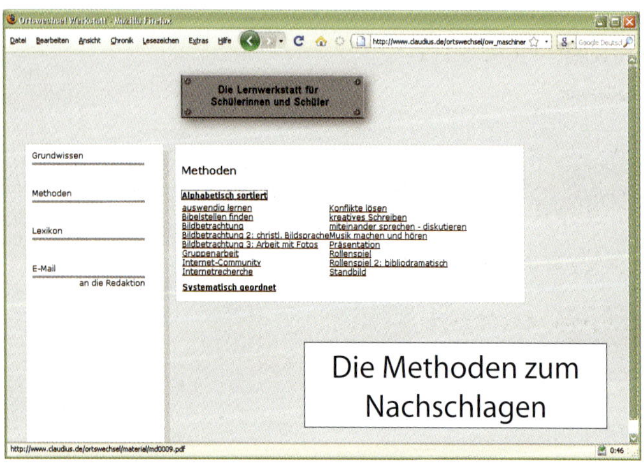

REGISTER

BILDER UND TEXTE

BILDER

S. 10, S. 12 unten, S. 52 unten rechts, S. 110 rechts
© Bertram Schmidt, Baierbrunn

S. 10/11: © Christof Simon, A-Oberperfuss

S. 12 oben: © Julia Berwig, München

S. 13: © Vorarlberger Landesregierung, A-Bregenz

S. 14, S. 22 unten, S. 25 oben rechts, S. 30, S. 40 oben: akg-images/ Erich Lessing

S. 15, S. 20, S. 51 rechts, S. 113: © VG Bild-Kunst, Bonn 2009

S. 16: © taitanojt0 – Fotolia.com

S. 17: © Wolfgang Jargstorff – Fotolia.com

S. 18: © Brendan Powell Smith www.thebricktestament.com

S. 21: © picture-alliance/dpa

S. 22 Mitte: © Landeskriminalamt Nordrhein-Westfalen

S. 23: www.alemannia-judaica.de

S. 25: Mitte links: Todd Bolen/BiblePlaces.com
Mitte rechts: © Elena Koulik/Dreamstime.com

S. 26: © Jyothi/Dreamstime.com

S. 28 oben, S. 102: © Kenneth Brown, München
S. 28 Mitte, S. 29 Mitte: © 1990 Photo Scala, Florenz
S. 28 unten: Zeichnung: Peter Samhammer, Icking

S. 29 oben, S. 78, S. 80: akg-images

S. 31: Bayerische Staatsbibliothek, München
Aus: Gilles Mermet, Sols de l'Afrique romaine, 1995, S. 217/Abb. 163b

S. 32: © 2008 »Cathedral Tapestries« von John Nava, Cathedral of Our Lady of the Angels, alle Rechte vorbehalten www.olacathedralinksorg

S. 33: © epd-bild/Daniel Sambraus

S. 34: Bayerische Staatsgemäldesammlungen, München
© Foto: ARTOTHEK, Weilheim

S. 35: © picture-alliance/dpa/Harald Tittel

S. 36 : oben: © Allianz Arena/B. Ducke
unten: © Ingolf Hatz, München

S. 37: © herb – Fotolia.com

S. 38: akg-images/Cameraphoto

S. 39: oben: © epd-bild/Jens Schulze
Mitte: © picture-alliance/akg-images
unten links: © Tom Schulze/transit
unten Mitte: © A. Vosberg/VISUM

S. 40: unten: © epd-bild/Norbert Neetz

S. 41: oben: © Ingolf Pompe/LOOK-foto
unten: © bildstelle/REX FEATURES LTD.

S. 42: Kirchenvorstandswahl 2006 © Amt für Gemeindedienst, Nürnberg

S. 43: oben links: Sascha Tiebel – Fotolia.com
oben rechts: © Dominik Asbach, Duisburg

S. 46: oben links: © DiAgentur/Keystone
oben rechts: © Andreas Fischer – Fotolia.com
Mitte links: Photononstop/Jupiterimages
Mitte: © Antonia Gern, Hamburg
Mitte rechts: herb-art – Fotolia.com
unten links: © Valery Shanin/Dreamstime.com
unten Mitte: © Lisa Turray/Dreamstime.com
unten rechts: © CoverSpot, Zuelpich

S. 47: © The Munch Museum/The Munch Ellingsen Group/ VG Bild-Kunst, Bonn 2009, Bildvorlage: akg-images

S. 49: © Edite Artmann/Dreamstime.com

S. 50: © Jarvis Gray/Dreamstime.com

S. 51 links: Vorlage: Universitäts- und Landesbibliothek Darmstadt (Hs 1640, folinks 117r)

S. 52: Fotos: © Robbie Cooper/Chris Boot Ltd., aus dem Buch »Alter Ego«, 2007

S. 53: © pepsprog/pixelio

S. 55: Süddeutsche Zeitung Photo/AP

S. 56: oben links: © Marion Wenzel, Leipzig
oben Mitte: © Gerhard Gäbler Leipzig
oben rechts: © Paul Glaser, Berlin

Bilder und Texte

S. 58: © picture-alliance/Godong

S. 59: © Martin-Luther-Kirche, Rotenburg

S. 60: © Tanja Gojny, Erlangen

S. 62: CCC, www.c5.net

S. 63: © VG-Bildkunst, Bonn 2009, Foto: © DACS/Bridgeman Berlin

S. 64: © Birgit Madreiter, Frankfurt

S. 66 links: © Jung von Matt/basis GmbH

S. 68: oben : © Coast Raider 813/pixelio
unten: © Lukasz Gonerski/Dreamstime.com

S. 69: © Langer Grafix, Kronach

S. 71: Annette Seraphim/Givos Geodata GbR, Erlangen

S. 72: www.BilderBox.com

S. 74: Plan für das Kloster in St. Gallen

S. 76: © Elena Ioachim/Dreamstime.com

S. 77: © Johannes Groht, Hamburg

S. 79: Vorlage: Universitätsbibliothek Kassel – Landesbibliothek und Murhardsche Bibliothek der Stadt Kassel – Handschriftenabteilung, 40 Ms. Hass, 115

S. 84: Reuters/Ali Jarekji

S. 85: Gerster/laif

S. 87: © picture-alliance/ZB

S. 88, S. 91 Mitte: © Daniel Reichenbach 2008

S. 89: Bpk/SBB/Ruth Schacht

S. 90: akg-images/Bildarchiv Steffens

S. 91: oben: © Hamdan/Dreamstime.com

S. 93: © Jann Wilken, Hamburg

S. 94: Aus: Peter Heine, Der Islam, S. 161. Patmos Verlag, Düsseldorf

S. 95: © Till Mayer/DRK

S. 96: © picture-alliance/dpa/ dpaweb/Jorge Ferrari

S. 97: Foto: privat

S. 98: © Grauzikas/Dreamstime.com

S. 100: Fotos: Oronoz y Juan de la Mata

S. 101: Auflösung: Die Moscheen stehen in Mali (Westafrika), Ägypten und Malaysia (von links nach rechts) sowie in Duisburg (unten)
oben links: © Jamdotsi/Dreamstime.com
oben Mitte: © Wh Chow/Dreamstime.com
oben rechts: © Mymoes/Dreamstime.com
Mitte links: © epd-bild/Bertold Fernkorn
unten: © dpa-infografik GmbH, Hamburg

S. 104: © Tanja Birkner/Fotografie & Grafik, Hamburg

S. 106: © STYLEISLAM®, www.styleislam.com

S. 108: © Alexandra Hollick, Unterschleißheim

S. 109: © ja.na rogge – Fotolia.com

S. 111: Nachbarschaftsprojekt in der Seidlvilla, Nikolaiplatz 1b, 80802 München

S. 112: links: Dagmar Funke, Burgwedel
Mitte links: © Gerald Bernard – Fotolia.com
Mitte rechts: © Carlos Santa Maria – Fotolia.com
rechts: © Alexa Goy, Unterschleißheim

S. 114: oben: www.hoeflichkeit-macht.schule.de
unten: aus: Loriot, Heile Welt © 1980 Diogenes Verlag AG, Zürich

S. 115: oben: © ART WORX Screenprinting GmbH, Kamen
unten: © Monika Christoph, München

S. 116, S. 120: © Sieger Köder

S. 117: © www.schueler-helfen-leben.de

S. 118: Privatbesitz Dr. Dr. Hans Georg Wulz

S. 119: oben: © Deutsches Zentralinstitut für soziale Fragen (DZI), Berlin, Mitte links: © Brot für die Welt, Stuttgart/Gestaltung Buttgereit & Heidenreich, Mitte: SOS-Kinderdorf-Archiv
Mitte rechts: Plakat MISEREOR-Fastenaktion 2007

S. 121: Mutter Theresa: Süddeutsche Zeitung Photo/AP
Lady Di: Süddeutsche Zeitung Photo/AP
Gerald Asamoah: © Heinrich Voelkel/OSTKREUZ
Madonna: Süddeutsche Zeitung Photo/AP
Albert Schweitzer: Maison Albert Schweitzer, F-Gunsbach
Rigoberta Menchu: © epd-bild/Thomas Lohnes

S. 122 oben, S. 125 oben: © Diakonisches Werk der EKD e.V.

S. 122 Mitte: Logo der Nachbarschaftshilfe der Kreuzkirche München

S. 123: Bildmontage Diakonie Neuendettelsau

S. 124: Foto: Nora Bibel Fotografie, Berlin

S. 125 unten: © Diakonisches Werk, Bayern

S. 126: © Alzheimer Gesellschaft München e.V., Josephsburgstr. 92, 81673 München www.agm-online.de

Bilder und Texte

S. 128: © epd-bild/Silke Wernet

S. 130: Mitte rechts: © Adrian Fletcher, www.paradoxplace.com
unten links: © Christoph Hoppe, Freiburg
unten Mitte: © Claudio Giovanni Colombo/Dreamstime.com
unten rechts: © Jamiemaio/Dreamstime.com

S. 131: oben rechts © Paul Merrett/Dreamstime.com
Mitte links oben: Bild: Veröffentlichung mit Genehmigung des Staatlichen Bauamtes Regensburg
Mitte rechts: © Augustusburg/Scharfenstein/Lichtenwalde Schlossbetriebe gGmbH, Augustusburg

TEXTE

S. 16: Rechte bei den Erben Friedrich Dörr

S. 17: Aus: Dorothee Sölle/Fulbert Steffensky (Hg.), Politisches Nachtgebet in Köln, Bd. 1, S. 26–27. Kreuz Verlag, Stuttgart

S. 27 Mara: Aus: Hans Frör, Ach, ihr Korinther! Der Briefwechsel der Gemeinde in Korinth mit Paulus, S. 80f.
© Gütersloher Verlagshaus, Gütersloh, in der Verlagsgruppe Random House GmbH, München, 1994

S. 32 Perpetua: Aus: Walter Bodenstein, Was Christen im römischen Reich erlebten, S. 20–22. Diesterweg Verlag, Braunschweig, 1981

S. 36, S. 42, S. 75: Interviews: Sebastian Eisele, München

S. 51: Aus: Erich Fried, Gesammelte Werke. Gedichte 2. Hrsg. Von Volker Kaukoreit und Klaus Wagenbach. Verlag Klaus Wagenbach, Berlin 1993
Aus: Günter Anders, Die Antiquiertheit des Menschen. Verlag C.H. Beck Verlag oHG, München 1956

S. 54: Text von Antoine de Saint-Exupéry © Karl Rauch Verlag KG, Düsseldorf

S. 55: Übersetzung nach Prof. Dr. Frank Ley

S. 56: Zitat aus: Dorothee Sölle, Das Eis der Seele spalten. Hrsg. Von Ursula Baltz-Otto und Fulbert Steffensky. Kreuz Verlag, Stuttgart 2008

S. 57: Rechte beim Autor

S. 58: Zitat »Beten ist Wünschen« nach Jean Paul. Aus: Dorothee Sölle, Leiden, S. 98. Kreuz Verlag Stuttgart, 1973

S. 59: »Ein junger Mann« aus: Willi Hoffsümmer (Hrsg.), Kurzgeschichten I. 255 Kurzgeschichten für Gottesdienst, Schule und Gruppe, S. 113. Matthias-Grünewald-Verlag, Mainz 1981

S. 60/61: Aus: Eric-Emmanuel Schmitt, Oscar und die Dame in Rosa. Erzählung, S. 17–22. Aus dem Französischen von Anette und Paul Bäcker, Ammann Verlag, Zürich 2003

S. 63: »Der betende Gaukler« nach einer französischen Legende aus: Hubert Halbfas, Der Sprung in den Brunnen. Eine Gebetsschule. Patmos Verlag, Düsseldorf 1998
»Gebetsregeln« angelehnt an: Fullen Steffensky, Vom Handwerk des Betens. In: Chrismon 11/2005, S. 22. Hansisches Druck- und Verlagshaus, Frankfurt

S. 65: Aus: Kurt Marti, Lachen, Weinen, Lieben. Ermutigungen zum Leben, S. 127 Radius Verlag, Stuttgart 1989

S. 72, S. 76, S. 78 rechts: © Sebastian Eisele, München

S. 77, S. 79 »Willibald« aus: Helmut Angermeyer, Dokumente der Kirchengeschichte, S. 22. Rothenburg o.d. Tauber 1971

S. 87: Interview Daniel Bax und Alke Wierth www.taz.de
Zahlenmaterial aus: Faruk Sen/Hayrettin Aydin, Islam in Deutschland (Beck'sche Reihe 1466). Verlag C.H. Beck oHG, München

S. 90: Aus: Ibn Ishāq, Das Leben des Propheten, S. 44. Aus dem Arabischen von Gernot Rotter. Kandern, 1999

S. 91, S. 95, S. 96, S. 98, S. 102, S. 104: Korantexte zitiert nach: Der Koran. Übersetzt von Adel Theodor Khoury unter Mitwirkung von Muhammad Salim Abdullah, 4. Auflage, © Gütersloher Verlagshaus, Gütersloh, in der Verlagsgruppe Random House GmbH, München, 2007

S. 94: Rashid Abdul-Ahmad www.zdf.de (Blog)

S. 95: Teil der Info (»Genau betrachtet…«) aus: Peter Heine, Der Islam, S. 151. Patmos Verlag, Düsseldorf, 1997

S. 97: Interview Tobias Wullert http://jetzt.sueddeutsche.de

S. 98 rechts/99: Aus: Stefan Weidner, Allah heißt Gott, S. 89–93. S. Fischer Verlag, Frankfurt 2006

S. 101: Info leicht verändert und gekürzt aus: Werner Trutwin, Islam, S. 22. Patmos Verlag, Düsseldorf, 1998

S. 103: »Was evangelische Kirchen…« aus: Martin Affolderbach, EKD Text 86, S. 112f

S. 103, S. 104: Korantexte zitiert nach: Der Koran. Übersetzt von Rudi Paret. Kohlhammer Verlag, Stuttgart 1962

S. 105: Gekürzt aus: Takar Ben Jellona, Papa, was ist der Islam?, S. 7–12. Berliner Taschenbuch Verlag 2003

S. 118: »Ein paar Groschen« Markus Schnalke www.ejw-oehringen.de/Andachten

S. 122: Interview: Monika Christoph, München

S. 124: »Wie ein Bettler« aus: Chrismon 5/2007, S. 80. Protokoll Bernd Schüler. Hansisches Druck- und Verlagshaus, Frankfurt

S. 127: Aus: Barbara Park, Skelly und Jake. Übersetzt von Uwe-Michael Gutzschhahn. Bertelsmann Verlag, München 2003